河出文庫

西洋人の神道観

日本人のアイデンティティーを求めて

平川祐弘

河出書房新社

日本語版のはじめに

歴史的には日本固有の宗教であり、いまもなお多くの日本人が神棚の前で柏手（かしわで）を打ち、神社に参拝するという意味では信徒である神道を、西洋人はどのように把握したのでしょうか。それを記述することが本書の中心課題です。しかし著者の狙いはただそれだけに留まるものではありません。外国人の日本の宗教文化理解について客観的に語りはするが、そうすることによって、内外の読者に日本の霊的な文化を共感的に理解させようとするものです。そして世界的な視野の中で語ることによって、私たちの自己理解の資（し）にもしたいと願いました。そのように日本人の宗教的な感性を内と外から確かめてみようとしたのが本書です。

明治の開国以来、来日した西洋の作家や学者が、わが国の宗教文化をどのように観察したか、これら外国人の神道観の是非を論ずることで、あわせて私たち日本人の自己の内なるものを見定めたい。そのような気持もあって「西洋人の神道観」という内容を示す主題の次に「日本人のアイデンティティーを求めて」という副題を掲げました。私はそれとほぼ同じ題のフランス語著書 Sukehiro Hirakawa, *À la recherche de l'identité japonaise: le shintō interprété par les écrivains européens* (les Éditions l'Harmattan) を二〇一二年十月にパリで出版し、それにあわせて東京の日仏会館で四回にわたってその本の内容に基づき日本語講演を行ないました。選ばれた聴衆であったためか、話が調子に乗り、質問を受けるにつれて連想は連想を呼び、フランス語版にない話題や考察が次々と加わって、話は原書のおよそ五割増しの長さとなりました。その講演原稿を整理してこのたびこの日本語版を河出書房新社から世に問う次第です。

日本とはいかなる宗教社会なのか。[1] 亡くなった家の祖先を崇拝するこの国の宗教風俗は西洋のいつの時代のいかなる社会に近いのか。盆踊りやお地蔵さまを見て西洋人はわが国人の彼岸を思う心になにを感じたのか、また日本人が神社や神棚に柏手を打ってお詣りする神道とは本当に宗教と呼べないのか、呼べるのか。幕末から明治初年に来日したヘボン、ブラウンなどの著名な宣教師やチェンバレン、サトウらの高名な西洋人日本学者は、西洋キリスト教文明の優越を過度に確信したために、神道の価値を低く見、日本が西洋文明を導入し文明開化が進むにつれ神道は消滅するであろうと予測しました。[2] そんな彼らが正しかったのか、それともそれに異論を呈したラフカディオ・ハーンやポール・クローデルなどの言い分に理があったのか。そもそもハーンやクローデルは神道からどんな印象を受け、どんな意見を述べたのか。

日本人の多くは幼時からの習慣でお寺に参るときは両手をあわせ、神社の社頭では柏手を打ち頭を垂れます。そのときなにかを感じており、わかっているようでもありますが、しかし「神道とは何か」とあらたまって聞かれても口に出しては必ずしも説明はできません。外地で問われるままに私がフランス語で「神道とは何か」について語ったとき、相手のフランス人に「貴方は珍しく説明をした。この前来た日本人もその前来た日本人もフランス語は達者だったが、なにも説明できず、天皇家の宗教だとしかいわなかった」と笑われました。その人の表情には自国のことを知らぬ外国かぶれの日本人インテリに対する憫笑のようななにかが感じられて、私にはひっかかるものがありました。そもそも宗教はそう簡単に口に出して説き明かすことのできるものではありません。しかしやはり説明できないのだとすると、自己の宗教文化がよくわかっておらず、日本人でありながら外国人であるのと同じような人になっているのかと疑われたりもしたのでしょう。しかしわが国には昔も今も宗教教育の授業は公立学校にはありませんから、皆が返事に窮するのも無理はないのです。それに、日常生活をかえりみると、以前に比べて団地の居室にはテレビ棚こそ普及したが、神棚のある家は減りました。昔は村や町には神社が鎮座しましたが、今の団地には遊園地や公民館はあるが、鎮守の森やお宮や祠があるとはかぎりません。

神さまに対してそんなよそよそしい他人様となってしまったせいかどうか、外国人が神道を語るのを聞いて、日本人がはじめて自国の固有の宗教風俗についてなるほどと合点したりもするのでしょう。またその外国人が書いたことを基に私が説明すると、日仏会館の日本人聴衆の関心がにわかに高まり、そのような外国経由で日本人が自国の神道について納得するというパラドクシカルな理解の経路には、二十一世紀初頭のこの国の精神状況がはしなくも示唆されている気がします。世界化する地球社会で日本人の多くが日本の固有の宗教を見失いつつある。またそれだからこそ一旦フランス語で執筆した書物を基に日本語で講演すると、逆に日本人聴衆に自分たちの宗教文化についての自覚が生じ、それでこのような説明に頷いてくれるのだ——という印象を受けました。

そんな逆説的な日本理解の光景を目のあたりにして、これは是非とも自著も里帰りさせて出版せねばならぬと感じました。それで一気呵成に仕立てたのがこの日本語版の『西洋人の神道観——日本人のアイデンティティーを求めて』です。思いもかけぬまわり道をして成り立った本書ですが、複眼的日本理解とはこのような精神の往復運動を指すのでしょうか。外国にせよ日本にせよ、心すなおな読者を得ることができるなら、嬉しいことに存じます。たとい読者諸賢全員の全面的な得心はいかずとも、納得のいく説明もあると何人かの方に部分的にもせよ首肯していただけるなら、著者としてしあわせに存じます。

グロバリゼーションが進行するこの地球社会の中で、日本は「日の本」と自称してみても、世界の覇権的な勢力の中心からはずれた田舎です。日本は人口数からいえば億の単位のメイジャーな国ではありますが、日本語が地球上の複数の国や複数の民族の間では通用しないという点では、言語文化的な点からいえばマイナーな、少数言語の国なのです。その周辺文化のローカルな宗教でしかない神道はこれから先どうなるのか。その見通しははっきり立ちません。しかし神道の将来について私はむしろ楽観しています。目には見えないが神道のこころは日本の多くの人の半ば無意識の中に生き続けている――そう感じる節があるからです。本書でもふれますが、初日の出に柏手を打ち、富士山に感動する気持があるならば、神道はこの国に生きて伝わります。この世の中で半ば無意識の中に生き続けるプリミティヴな宗教感情ほど根深いものはそう多くありません。大和島根に日本語人が生きのびるかぎり続くでしょう、いや日本語以外の言葉の中にも伝わるかもしれない……――しかし心の問題についても理性的に明確に述べるようつとめた本書です。著者の希望的な観測や主観的な信念の披瀝はここでは慎みたいと思います。

日本には明治以来の国家の祭祀とされた神社神道に対して、過去には両部神道、吉田神道、垂加神道などが流行し、今日も黒住教、大社教、御嶽教、金光教、天理教などの名を冠する教派神道が十三派といわれますが、存在します。そうした派の方々はもとより、全国の神社を中心とする神社神道の組織の内部の方々から見れば、西洋人の神道観や、それを解説する半西洋人のように目されがちな私ごとき者の外からの見立ては、的はずれに映ずるかもしれません。しかし内からする感じ方と外からする見方の相違については次のようにたとえることもできるといわれます。子供をお腹に宿している女性の母性としての見方は、その子の父の父性としての見方と、重なりはするが、すでに微妙に相違します。ましてや産婦人科医の外からする見立てとは感情的にはさらに異なります。しかし違いはあるにせよ、後者の診断に聴くべきことはあるのです。――信仰について語ることは難しい。私はフランス語版は日本のことをよく知らないが聡明な西洋人読者を念頭において書きました。この日本語版の一冊も専門に偏しない一般読者を念頭においてわかりやすいように書きました。このような内と外からの日本文化へのアプローチがそれなりに有効であり、多くの読者に新鮮な視野を開くことと信じます。

この日本語版ではフランス語版の構成とは順番もすっかり改めました。それでここにその新しい構成順に沿って登場する西洋人学者や作家を具体的に紹介すると――

第一話はフランスの歴史家フュステル・ド・クーランジュの『古代都市』を介して展開された明治初年の民法論争についてです。明治日本はフランスの『ナポレオン法典』を全面的に取り込もうとする「泰西主義」の試みに始まり、興味深い論争に突入しました。それは世界の中の日本の発展段階をどのように位置づけるかという歴史認識の問題を背景として、個人主義原理に基づくフランス民法の直訳的な法典を採用すべきか否か、というわが国の急進派と保守派の対立となり、日本の貴族院でも激越な論争となりました。その「法典論争」は「民法出デテ忠孝亡ブ」というスローガンが人心を制するに及んで、明治二十五年、家を重んじ家長に権限を与える伝統的な家族制度の維持を優先することで一応の決着を見ました。ではそのような個人本位でなく故人崇拝を基とする、日本の宗教的なお国柄(くにがら)は外国人作家によってどのように把握されたのでしょうか。

異国の宗教的風俗の記述やその解釈はいかにして可能かという実例を、第二話では死者の祭りの踊りを記述する一連の刺戟伝播(しげきでんぱ)をたどることで、説明します。明治十八年、鹿鳴館の時代にいちはやく来日し、『お菊さん』で知られ、パリの文壇では寵児(ちょうじ)となったフランス人作家にロティ（Pierre Loti　一八五〇－一九二三）がいました。しかし日本の宗教文化に深い理解を示した西洋人はロティではなくハーン（Lafcadio Hearn　一八五〇－一九〇四）とクローデル（Paul Claudel　一八六八－一九五五）です。私たちが自分自身の感性に忠実にハーンとロティを読み比べるなら、芥川龍之介もそうでしたが、ロティに違和感を覚えます（私もフランス語版では日本人の霊の世界の理解につとめたハーンと日本をもっぱら異国趣味の対象として扱ったロティの日本理解の深浅のほどを論じました。ハーンはロティを英語世界に紹介した最初の人でもありましたから、二人の関係は興味深い話題を提供してくれます）。最初、異国趣味という点ではロティにならい、その航跡を追うようにして明治二十三年に来日したハーンでしたが、なぜハーンだけがghostly Japan、フランス語でいうle Japon spectralという日本人の「霊の世界」に入り込むことを得たのか。日本に帰化して小泉八雲と名乗ったハーンは日本人の霊の世界を共感的に理解し、民俗学的観察を重ね、日本人の心の襞(ひだ)を読み取り、怪談の数々を書くにいたりました。それができた理由については第四話で述べるような彼の生い立ちをはじめいろいろ説明がありますが、第七話で述べる来日以前にフランス領西インド諸島で、民俗学にいうところの参与観察を身をもって行ない、黒人たちのフォークロアを調べ、霊の世界に入り込むことを得たことが、とくに大切だったと私は見ています。このようにして行なわれた宗教的風俗にまつわる諸家の記述の紹介が第二話（盆踊りの考察）と第四話（お地蔵様の考察）です。

祖先の霊を大事にする日本社会を説明しようとしたハーンは彼もまたフュステル・ド・クーランジュの『古代都市』から非常な刺戟を受けました。ハーンは『古代都市』を援用することで『日本——一つの解明』（*Japan, an Attempt at Interpretation*、一九〇四）を著わしたほどです。明治の有力な民法学者穂積陳重、穂積八束、岡村司らと同じく、ハーンも日本社会に古代地中海世界と同じような家を重んずる祖先崇拝の社会を認めました。『古代都市』が日本社会の解析に関係したということの意外性には、拙著のフランス人読者たちも驚いている様子です。このようにして続けてお読みくださると、一見異なる話題に見えた古代地中海人の「死者崇拝」の話が日本人の「祖先崇拝」やそれにまつわる宗教風俗の話と無縁でないことがおわかりになるかと存じます。

神道的な自然物に霊を感じる気持は西洋にも見られないものではありません。私たちの神道的な目や耳の感覚でもって観察するならば、泉や水の精や洞穴や森や岩を生き生きとした命が通うものと感ずるアニミスティックな感覚は、古代地中海社会に存在したばかりか、ルネサンス期にも、いや現代のフランスにも底流していることがわかります。

それはロンサールの詩行やアランの語録などにも認められる心情であるからで、日本人のそれとほとんど同性質の感覚といえるのではないか、ということを第三話では示唆します。

神道には祖先崇拝のほかに自然崇拝という面もあれば、火山や山岳に対する信仰もあります。第五話ではとくに富士山に畏敬の念を覚えた内外の人にふれ、霊峰富士がもつ精神史的意味を探り、そこに感得される神道的感情にもふれました。日本人と接してクローデルは日光での講演でこういいました。

「人生に対するとくに日本的な態度、それは恭敬とか、尊崇とか呼べると思いますが、理知には到達しえぬ優越者をすなおに受け容れる態度であり、私たちをとりまく神秘の前で私たち一個人の存在を小さくおし縮めてしまうことであり、私たちのまわりになにかが臨在していて、それが儀礼と慎重な心づかいとを要求していると感ずることなのです」

クローデルが恭敬 révérence とか尊崇 respect とか呼んだものは、クローデル自身が音楽家で親友のミオーに向けて書き送った説明によると、フランス語にはそれに相当する単語がないからそういったまでで、英語の awe がぴったりしているとのことでした。その畏敬の念こそが日本の神道的な宗教感情なのです。外務省研修所でフランス語を教えていた一九六五年ごろ、私はクローデルの明治神宮参拝の一節（Meiji「明治天皇」）を読んで受講者とともに感銘を受けました。その種の印象を基に私は一九七四年に『西欧の衝撃と日本』の最終章「クローデルの天皇観」を書きました。また昭和天皇崩御の一九八九年には「御神木が倒れた日」（『オリエンタルな夢――小泉八雲と霊の世界』所収）を書いて日本の天皇の神道的性格にふれました。

平川のフランス語版も本書も、西洋作家が日本の宗教文化をどう把握したかを語るのが第一の狙いですが、第二の狙いは読者各位に日本人自身の宗教文化的アイデンティティーを自覚させる試みでもあります。いや私自身の自分探しを語っているのだといえないこともありません。かつて漢文化の影響下で日本という周辺文化の地域では自国の言語や宗教文化についてどのような自覚がいついかにして生じたか、グロバリゼーションの過程で世界全体の中ではただ一カ国にしか通用しないという意味ではマイナーで孤立しがちな日本語文化の運命はどうなるのか。ルネサンス期のフランスの詩人デュ・ベレー（Du Bellay）のいわゆる「母語の擁護と顕彰」の問題を普遍的な「詩論とナショナリズム」の問題として巨視的に考察し、日本が漢文化、次いで西洋文化を受容してグローバル化しながら混淆文化の国となる過程、いいかえると日本が広義のクレオール化の過程でどのように変貌するかを過去の事例に即して考えました。それが第六話以下です。

これから先、狭くなる地球社会で、外来の大文化の影響下に日本人のアイデンティティーはどのように変わってゆくのか。

第七話ではハーンの仏領西インド諸島マルティニークでの体験と日本の出雲での体験の相似性について考察いたします。ハーンはマルティニークというクレオール語が話される社会で、西洋キリスト教文化の圧倒的な影響にもかかわらずアニミズムの感覚が残っていることを発見し、その感覚をわがものとしました。後来の大宗教は前から伝わる宗教感情をそう簡単に根扱ぎできるものではない。ハーンはマルティニークの体験に照らしてそのような予想を抱いて来日し、出雲へ行き、はたして中国渡来の仏教伝教や西洋渡来の文明開化にもかかわらず、神道が生活にしみわたっているさまを見て、自分の予測の正しさを確認しました。

その体験を通して巨視的に見えてくるものは、中心文明と周辺文明の関係、いいかえると大文明と小文明の文明の混淆ないしは混交の問題です。そしてそれは今日的にいいなおせば、グロバリゼーション globalization と表裏をなすクレオリゼーション creolization の問題へと私たちを導きます。私はこのような耳慣れない片仮名語の説明を第九話で行ない、そこでクレオール・ジャパン Creole Japan という表現までも用いますが、皆さまは第八話やとくに第九話で試みられる、そのような見方の意外性や、ハーンの先駆的考察の今日的意味に必ずや驚かれることと思います。

本書が話し言葉で書かれているのは、フランス語版を基にした日本での講演原稿を一本にまとめたものであるためです。私は自分の講演の話し言葉に愛着のある人間です。フランスの大学が一九六八年の五月革命で大衆化され、専門分化が一段と進行する以前に私はパリで暮らしました。それだけに当時はまだ大学世界とは別箇に存在したサロンの文化的伝統が尊重されていました。そこでは「木を見て森を見ず」というような、いきなり専門分野に特化する、不躾な話し方は許されません。私はいまでもインテリジェントな男女に語りかけたい人間で、インテリくさい人と議論するつもりはありません。高度な内容を平明に語ることこそ文明の作法と信じます。ただし大事な外国語の引用にかぎってそのまま原文で挿入しました（しかし引用には日本語訳を必ずつけてあります）。そうすることである知的水準を維持し、内と外からの日本観察を行なうようにつとめた様がはっきりすると思ったからです。なお横文字が面倒な方は飛ばして読まれても大丈夫でございます。

本書の内容は当初は平川の数多い既刊の著書のさまざまな章から西洋作家の神道観に関する部分を拾い集めてフランス語にしたものでした。今回、日本語版として新たにまとめ直すことができ、まことに幸いいたしました。フランス語版刊行や講演の後に新しく気づいたことの数々を書き加え、首尾一貫した一冊に近づけることができたからです。しかし以前に発表した内容もおのずと混じりますから、すでに部分的にはお読みになられた方もあろうかと存じます。その点は重なりますことをお許しください。

過去にばらばらに語ったことをこのような形で一本に仕立てる過程で、私自身、脳裡に意外な連想が働き、思いもかけぬ展望が次々と開けるのを感じました。日仏会館の聴衆の皆さまは私がロティやクローデルなどをフランス作家として語る間は、私の話も従来の日本の仏文学者の月例講演と同じ次元であるとお感じになった御様子でした。それがそれらの作家を日本文化との関係で私が論じ出すに及んで、話が月並みでなくなり、議論がにわかに躍動し、新しい視界が次々に開け、聴衆の皆さまにとっても問題が他人事でなくなりました。学問とは外来知識の単なる輸入紹介ではない以上、本来そのような知性・感性の運動であるべきではないでしょうか。学問の縦割りや横割りの枠を越えようとつとめたつもりです。専門家のみならず一般読者の目に新鮮な新視界を開く一冊として広く読まれることを祈っています。

ここで標題とも関係する言葉の定義の問題にふれさせていただきます。私はかつて「和魂洋才」の問題を論じた時に「大和魂」とは何か、(3)とその内容についての定義からは話を始めませんでした。一般にどこの国でも文化的自覚は政治的自覚よりも遅れて生ずるもので、日本人の大和魂についての認識は和魂漢才に類した表現が作られた後も、必ずしも深まったわけではなかったと思います。それというのは和魂漢才というときの「和魂」の把握は他者との関係における自己認識であり、いわば外側からの規定だったからです。それと同じことが今回の書物の標題にある「神道」についてもいえます。「仏道（ぶつどう）」という名で仏教がはいってきたからこそ日本の固有の宗教が自覚され、それに神道という名前がつけられたのです。『日本書紀』の編述に際して、用明天皇即位前記や孝徳天皇即位前記に仏教との関係で「神道」の名前が出て来ます。キリシタンの宣教師も日本人の信仰をシントー（Xinto）としてとらえました。(4)しかし神道と口にしたからといって、神道の中身がきちんと把握されていたわけではないのです。漢字や横文字の名前がつけられたからといって、それでその内実が日本人にも外国人にもはっきりしたわけではありません。日本人には外来の宗教とは違う何かが自分たちにはある、ということは直感されたが、だからといって信仰的内容が理知的な言葉でただちに分析的に把握されたというようなことはあり得なかったのです。

漢学の流入にともない、天性の日本人の智慧（ちえ）のことが自覚され、大和魂という表現をとりました。それである種の国文学者はその内実を固定的に定義して「大和魂とは世才とか常識的思慮判断である」ときめてかかっておられます。辞典類にもその種の定義は見られます。しかしそのような定義を前提に和魂漢才論や和魂洋才論を展開することは、大和魂の定義にまつわる註に例証したように、ミスリーディングです。日本人のアイデンティティーの内実は変化するからです。実はそれと同じことで、神道の内実も固定的に定義することは難しい。ただし漠然と大まかに捉えることはできるのです。伝説によれば西行（さいぎょう）は、

なにごとのおはしますかは知らねども忝（かたじ）けなさに涙こぼるる

とうたい、不可視的な存在の前で頭を垂れました。これもクローデルが第四話で指摘する「理知には到達し得ない優越者に対する畏敬の念の表明」であると私は解釈します。これが宗教的な畏敬の念のあらわれなのではないでしょうか。そして付言するならば、

『日本書紀』に神道という漢語があらわれる前からもそのような気持はあったと推定するのは自然でしょう。

旧来の学問的枠組の中で考えるなら、神道については本来は国学や宗教史関係の専門学者の皆さまにお話をうかがうのが筋でしょう。学者の皆さまは一方で文献学的操作でカミやタマやモノやオニを追跡なさいます。またマツリとは何かを調査なさいます。それはそれで大切です。国文学史家や日本史家の中には微に入り細を穿つ研究をなさる方もおられます。しかし木を見て森を見ずというか肝腎の点が出ていないこともあります。「神道とは何か」という題の本を読んでも神道が何かさっぱりわからないこともある。しかし子供たちは仏像のある寺や十字架のある教会とちがって鳥居をくぐって神社へ参拝すれば、ここは柏手を打つところだとわかっています。——そんな様だから今度は逆に「余計な学問知識は不要だ」とおっしゃる方もおられます。それに日本の神社関係の皆さまはどちらかといえば「言挙げせず」、特に言い立てることはなさいません。それやこれやで神道について平明にわかりやすくお話しなさることがあまり多くはないのです。

私は自分が述べる事が正しいのか正しくないのか必ずしも確信がもてず、関係の皆さまのご批判を仰ぎたく思い、平成十七年には伊勢の皇學館大学へ出向いて講演もいたしました。それは同大学講演叢書第一一五輯『西洋人の神道観——富士山に日本人の霊性を見たハーンとクローデル』（二〇〇六）として刊行され、比較的よく読まれてリプリントもされましたが、平川の見方がその筋の専門家の目にふれてさてどのような印象を与えたのか、その点が結局よくはわかりませんでした。それでやや不安に感じております。実は他流試合を申し込んだというわけでもありませんが、御批判を仰ぎに私は国際基督教大学にも出向いて講演をいたしました。International Christian University では外から日本人教授が神道について話しに来たのがよほど珍しいことだったらしく「お前は勇気があるな」You are courageous などとアメリカ人教授に笑われましたが、しかしここでも具体的な御批評はうかがえませんでした。それで私、自分の神道知識について依然として正しいのか、正しくないのか定かでないわけです。

というのも私は日本の国史・国文学の学者ではない。日本の学者を西洋学者と東洋学者に分けると、覚えた西洋語の単語の語彙からいえば私は断然西洋学者です。旧制中学高校以来の英仏独に加えてアルプス以北や以南の土地で長く学び、ダンテ、ボッカッチョ、ロンサール、ハーンなどを論じ訳し、英国やフランスからも書物を出版し、イタリア語でも論文を書いてきました。そんな私は、日本の西洋学の旗頭の一人かもしれません。日本の人も鷗外漱石をはじめいろいろ論じましたが、そのように日本の文化史や紫式部の文学を論じるときでも、国史国文の出身者と違って世界大の視野から論じてきました。一九九一年に新設された東大教養学科の比較日本文化論分科では六カ月、心魂を傾けて講義して翌春、定年で東大を去りました。

そのような一旦は日本の外へ出た若き日の francisant、フランス研究者であり西洋研究者であった私の後年の仕事の一つが、世界の中の日本を見すえることでした。比較研究者として精神の往復運動を繰返し、日本の宗教文化についても内からも外からも眺めつつ語ってきました。そんなところに、逆に意外な新しさがあろうかと存じます。それで私がこの種の問題に関心を抱くにいたった教養学士の遍歴、コンパラティストの閲歴(えつれき)を、よそで述べたことと重ならぬよう留意しつつ、冒頭に述べさせていただきます。日本に生まれた者がアイデンティティーを求めるとはいかなることか、それについてもさまざまなレベルで取り上げ、手をかえ品をかえ説明いたします。さらに巻末には私が書きました『夢幻能さくら』も添えてあります。日本人が樹(き)の霊、花の精になにを感じるか、を話題にしたかったからです。山川草木(さんせんそうもく)に命を認めた日本人のアニミスティックでプリミティヴな宗教感覚を、私は捨てがたいなにかであると感じている者です。取るに足らぬ文芸作品ですが、ご参考までにお目通しください。

かつて外国で外国語で講演した内容をいまこのように日本語に置き換えると、私は頭の体操をしているようで、気持がなにか爽(さわ)やかに若返るのを感じます。文化的背景を異にする聴衆には、それを考慮して、異なる語りかけをせねばなりません。そのための配慮をせねばなりません。しかしそれと同時にどこにいようとも、人間には共通する人間性があります。それだからこそ日本固有の宗教文化について語ろうとも、よく考えきちんと整理して明晰(めいせき)に説明するならば、日本人のみか外国人からもまた共感的理解を得られるものと信じます。と同時に、いわゆる脳内白人化した日本人からも、また頭から西洋キリスト教文明の至上を信ずる人からと同様、理解を拒否されることもあろうかとそれもまた覚悟しています。

一九四五年十二月十五日、アメリカ占領軍は「神道指令」を出し、日本人がそれまで「神社神道」と分類していた神道を「国家神道」State Shintōと再定義し、日本の超国家主義の精神的バックボーンであったと非難いたしました。神道がナショナリズムの宣揚のために利用されたことは明らかですが、ただしそれだからといって、神道に対して全面的にこれを否定することは過剰反応でしょう。バランスのとれた判断を下すには、明治初年以来の西洋人の神道観をあらためて振り返り、観察し吟味する必要があるかと存じます。

中島精太郎宮司はじめ明治神宮国際神道文化研究所の皆さまには、かねてから平川の著書『和魂洋才の系譜――内と外からの明治日本』以下をご愛読いただき感謝にたえません。同研究所では、本書の基となるフランス語版の出版を助成し、その刊行を記念して明治神宮参集殿に、京都の国際日本文化研究センターをリードする稲賀繁美教授、皇學館大学櫻井治男教授、立命館大学ミッシェル・ワッセルマン教授など内外の気鋭の学者をディスカサントとして招いて『西洋作家の神道観――日本人のアイデンティティーを求めて』そのものを論題にとりあげ、五百数十人の聴衆を前にシンポジウムを開催するというかにも出版助成にふさわしい企画まで実現してくださいました。それでその際に私が行なった基調講演もこの日本語版の中に織り込ませていただきました。なお若いころの個人的な思い出もおりまぜて、本書のもととなったフランス語版の成立ちや内容について求められるままに率直に「『西洋作家の神道観』刊行に寄せて」と題して平成二十四年十一月の『神園』誌上に発表してあります。その一部もここに再録し、日本語版の解説の一助とさせていただきました。

このような講演の機会を私に与えてくださいました各国の大学や明治神宮国際神道文化研究所、日仏会館、私の話を続けて聴いてくださいました皆さま、原稿に目を通してくれた大島真木教授、講演をこのような著書の形で世に出してくれる河出書房新社の伊藤靖氏にあらためてお礼申し上げます。

去りましし御霊(みたま)しのびて文つくるArmistice(アルミスティス)の白菊(しらぎく)の花

二〇一二年十一月十一日

平川祐弘

西洋人の神道観　目次

西洋人の神道観　日本人のアイデンティティーを求めて

話の前に

教養学士の遍歴、比較研究者の閲歴

――アイデンティティーを求めるとはいかなることか

『西洋作家の神道観——日本人のアイデンティティーを求めて』という書物をパリのl'Harmattan書店から二〇一二年秋に刊行いたしました。まずは私がこのようなフランス語の書物を八十歳を過ぎて出すこととなった学問的閲歴(えつれき)にふれることから話を始めさせていただきます。自己を語るのはいとわしいこととフランスの若き俊秀は言いました。しかし遠慮も過ぎるとよろしくないとこの老学者は思います。私がなぜ単なる外国文学研究者に甘んずることなく、このような自国の文化をも重んじる多角的なアプローチをする人間となったかについてはやはり多少の説明が必要かと思います。

皆さまの中にはすでに外国へ行かれた方も多いかと存じます。私はいまや日本で現存するフランス政府給費留学生の最古参の一人となりました。以前はそう簡単に海外へは行けなかった。百五十年昔の明治維新以前はもとより、存外知られていないが、戦争中は無論のことそれに引き続く十数年間、いいかえると千九百四十年代も千九百五十年代も、日本がアメリカ軍の占領下にあった昭和二十年代はもとよりその後しばらくも、徳川時代の鎖国下の日本に劣らず海外渡航は難しかった。一九五二年、占領が終わっても日本人は外貨持出が禁じられており、一九六四年までは先方からの招待や政府の許可がないかぎり海外へは自由に出掛けられなかった。しかし外国へ行く道が閉ざされていればいるほど海のあなたのはるけき国への文化的な憧れは強くなり、萩原朔太郎が詩にうたったように、フランスは素晴らしく思われました。米軍占領下に学生生活を送った私はパリに思い焦れる青年子女の一人でしたが、夢を叶えるためには敗戦後の日本では留学生試験を受けるか、外交官試験を受けるかしか手がなかったのです。

もともと西洋と日本とは地理的にも文化的にも離れていました。しかも敗戦国ですから心理的にもたいへんな隔たり distance があったが、それに加えて昨今と違って distance financière もあった。非常な「金銭的な距離」があった。昔は洋行には金がかかったのです。大体いまは洋行などとは申しません。実はそれだからこそ明治・大正・昭和初期の日本人にとっては洋行は生涯に一度かぎりの大事業だったのです。明治以来、鷗外、漱石、荷風、光太郎、みな一度しか洋行しておりません。敗戦国の日本は海外渡航の奨学金を出しません。西洋側は小人数だけ出してくれた。フランスも政府奨学金を出してくれた。文科系三人理科系三人芸術系三人、その枠が各五人となり、おかげで若僧の私も通りました。そのフランスは月百ドル相当の金を十カ月間と帰りの旅費とは出すが、往路だけは自弁せよというのでした。三十数日かかる欧亜航路の客船の二等の料金は四人乗りのキャビンで食事つき葡萄酒は飲み放題で、いってみれば一月贅沢なホテル暮らしをしているようなものですが、それ足す船賃が二十四万円で、その金額は当時の父の半年分の給料に相当しました。しかしそれでもプロペラ機で羽田からパリへ南まわりで行く片道の費用の二十五万円よりも安かった。当時の飛行機代はそれほど高かったが、敗戦後の日本はそれほど貧乏でもあったから、外国行きは大変だったのです。

私は一九五四年に合格しフランス郵船で渡航したのですが、あのころはまだ新聞は数ページだった。その薄い『朝日新聞』に名前が出たほど稀少価値のある外国行きでした。私は船でインド洋を三回横切った洋行世代の遺物です。フランス船ベトナム号に乗って、ナイフとフォークで食事することとなった。いまの皆さんはそうした食事に慣れているが、私は食堂で緊張して向かいのフランス人の尼様と同じにすればいいと思って、鏡を見るのと同じように真似たものだから、右手にフォーク、左手にナイフを握ってとんちんかんなことになった。尼様は赤葡萄酒をお代わりをしてお飲みになったが、こちらはそれまで飲みつけていなかったから、まるで飲めない。さらに滑稽なのは食後甲板に出て給仕に「コーヒーですか、紅茶ですか」Vous voulez le café ou le thé? とフランス語で聞かれて、聞き取れもするし意味はわかるのだけれども、咄嗟に答えられない。なぜか。それは敗戦後の日本ではコーヒーとか紅茶とかそんな選択をするだけのゆとりのある生活をしていなかったからです。あのころの私は日本がいつか戦前の日本程度に豊かな社会にならないものか、とずっと思っていました。フランスに着いたらあまりに豊かな社会なので、自分たちは一生追いつけないとその落差を感じました。

私は東大教養学科を出て同じく駒場の比較文学比較文化の大学院修士課程で何を研究

してよいかわからずに戸惑っていた学生で二十三歳でしたが、大づかみにはその進んだ西洋のことを学んで遅れた日本へ伝えるのが自分の使命であるかに感じていました。世俗的宣教師 missionnaire laïque のような気持でした。私は大学だけでなく、お茶の水にあった木造の日仏会館やアテネ・フランセ、後に飯田橋に新築された日仏学院にも熱心に通いました。フランスへ着いた私はもしも一度帰国すれば二度と西洋に戻れないと確信していました。それだから、この一生に一回きりのチャンスを生かそうとパリで通訳をして貯金をしては、留学三年目から晩春から夏休みにはドイツや英国やしまいにイタリアへも留学しました。(5) フランスのことを勉強する人をフランシザン francisant といいますが、私は単なるフランス研究者ではなくなってしまった。そのために就職は大幅に遅れましたが、今から振り返ると実はあのような遍歴時代を過ごしたのがよかったのだと思います。

ウィーンからパリへ戻って来たときこんなことがありました。千九百五十年代の西欧はヨーロッパ統合の動きが生じたころで、あるとき仏英独の友達と集って話していたら「この中で誰が一番ヨーロッパ人だろうか」という話題が出た。そうしたら私のことを指して「ヒラック」じゃないか、と女の子が言い出した。そして皆が「ヒラだ」「ヒラだ」ということになった。私は照れました。たまたま複数のヨーロッパの言葉を知っていたものだから、西洋人の友人たちに実力以上に買い被られて Hira est plus européen que nous「ヒラの方が私たちよりヨーロッパ人ね」などといわれたわけであります。人間自分が出来ない外国語を他人が話すのを見聞きすると、ややもすると買い被るものです。私はそんなにできるわけではない。

人間は特定の一外国語でネイティヴの人に力が及ぶ事はまずありえません。それだから特定の一外国文学研究の専門家の日本人は本国人に対してはなんとなく頭が上がらない節がある。私も留学一年目は辛かったが、その後は意気盛んでした。この間の事情を説明するとこうなります。外国語ができる人の特色は何でしょうか。一外国語と母国語を結ぶと、相手の文化と自国の文化が結ばれて、知識がばらばらの点でなく線となります。しかし学ぶ者として相手を理想化して師と奉り、その一筋にすがるだけが能ではないのです。一つの外国語だけにすがると相手にいつまで経っても追いつけないから相手を追い越せない。相手はますます偉大になる。ところがそれに第二外国語を加えると、知識は面となり、遠近感覚がついてくる。そこで初めて相手の所在が確認できる。二つの外国を知ると三点測量ができて歴史的感覚が身につくのです。

三点測量の意味は、私の個人的体験に即して言えばこうなります。敗戦国からの留学生だった私はフランスの偉大に圧倒される思いでした。しかしそのフランス人も十六世紀にはイタリア文化に圧倒されていた。『ルネサンスの詩』という修士論文を私は書物にしましたが、そこでとりあげたジョアシャン・デュ・ベレーなどはローマに滞在して非常な劣等感にさいなまれて esprit gaulois「ゴーロワ魂」と叫んだ。日本人が負けじ魂を振り絞って明治以来昭和の戦争にいたるまで「大和魂」と叫んだようなものです。文芸復興期のフランスの英才はいってみれば仏魂伊才を唱えていたような節がありました。イタリアの方が文化は進んでいるがフランス人の魂は守りたい、フランス人のアイデンティティーは維持したい、イタリア語やラテン語は勉強するが、詩は母国語であるフランス語でうたいたい、思いのたけは母語でなければ述べることができないというのがデュ・ベレーやロンサールの主張です。

それから複数の外国のことを学んだことで私は自分が幼年時代から日本で育って日本で身につけた言語や文化の大きさということを逆に自覚しました。人間は外国にさらされると自分自身とは何か、という問題意識が生じる。世界の中の日本文化とはいかなるものか、という反省を強いられる。自分のアイデンティティーは何かということを探し求めるわけです。新渡戸稲造(にとべいなぞう)は西洋にさらされたから、強がりもあって、武士道に自分の日本人としての誇りを求めようとしました。新渡戸の英語による著書『武士道』*Bushido: the Soul of Japan* その副題の「日本魂」とは、大和魂を言い立てたくなった、ということです。

それでそういう心理と私も無縁ではなかった。私は東京大学の大学院では比較文学比較文化課程で指導的な役割を演じたと自負する者ですが、学部学生にはフランス語やイタリア語も教えました。一面ではダンテの『神曲』を翻訳するなど西洋の古典を学んで日本へ伝える使命を果していましたが、それはマイナーな仕事でメイジャーな仕事は比較文学比較文化でした。明治日本の西洋文化摂取の模様を森鷗外をケース・スタディーとして調べ、『和魂洋才の系譜——内と外からの明治日本』という博士論文を書物にしました。自分がドイツへも留学したからこそ鷗外のドイツ留学も追体験できたのだと思っています。私は書物を出す運に恵まれた学者で修士論文も博士論文も書物として出版できたばかりか、それらはいまも版を重ねています。なお「和魂」というのは大和魂 âme japonaise, âme nippone ということです。

鷗外の方が新渡戸よりも世界の中の日本の文化史的位置についてバランスのとれた見方をしていると私は思います。鷗外を扱ったこの『和魂洋才の系譜』はいまでも勉誠出版の『平川祐弘著作集』から出ています。それに対する書評がアメリカ人のジャンセンやフランス人のピジョーによって書かれ、私は米国のプリンストン大学へ招かれて *Cambridge History of Japan* の明治日本の西洋化の章を書くこととなりました。そしてパリ第七大学へも招かれた。私は外国語もできるが日本の事もかなりよく知っている二本足の学者だと思われたからです。それでパリでは『蘭学事始』とか『折りたく柴の記』とかを原文と現代日本語訳と私のフランス語の説明で教えた。『古事記』の黒姫の歌謡のエクスプリカシオンをしたら難しすぎると苦情が出た。

ところで皆さんは日本人で日本固有の神道という宗教や宗教文化にどれだけご関心がおありですか。敗戦直後に育った若いときの私は、戦争中の愛国教育への反動で、そうしたものに背を向けて大学生時代を過ごしてしまいました。三十代にはいって本居宣長の『うひ山ぶみ』を読んでたいへん感心しました。プリンストンで教壇に立ったときも最初に大学院生にそれを教えました。しかし神道とは縁が薄かった。神道とは何か、と聞かれても日本語でも答えられません。ましてや外国語では説明出来ない。それどころか占領下で洗脳とはいわずともいろいろ日本批判の教育を受けたものだから、若いときは神道というものは口にしてはいけないもののように感じていました。加藤周一氏が『旅愁』の著者横光利一が神道に言及したのを敗戦直後に批判した、それを得意げに語るのを聞いたとき加藤氏にむしろ同感した大学生でしたが、『旅愁』を読んでそこに見られる問題提起は面白いとは思いました。

しかし私は西洋に傾倒した若者でしたから、日本に帰国してはじめてさる私立大学の英語の非常勤講師になったとき、そこに神道が専門の常勤の教授がおられて、そんな人を常勤にしておくより外国語の方に常勤を増やすべきだ、などといってふっと後ろを見たらご本人がいらした。そんな失言のせいか一年限りで非常勤を馘になりましたが、私がそんな外国語教育優先論を唱えたのは、戦後の日本の思想言論空間の中では神道はなにか悪いもののように、日本の超国家主義と関係したもののようにいわれていたからです。そして事実、関係もあったのでしょう。

しかしそのような非難が繰返されたにもかかわらず、また日本人は、自分は神道家だとはいわないにもかかわらず、神社に参拝する、初日の出を拝む、とか習俗の中で神道に馴染んでおります。神棚にご先祖様をお祀りしている。ご先祖様のお墓には詣でる。日本人は自分たちは無宗教だといいますが、元旦には三百万人の人が明治神宮に参拝する。西義之先生はそれを批判して、あれは元日にほかになにもすることがないから若い人が夜暗いうちから男女手をつないで参拝に行くだけだ、といわれました。薗田稔先生は家で正月行事をきちんとしないから初詣に行くのだとやはり批判なさいました。しかし宗教心の現われ方にもはやりすたりはあるので、私の見るところ、柏手を打つばかりか、お賽銭も投げるのだから、信心がないとはいえないのではないか。パリの人が日曜にしゃれた恰好をしてシャンゼリゼーへ散歩しに行くのと元旦の参拝は違うと思います。明治神宮や伊勢神宮はツーリスムのスポットだという人もいますが、それならフランスのシャルトルやスペインのサン・ジャック・ド・コンポステルもツーリスムのスポットかと言いきれるかというと、ツーリスムの要素はあるかもしれないが、復活祭にパリからボースの平原を歩いて巡礼に行く人の気持には宗教的要素があることは否定出来ないでしょう。

皆さん神道についてはどのような自覚がおありですか。私は意外なことに、自分の中にある神道的美意識を中学生のときに感じました。私の家は和風建築で檜の廊下でした。戦争中でも母がワックスで磨いていた。幸い空襲で焼けなかった。そうしたらアメリカ進駐軍の将校に目をつけられて家を接収されてしまった。ジョージアから奥さんを呼びたいという将校がわが家に土足のまま上がってきた。私の中学のクラスの三分の二は家を焼かれましたから、そんな米軍に接収されるような邸が焼夷弾で焼けずに残っていただけで運が良かったので、世間は誰も同情してくれない。接収されても止むを得ない。

しかし接収そのことよりも「いやだ」と思ったのはその檜造りの家にペンキを塗る、と言われたときです。なんでいやだと思ったか。それは後から考えると子供の自分も神社建築などと同じ趣味で育っており、神社にペンキを塗るといわれたら、皆さまも違和感を覚えるでしょう。実はそれと同じ反応だったのです。東南アジアでも韓国でも、けばけばしく青・赤・黄に着色された仏教寺院に私は違和感があります。しかし日本の寺院も奈良時代には韓国の慶州の仏寺などと同じく原色が濃く塗られていたに相違ない。それが「青丹よし」の奈良の都だったのでしょう。しかし日本人の美的・宗教的感受性には山寺などが「神さびた」、いいかえるとけばけばしい色が剝げた方がat homeなのです。ちなみに「神さびる」とは神道化する、ということでもあるのです。子供心にもけばけばしいカラーのペンキは困る、と思った。

人間のその種の美的感受性は意外に根深いもののようで、私たちは宗教教理的に神道の信徒とはいえないかもしれませんが、美的には神道的感受性の持主は存外多いのかもしれない。そんな神道的な要素は日本人の自然観にはおのずからうかがわれます。そうした感覚は教派神道とか神社神道とかで定義される神道よりもさらに深く、さらに古くから底流するものでしょう。天皇家よりも古いのかもしれません。

正月気分には神道がある。その証拠に俳句の季語の分類はまず神祇から始まる。天つ神と国つ神だけが神祇とはかぎりません。富士山や初日の出、自然現象を生きとし生けるものとして私たちは感じる。自然が生命あるもののように感じる。しかもそれはなにも日本人に限らない。私はフランスの詩人の中でロンサールが故郷の自然をうたった詩が好きでしたが、樹に霊が宿るという感覚は神道的な感受性と共通します。日本人も古代のケルト人もいやゴールのフランス人も御神木を尊ぶ。ロンサールの詩には自然の泉や樹や森や岩や滝が息づいている。そこにはギリシャ神話の神々の名前がたくさん引かれていますが、あれはルネサンス期にフランス人がギリシャ神話の出てくる作品を読んでその世界に親しんだから、それでニンフnympheなどと呼びかけたのだろうか。いや、それだけではあるまい。本当はロンサールなどの詩人たちがゴールの地のフランス人として樹に命があると感じたから、それでロンサールは「おい、樵夫、手をとめろ、お前が地面に打ち倒しているのは樹ではないぞ、お前見えないのか、血が滴っているのが、厚い樹の皮の下に生きていたニンフたちの血が？」と叫んだのではないでしょうか。そんな気持が脈々と伝わっていたから、ニンフと呼びかけたので、書籍的知識だけでギリシャ神話の神々があれほど生き生きと蘇るはずはない。ロンサールなども日本人と同じようにアニミスティックに、植物をはじめ自然の万物にも命がひそんでいると感じていたからこそあれだけ生き生きと森や泉や波や蔭や森の精や葉の繁みや谷間や洞穴を詩に歌うことができたのではないか、とそんなことも考えました。

それでそのような論をまとめようと思い、一九八〇年、学年度の終わりに勤務していたパリ第七大学で私が公開講演をするときに「神道的感受性でロンサールの詩を評釈するとどうなるか」という話をしたいと提案したら「とんでもない」とフランス人同僚に言下に断られました。

断られた理由は二つ考えられます。第一は、フランスの詩歌を解釈するのに神道的解釈とは何事か、と先方は思ったのでしょう。日本のフランス文学会でもそのような研究は異端でしょう。しかし私は私が東大を定年で去る年の一九九一年六月に駒場で日本フランス語フランス文学会が開催されたので、その機会にその種の題で発表し、今度のフランス語の書物の第三章にもそれを入れてあります。第二は、ある程度年配の西洋人は神道と聞くと、神道は天皇家の宗教であって日本人は天皇を現人神として崇めた、神道は戦争中の日本のファナティックなナショナリズムを支えた精神的支柱である、そのように考えて反撥を示す人が多い。それで l'interprétation shintoïste des écrivains français「神道的感受性でフランス作家を解釈する」などと私がいいだしたら即座に断られたのだろうと推測します。ナチスが利用したゲルマン神話と同じように日本の神道も悪者扱いされました。西洋でもインテリは頭がよければよいほどそのような推論をするのがなまじ得意なものだから、神道解釈が逆にいびつになるのです。いびつかいびつでないのか、アメリカ軍は日本の精神的バックボーンをへし折ろうとして、一九四五年四月十四日に焼夷弾を集中的に落として明治神宮の本殿を意図的に焼き払いました。神道を敵視する見方はアメリカ占領軍にも強くて、占領軍はいろいろ指令を出して官幣社への国家の財政援助を断つなどいたしました。しかし公的な財政援助がたといなくとも明治神宮への参詣者は絶えません。

ところが敵は、などと申すと猛々しくなりますが、神道解釈のいびつな人は、日本事情を熟知しているとはいいがたい外国人の中にいるだけではない、日本の内にもおります。たとえば戦後明治神宮本殿を復興するときに日本建築界の有力者からコンクリートで再建するという案が出た。そうすれば焼失しない、という合理主義的主張です。功利主義的主張というべきかもしれません。しかしそれでは神宮の本殿は御神体を収める格納庫になってしまう。その話を聞くとやはりいやな気がしました。神道的美意識にそむくコンクリート建築案は東大工学部建築学科関係の人から提案されたらしいが、幸い没になりました。

こうして神道は生きています。新しい神道建築の中にも生きています。かつての交戦国アメリカも神道敵視政策の間違いに気づいたのか、米国大統領も来日すると明治神宮に参拝するようになりました。アメリカ政府の方はそのように日本の固有の神道に対する見方をだいぶ改めましたが、改めないのは日米の左翼と一部のキリスト教徒です。日本のジャーナリズムも神道アレルギーが強い。日本のフランス文学関係者の中でフランスは大革命で君主制を廃止したから市民社会が確立したという形でフランス礼讃をなさる方がおられます。そしてその裏返しとして、日本は天皇制を温存しているから駄目だ、と紋切型をいわれます。それが日本卑下となってあらわれ、神道に対してネガティヴな見方を述べることとなる。神道は天皇家の宗教だ、と一言のもとに断罪する方もおられます。だがこれは神道について外国語で何と言ってよいかわからず説明に窮した日本知識人がその場しのぎに発した言葉でもあったのです。天皇家は神道の大祭司のお家柄ですが、神道はなにも天皇家の宗教だけではありません。神道的感情は広く日本国民の多くによってわかちもたれています。

日本人の宗教は習俗の面からいうと神道、キリスト教、仏教が目につきます。生まれたときはお宮参り、七五三。男女が結ばれるときはブライダル・チャーチでの結婚式。亡くなると仏寺での葬式などの役割分担が行なわれていますが、その三つの宗教の中で西洋人にいちばん理解されがたいのが神道です。第二次世界大戦以前の西洋の日本研究者の大御所はバジル・ホール・チェンバレンですが、「神道はしばしば宗教と見なされているが、ほとんどその名に値しない。まとまった教義もなければ、聖書経典の類もなく、道徳規範も欠いている」と『日本事物誌』*Things Japanese* で述べました。そして西洋人宣教師や日本学者は文明開化とともに神道は滅びるだろうと明治七年の神道シンポジウムで予言しました[6]。しかしその予言は当たりませんでした。それに対してラフカディオ・ハーンは西洋人で神道の魅力を理解した最初の人です。ハーンは一九〇四年、『日本――一つの解明』を出す際にこういいました。

「いままでこの神道について発言してきた西洋人は、この日本の宗教を不倶戴天の敵とみなす人びとによってであった」

いいかえるとキリスト教を宣教しようとして来日した人々が神道に対して否定的評価を下した、ということです。神道の場合は、教祖のいる仏教と違って一国内の自然発生的に成立した宗教であること、経典の教理よりも祭祀・儀礼が重んぜられること、天皇家の宗教であること、などのために内外で誤解されやすい。宗教やそれにともなう儀礼や風俗でも、多くの国の人に信奉され、広く理解されている場合には、誤解されることが比較的に少なくてすみます。仏教については十九世紀以来西洋でも研究が進み、学問的理解は深い。インド学などの書籍的な研究が進んで経典の英語訳などが出、比較宗教学が発展したおかげです。仏教学というのは仏典のテクストについての文献学的研究が主流でした。西洋で仏教徒が多いわけではないけれども、仏教研究は盛んだから、内外の大学関係者は仏教の悪口はいわない。しかし神道に対する無理解は今日にいたるまで続いています。まず日本人自身の無理解にも原因はある。神道関係者は「言挙げせず」などといっている。神道を説明するきちんとしたこれといった一冊の書物がない。

神道は日本以外の土地までひろまったことのない日本固有といってよい宗教です。これは日本が外国を侵略し長期にわたり占領したことがないから、またそのために日本以外に日本語を話す国がないから、という事情に由るのですが、キリスト教・イスラム教・仏教などが普遍的宗教であるのに神道は日本固有の宗教であるといわれる。これは確かに事実ですが、私は卑下すべき事実とは考えない。神道ももし外地へ宣教に行っていたならばもっときちんと言語化されて他者にもわかるように説明も試みたでしょう。しかし外地の神社は台湾やハワイなどで建てられたことはありますが、なによりもまずその地に渡った日本人ないし日系人のための神社でした。

それから神道は戦争中に国家目的のために利用されたと非難されて戦後語るのも憚られるようになってしまった。國學院大學は存続しましたが、京都帝国大学にあったらしい神道史学科は戦後なくなった。皇學館大学も敗戦後一度はなくなったが、一九六二年に復活しました。そんな戦争中の思い出とも関連しますが、神道については「非合理的」という連想もある。人間不思議なもので、そう思い込むと『古事記』の世界自生神話は荒唐無稽で、『聖書』の天地創造神話は荘厳壮大だなどと思い込む。神官の家には世襲が多い。神官の家の出身で東大の大学院に入ったが自分のそんな出自を恥ずかしく思っている人がいた。「君は両親から神様について何をお習いしたか」と聞いたら、お祭りのとき神社の境内に店を張りに刺青をした恐そうな人が来る。母親がその人たちをさして「触らぬ神に祟りなしだよ」といった。それが親から神について聞いたただ一度の例だ、といいました。まあ本人、神職の子であることをてれてそんな冗談をいってまぎらわしたのかもしれません。日本人自身が神道についてきちんと語れないのだから、外国人がわかるはずもない。

ところで幕末以来、来日した西洋人日本研究者には二系列あって、一つはキリスト教宣教師系統、いま一つは非宣教師系統です。興味深いのはモース、フェノロサ、マードック、そしてハーンなど非宣教師系統の日本学者に永続的な価値のある仕事を残した人が多いということです。宣教師系統には宣教師的偏見 missionary prejudice があって、それが対象をあるがままに理解することの妨げになったのではないか。キリスト教を宣教しようという熱意に駆られた人はどうしても神道を否定的に捉えようとした。それなものだから神道に対して共感的理解 sympathetic understanding ができなかった。その点を指摘したのが先ほど引いたハーンの言葉です。

昭和になると西洋の日本研究者は日本で育った miskid と呼ばれた宣教師の子供たちが中心になりました。代表的存在はエドウィン・ライシャワーとE・H・ノーマンで、米英派で、二人とも宣教師の子供で、東京のアメリカン・スクールや神戸のカナディアン・アカデミーでそれぞれ育ちました。当然、西洋優位の立場から日本を論評しています。東南アジアの日本人学校に通っている日本人の子弟が現地の人たちをどう見ているか、その態度の類推でお察しください。ではなぜフランス派には miskid はいないのか。おわかりですか。プロテスタントの宣教師と違ってカトリックの宣教師は妻帯しないから子供がいないのです。

そのような関係で神道は誤解されることも多い。たとえば、元首相の森喜朗氏が二〇〇〇年春、神道家の集会で「日本は神の国」とか発言したらしい。それで新聞テレビで袋だたきにあいました。なにしろ日本のマスコミが先頭に立って騒ぎ立てた。しかしジャーナリズム関係者の発言を聞くと、首相の揚げ足取りに夢中な割には、自分自身の国の宗教について深く考えていなかった。そのとき反射的に私は「日本は神の国」と百年前に主張したハーンと八十年前に同様趣旨を発言したカトリックの詩人でフランスの駐日大使であったクローデルのことを思い出し、『文藝春秋』の巻頭随筆欄に「クローデルと『カミの国』」と題して投稿しました。その巻頭随筆に対しては非難はまったく出なかった。むしろ褒められた。それが逆に私に不安を与えました。この国では首相が「日本は神の国」というと愚弄され、フランス人のクローデルが「日本は神の国」というとインテリが感心する。こういう有様は、精神的に健康な反応とはいえないのではないか。

以上はこれからの日本語講演の前置きのようなものです。いまや世界共通語は英語の時代で、私は東大駒場で学部学生に向けてはフランス語・イタリア語を教えていましたが、外国語の主著は、七十四歳のときに英語で出版しました。西洋人でもラフカディオ・ハーンやポール・クローデルは神道に対して鋭い理解を示しました。クローデルは二十世紀フランスの大詩人だから、彼が神道を評価しているというと、日本のフランス文学関係の方も耳をそばだてて、それでは話を聴こうかということになります。それからクローデルは大詩人だと私も信じますが、彼の日本論である『朝日の中の黒い鳥』*L'Oiseau Noir dans le Soleil Levant*には英語訳はいまだにありません。となるとクローデルを英語で論じて米英人に神道を説明しようとしても空回りになってしまう。ところが私がフランス人に向けて神道を説明する際にクローデルの発言を援けに借りると説得力が生じます。それで今回の講演で外国作家の発言の引用はフランス語や英語で印刷してお配りしますが、私は日本語で説明しますから、たといフランス語ができない方もご心配なくお聴きください。

さてこうして皆さまは西洋作家の神道解釈についてお習いすることで、西洋作家とともに日本の宗教文化についてもお習いするわけで、この講座は一石二鳥です。平川祐弘が世界の中の日本の文化的位置を見定めて外国人に向けて語った講演を日本の皆さまにも語る講演です。ご質問のある方はなにとぞ話の後で私のもとへおいでください。

第一話　明治初年の民法論争

――フュステル・ド・クーランジュ『古代都市』を介しての日本発見

『ナポレオン法典』と明治日本

それでは日本の神道について、フランス経由でご説明申します。

フランスと日本は昭和・平成年間は芸術面での関係が重きをなしていますが、明治初年には法律面での関係が最重要でした。幕末維新の英才たちは英語の次にフランス語を重んじました。それなのにフランス語とドイツ語の地位が逆転するのは一八七一年、明治四年に普仏戦争でプロシャが勝利したからです。

一八六八年の明治維新の後に開国した日本は、各方面で西洋化することを余儀なくされました。徳川時代の日本は秩序のよく保たれた社会でしたが、しかしそれは社会の成員が成文律によって縛られていたが故ではありません。徳川幕府が結んだ安政条約は、日本が一方的に外国人に対する裁判権と関税自主権とを放棄した不平等で屈辱的なものでしたが、明治初年の日本が対等同格の地位を回復しようとした際、まず西欧諸国のそれのような近代的な法典を編纂(へんさん)して文明国たる実を示すことが先決となりました。それだから西洋風の法制度を整備することは、対内的のみならず、条約改正の前提条件として、対外的な意味でも緊急な課題となったのです。その際、日本人がまず注目したのはフランスの法制度でした。日本人の『ナポレオン法典』に対する感嘆の念は、一八六七年に渡仏した栗本鋤雲の『暁窓追録』に次のように記されています。

> 片言以テ訟ヲ断ム可シトハ、必ズ子路ノ賢ニシテ然ル後得ベキコトニテ、庸才凡智ノ敢テ跂及スル所ニ非ラズ。況ヤ情ナキ者其辞ヲ尽スヲ得ズ、必ズヤ訟無ラシメン乎ノ場合ニ至リテハ、真ニ空前絶後、孔子ノ聖ノ外、迚モ夢見スルコト能ハズト思ヒシニ、今法帝「ナポレヲン」ノ政令ハ殆ンド夫ニ類スルコトアリ。実ニ驚嘆欽羨ニ堪ヘザルナリ。[7]

栗本がそのような讃辞をつらねた裏には、彼に同行して渡仏した二人の日本商人が訴えられて裁判にかけられた。お白洲のような裁判を予想していたら、おどろおどろしいことは何もない。罪刑法定主義で、同行の日本の商人が「「ナポレヲン・コード」何条ノ律ニ従ヒ、其曲直ヲ判ジテ某々ノ科ニ処セリ」という判決を受ける様を栗本は詳しく目撃した。そんな体験があったから文明に驚嘆したのです。一八六九年、日本政府は箕作麟祥に命じてフランス五法典全部の翻訳を行なわせるにいたりました。その際、江藤新平が「フランス民法と書いてあるのを日本民法と書き直せばよい。そうして直ちにこれを頒布しよう」[8]と述べたのは、条約改正という目的を達成するためであり、たとい不完全なものであろうとも速やかに法典を編纂し裁判所を設置することが、西洋諸国をして日本が文明国であることを認めさせる上で必要だと考えたからです。

この法典の翻訳に基づいて江藤を中心に民法編纂事業が進められ、これを助けるために一八七二年、フランスから弁護士ジョルジュ・ブスケ（Georges Bousquet）がまず呼ばれ、ついで翌年にはギュスターヴ・エミール・ボワソナード（Gustave Emile Boissonade de Fontarabie 一八二五－一九一〇）が来日しました。[9] ボワソナードは日本で一八九五年まで働きました。彼らは民法草案の作成事業に携わるかたわら、司法省明法寮の講師として日本人に西洋の法律知識を教育しました。明治国家の諸制度の整備に裏方として非常な功績のあった井上毅（一八四四－一八九五）は、これより前、司法省から派遣されて渡仏しましたが、この井上がパリで師事したのが当時パリ大学法学部教授だったボワソナードなのです。彼は来日後、井上と協力して多くの事業を行ないました。公法面では日本初の近代的法典として意義をもつ治罪法と刑法の原案起草にあたり、また拷問廃止、罪刑法定主義、罪刑依証主義の確立に努めました。私法面では民法草案の起草にあたり、財産編、担保編、証拠編の草案をつくりました。また人事編、財産取得編の内容にも大きな影響を与えました。

ボワソナードが作成した草案は、元老院での最終審査を経て、一八九〇年に法律として公布されました。注目すべきことに、財産取得編の草案にあった財産相続における相続人間の平等をなるべく実現しようとする精神は、公布の段階では抹消され、家督相続人が一切を相続する精神に置き換えられていました。すなわち、個人それぞれの相続権を尊重することよりも「家」という構成体を保存することの方が留意されたのです。しかしながら、このような修正も、一部の日本人にとってはまだ手緩(てぬる)いと考えられた結果、同法の施行の延期を主張する声が生じ、これと施行の断行を主張する見解との間に、一八八九年から数年にわたって、いわゆる「法典論争」が展開されました。

この「法典論争」の内容は多少複雑ですが、その一つの側面を拡大していえば、自然法派であるフランス法学派の推進した、普遍的・原理的な法思想に対して、歴史派であるイギリスならびにドイツ法学派が、特殊的・実証的な法思想によって異を唱えたもの、と見做(みな)すことができます。そして日本において、特殊的、伝統的なものと見做されたのは、「家」の観念とそれへの感情でした。延期派を代表して活躍したのは穂積八束(ほづみやつか)でしたが、彼は「民法出デテ忠孝亡(ほろ)ブ」という有名なキャッチフレーズを唱えました。

明治初年の日本の俊秀はフランス語を死物狂いで勉強しました。ナポレオン法典を直訳してそれを施行すればよいという急進派も、日本社会の現状に留意して民法を作るべきだという保守派も、外国語をよく勉強した。特にその後者の人たちはフュステル・ド・クーランジュの『古代都市』を読んだ。この本が日本の法学者に非常なインパクトを与えたのは、そこに描かれているキリスト教以前の古代地中海世界の死者に対する感情や祖先崇拝の気持がいかにも日本人の感情や気持にそっくりで、それに心打たれ、日本は西洋キリスト教社会とは違う社会であると自覚させられたからです。

フュステル・ド・クーランジュの『古代都市』

フュステル・ド・クーランジュ Fustel de Coulanges とは何者か。フュステル・ド・クーランジュ全体が姓で名前はニュマ＝ドニ Numa-Denis という。それだからこの人を略して呼ぶ時はフュステルと呼ぶべきでクーランジュはいけません。しかし西洋にも間違ってクーランジュと呼ぶ人が結構います。『古代都市』はラフカディオ・ハーンにも影響を与え、来日以前の小説『チータ』にすでにド・クーランジュという名前の人物が登場します。この場合はフィクションの名前だからそれでもよいが、ハーンは彼の日本論 *Japan, an Attempt at Interpretation* の中でも De Coulanges と間違って書きました。大正十五年に『古代都市』の翻訳を試みた中川善之助も、昭和十九年に全訳を出版した田辺貞之助もクーランジュ著とやはり間違って書きました。

フュステル・ド・クーランジュは一八三〇年の生まれで一八八九年に亡くなりました。一八六四年に『古代都市』*La Cité Antique* を出しました。古代都市とは狭義にはキリスト教以前の地中海周辺の都市国家、いわゆるポリスですが、広義には古代世界の意味です。名著として褒(ほ)めそやされました。フランスの高等学校では成績優秀の生徒に褒美(ほうび)として書物を与えますが、ヴァルリー・ラルボーの小説『フェルミナ・マルケス』にもこの本が話題となっています。千九百五十年代、私が大学院生のころフランスで教科書は Classiques Larousse か Hachette 社の Classiques Vaubourdolle で、ミシュレーはその両方の叢書にはいっているフランス最大の歴史家でしたが、フュステルは後者にだけはいっていました。その二人が十九世紀フランスを代表する歴史家だと認定されていたということでしょうか。フランス語文章としてもすばらしい。私は東大生に三度ほど教えて白水社からフランス語の教科書版も作って出したこともありました。

では問題の出発点はどこにあるのか。

西洋と日本の最大の違いは、日本人はキリスト教徒ではなかった、という点で、これは明白な相違だが、それでもしばしば見落とされていると『源氏物語』や『枕草子』の英訳者のアーサー・ウェイリーは注意しています。ではキリスト教の西洋と神道の日本と何が違うか。西洋人はその違いをほとんど知りませんが、実は日本人も必ずしも知らない。それというのは同じ「神」という言葉を使うために、キリスト教やユダヤ教やイスラム教などいわゆるセミティックの宗教の神と日本人の神はどう違うか、日本人にも見当がつきにくくなっているからです。違いは前者では神が人間を創りますが、この被造物である人間は死んだ後も神様にならない。ところが私たち日本人の間では、松陰神社、東郷神社、明治神宮などがあることからも明らかなように、人間が死んで神様になる可能性がある。皆さまは英語を習いだしたころ被造物 creature という言葉が人間をさすと聞いて妙な感じを持たれたことがおありかと存じます。日本人の多くは、キリスト教信者といわれる方の多くをも含めて、人間は創造主によって創られた、create されたという感覚をもちあわせていない。人間というか動植物は自然発生した、generate したと漠然と感じている。日本のように天候が湿潤(しつじゅん)なモンスーン地方では黴(かび)が生えるように、雑草が生えるように、生命あるものも自生するので、その感覚は『古事記』の冒頭によく出ています。ところが西洋ではゴッドの被造物である人間はゴッドにならない。それもあってフュステル・ド・クーランジュは『古代都市』の第一篇「古代人の信仰」第四章「家族の宗教」で、

Faire de l'homme un dieu nous semble le contre-pied de la religion
人間を神様にするとは宗教の逆さであると思われる。

と書きました。しかしこれは神道を批判した言葉ではない。古代のローマ人の宗教について近代フランスの歴史家が述べた言葉で、どのような時に述べられたかについては後ほど説明します。

では人間が死んで神様となるのだとして、一体誰が神様になるのか。神道の世界では偉人だけが神様になる特権を賦与(ふよ)されているわけではありません。国学者本居宣長は『直毘霊(なおびのみたま)』で善き神もあり悪しき神もあることにこうふれています。

善神(ヨキ)のみにはあらず、悪(アシ)きも有りて、心も所行(シワザ)も然(しか)ある物なれば、……堪(タヘ)たる限り美好物(ウマキモノ)さはにたてまつり、あるは琴ひき笛ふき歌儛(ウタマ)ひなど、おもしろきわざをし

て祭る、これみな神代の例にして、古への道なり。

古代のギリシャ・ローマ人も同じでした。フュステル・ド・クーランジュは『古代都市』の第一篇「古代人の信仰」の第二章「死者崇拝」でこう述べています。地中海世界でも善人も悪人も死んだら神様として祀ったというのです。

Cette sorte d'apothéose n'était pas le privilège des grands hommes; on ne faisait pas de distinction entre les morts. Cicéron dit: «Nos ancêtres ont voulu que les hommes qui avaient quitté cette vie fussent comptés au nombre des dieux». Il n'était même pas nécessaire d'avoir été un homme vertueux; le méchant devenait un dieu tout autant que l'homme de bien; seulement il gardait dans cette seconde existence tous les mauvais penchants qu'il avait eus dans la première.(10)

この種の神格化はなにも偉人の特権ではなかった。人は死者を区別したりしなかった。キケロは言っている、「私たちの祖先はこの世を去った人々はみな神としてみなされることを望んだ」。神となるためには生前とくに有徳である必要はなかった。性悪な人も善人とまったく同様、神になった。ただし性悪な人は死後も生前に持っていたと同じ性質を持ち続けたのである。

日本人も死者を区別したりはしません。平田篤胤（あつたね）は『玉襷（たまだすき）』十の巻[11]で、霊魂は死後どこにいるかについて、

> 或は其家に就（ツキ）て、功績（イサヲ）ありし家臣等に至る迄（マデ）も、凡（スベ）て其祭屋の内に祭りたる霊等は、漏（モ）れず落ず。……すべて人の霊魂と云ふものは、……千代常磐（トコトハ）につくる事なく、消（キユ）る事なく、墓所（ハカドコロ）にもあれ、祭屋（マツリヤ）にもあれ、其祭る処に、きつと居る事ぞ。

と彼なりの考え方を述べました。

フュステル・ド・クーランジュの『古代都市』を読んでいるとなんだか日本人の死生観の説明を聞いているような気がしますが、ついで古代地中海世界の人々の祖先崇拝についてフュステルはなんと言ったか。第一篇第四章「家族の宗教」を見てみます。

Ainsi l'ancêtre restait au milieu des siens; invisible, mais toujours présent, il continuait à faire partie de la famille et à en être le père. Lui immortel, lui heureux, lui divin, il en savait les besoins, il en soutenait la faiblesse. Et celui qui vivait encore, qui travaillait, qui, selon l'expression antique, ne s'était pas acquitté de l'existence, celui-là avait près de lui ses guides et ses appuis: c'étaient ses pères. Au milieu des difficultés, il invoquait leur antique sagesse, dans le chagrin il leur demandait une consolation, dans le danger un soutien, après une faute son pardon.[12]

このようにして祖先は自分の家の家族の者の間に残っていた。目にこそ見えないがそこに居ることに変わりはない。祖先は家族の一部と成り、その父でもある。永遠に不死なる、幸深き神として、先祖は地上に遺してきた生者たちの運命に関心を寄せる。彼は人々がなにを必要とするかを知悉し、人々が困ったとき、手助けをする。また一方まだ生きている人々、働いている人々、古代からのいいならわしに従えば、まだこの世を了えていない人々は、その祖先を自分の頼みとして導き手と仰ぐ。祖先は自分の父や自分の父の父であるのだ。困難に直面したとき、生者は祖先の智恵にすがり、悲嘆の底にあっては祖先に慰藉を求め、危機に際しては助けを、誤ちを犯したときは赦しを求める。

最初の文章は動詞は半過去形ですが、あまりに日本の事に似ているから、「このようにして祖先は自分の家の家族の者の間に残っている」と現在形に訳したい気持に私はかられます。

日本人の神道感覚について知りたい人にはこうした一節を読んでもらう方が下手なフランス語で神道について新しく説明するよりよほどましだろうと思うほどです。皆さまここに書かれていることは私たちのご先祖様に対する感覚にも近いものとお感じになりませんか。私たちの多くは神道の感化を浴びた仏教徒ですが、皆さまいかがお感じでいらっしゃいますか。

日本人は無宗教だとよくいいますが、宗教的か宗教的でないかは何を尺度に測るかによって変わります。両親の墓へお参りに行くという度数で宗教心を測ると日本人は実はたいへん宗教的であるともいえるのです。それで古代ローマ人の墓にまつわる考え方をここに引用してまずご参考に供します。フュステル・ド・クーランジュは第一篇「古代人の信仰」第一章「霊魂と死にまつわる考え方」でこう述べます。

… On écrivit sur le tombeau que l'homme reposait là; expression qui a survécu à ces croyances et qui de siècle en siècle est arrivée jusqu'à nous. Nous l'employons encore, bien que personne aujourd'hui ne pense qu'un être immortel repose dans un tombeau. Mais dans l'antiquité on croyait si fermement qu'un homme vivait là, qu'on ne manquait jamais d'enterrer avec lui les objets dont on supposait qu'il avait besoin, des vêtements, des vases, des armes. On répandait du vin sur sa tombe pour étancher sa soif; on y plaçait des aliments pour apaiser sa faim.[13]

かつて墓の上に「誰それはここに憩う」と刻まれた。このような言いまわしは生きのびて、死んだ人は墓の中で生き続けるという信仰がすたれた後も、何世紀も経て十九世紀中葉の私たちフランス人にまでも及んでいる。そして実際に私たちはいまでも墓を誰それの安息の場所といい、不死不滅の人間が墓の中で休息しているとは今日誰も信じていないにもかかわらず、そうしたいいまわし——故人に対して「ゆっくりとおやすみください」というお別れのご挨拶などを用いる。しかし古代においては人間は死者は墓の中で生き続けると確信していたからこそ必要と思われる品々、衣類、壺、武器などを必ずともに埋葬したのである。故人が渇きを覚えぬよう墓に葡萄酒を灌いだのだし、餓えを覚えぬよう墓に食べものをお供えしたのである。

父の代から平川家の墓地は小平霊園にありますが、お彼岸などに行くとみなさんよくお花を供えてきれいにしてある。故人が御酒が好きであったりすると、酒やビールの缶が供えてある。中国でも墓に酒を灌ぐ風習はあり灌奠といいますが、これらは別に死者が墓の中で生きているからというのではなくて、故人の思い出のために酒をお供えするのでしょう。しかし今日のキリスト教国の墓地には花のお供えはありますが、食物やお酒のお供えはありません。

フュステル・ド・クーランジュは墓が持ちうる意味についてそれに引き続きさらにこう記述しました。古代人は死後の霊魂の存在を強く信じていたというのです。

L'âme qui n'avait pas son tombeau n'avait pas de demeure. Elle était errante. En vain aspirait-elle au repos, qu'elle devait aimer après les agitations et le travail de cette vie; il lui fallait errer toujours, sous forme de larve ou de fantôme, sans jamais s'arrêter, sans jamais recevoir les offrandes et les aliments dont elle avait besoin. Malheureuse, elle devenait bientôt malfaisante. Elle tourmentait les vivants, leur envoyait des maladies, ravageait leurs moissons, les effrayait par des apparitions lugubres, pour leur demander de donner une sépulture à son corps et à elle-même. De là est venue la croyance aux revenants.[14]

墓のない霊魂は住むべき場所がない。そんな魂はさまよい出す。現世での労働と騒動のあとで魂は安息を求めてやまないが、平安は得られない。魂は、立ち止まることなく、自分が欲しくてたまらぬお供物（くもつ）も食物（しょくもつ）も得られずに、亡霊（ぼうれい）や怨霊（おんりょう）の姿をして、とこしえにさまよい続けなければならない。不幸な魂はやがて悪事を働くようになる。不幸な霊魂は生きている人間を苦しめる。生者に悪疫（あくえき）をはやらせ、取り入れを台無しにし、夜な夜な恐ろしい姿をしてあらわれては、自分の体と魂にきちんとした埋葬がなされることを求める。そうしたことがあったがために世間は亡霊が現世に戻って来ると信ずるようになったのである。

死者について「この人たちは現世から去った人なのだから、神様として大事になさい」という次に引くフランス語によるおさとしなど、なにか日本人が話しているようです。本居宣長や平田篤胤が言ったとしてもおかしくない。日本では亡くなることを丁寧にいうとき「神去ります」ともいいました。しかし、

Ce sont des hommes qui ont quitté la vie. Tenez-les pour des êtres divins.

と言ったのは西暦紀元前一〇六年から四三年にかけて生きたキケロで、このフランス語の元のラテン語は *De legibus* にあるのだそうです。「死者とは現世から去った人であり、その人たちを神様として大事にせよ」というこの言葉は、私などの耳にはごく自然にひびきますが、しかしキリスト教化された後の西洋人にはどうやら異に響くらしい。それでかなりきつい口調でフュステル・ド・クーランジュはこういいました。

Assurément nous avons beaucoup de peine aujourd'hui à comprendre que l'homme pût adorer son père ou son ancêtre. Faire de l'homme un dieu nous semble le contre-pied de la religion.(15)

今日（こんにち）私たちは人間が自分の父親や祖先を崇敬（すうけい）できたなどとははなはだ理解に苦し

む。人間を神様にするとは宗教の逆さのように思える。

日本人は先祖崇拝が主流ですが、唯一神を崇拝すべきで先祖崇拝をしてはならないというキリスト教世界で育ったフュステル・ド・クーランジュは、本人がもはやキリスト教は信じておらずとも、それでも自分の父親や祖先を崇敬するなどとはあり得べからざることだ、宗教にもとることだ、と言わんばかりの口調で述べました。キリスト教やイスラム教やユダヤ教の神の特徴は非先祖神です。その神は創造主であるが血縁的に私たちにつながっているわけではない。しかし日本人は天皇家をはじめ多くの人がご先祖様を尊んでいる。また多くの人が天照大神（あまてらすおおみかみ）を尊んでいる。歴代の首相は伊勢神宮に参拝に行く。先祖神を漠然と信じている。それが神道ですからキケロの言葉にむしろ共感する。しかし西洋人は創造主と人間の間には断絶があるから、日本人が人間である天皇を現人神（あらひとがみ）God-Emperor として崇拝し、また戦死した勇士を軍神として祀ると、そのような日本に対しては敵国としての政治的反撥（はんぱつ）以前の、宗教文化的な違和感をすでに覚えていたのではないでしょうか。

『古代都市』が日本の法学者に非常なインパクトを与えたのは、そこに描かれているキリスト教以前の地中海世界の死者に対する感情や祖先崇拝の気持がいかにも日本人の感情や気持にそっくりで、それに明治の学者は心打たれた。故人を偲（しの）ぶの情、埋葬の意味、霊魂についての考え方、人は死んで神になるという考え、祖先の墓を大事に守らなければならぬとする家族の義務、その家族の断絶をおそれ家を大切にする気持、お燈明や竈の火、お墓へのお供え、亡霊、怨霊、祟り——『古代都市』で日本人が感銘を受けるのは全五篇の中で第一篇と第二篇で、第二篇は古代の家族の構成にふれています。宗教と結婚、家の永続、養子と離婚、所有権、相続権、家長の権威、などが話題です。著者のフュステルは古代地中海社会、ギリシャやローマの制度や法を理解するためには彼らの古くからの信仰を理解せねばならぬという見地から出発した。古代の地中海の人々は、人間はこの地上で生を終えたらそれですべて終わりとは考えなかった。といっても別に輪廻や生まれかわりを信じたわけではない。魂が昇天するとは考えなかった。人は死んでも魂は地面の下で生きている、と漠然と感じていた。そのような『古代都市』の内容に接するとなんだか日本の事かと思われてくる。日本の霊園で「倶会一処」などの文字を見ると私の内にもその種の感情があるせいか心が動きます。私は兄が亡くなって、遺骨は海に撒く、それで平川家の墓の管理は以後私に頼むと遺言にあったので、それで日本人にとって祖先の墓を守るとはどういう意味なのか、ひとしお強く感じるところが私にはあったのかもしれません。

ではなぜこの本が日本人にとって大切な本となったかというと、それは次のような歴史的事情に由来します。明治以来の日本の法学者でフュステル・ド・クーランジュの『古代都市』を読んで感銘を受けた人は穂積陳重（一八五五－一九二六）、弟の穂積八束、陳重の子の穂積重遠、重遠の弟子の中川善之助などでした。穂積陳重は祖先を大事にする日本国民の気持を良しとして、その気持を基に据えて日本の法体系を整備しようとした。穂積陳重は実に達意な英文で『祖先崇拝と日本の法』*Ancestor-Worship and Japanese Law* を一八九九年に出しています。

岡村司は京都帝大教授で河上肇の先生筋に当たる民法の大家ですが、明治三十八年の『家族制度』という論文の冒頭にこう書いている。

余輩嘗てヒュステル・ド・クーランヂュ著す所の『古代市府』と題する書を読み、古希臘羅馬の家族制度を描叙するを見て、恍として思へらく、是れ我が家族制度を説明するものに非ざるかと。唯此の制度は欧洲の現に存する所のものに非ざるが故に、ヒュステル・ド・クーランヂュの之を記述するや、古書古言に出入し、陳迹碑版に援拠し、博引旁捜、考証尤も力め、其の炬の如きの明眼と、断制に過ぐるの筆力とを以てして、尚ほ往々にして遅疑顧望の態あることを免れず。然るに余輩読者に在りては、之を解すること極めて明白透徹にして、些の陰翳の処を見ず。是れ余輩は現に其の制度の中に生息するを以てなり。余輩又思へらく、夫れ古希臘羅馬と我が邦と、時を隔つること数千載、地を距ること数千里にして、其の制度の相同じきこと符節を合するが如くなるは、是れ豈偶爾にして然らんやと。

中川善之助は大正十五年に『古代都市』の第一篇と第二篇を『古代家族』と題して訳

した民法学者ですが、この本を読み出して「これはまるで日本の親族制度を説明して居る様なものだ」と思ったと書いています。

「民法出デテ忠孝亡ブ」

では『古代都市』は明治日本の「法典論争」の中でいかなる役割を果したのか。

ナポレオン法典を直訳して「フランス民法と書いてあるのを日本民法と書き直せばよい」という江藤新平流に穂積兄弟は反対でした。そしてヨーロッパも二千年前はいまの日本と同じような家族関係だったのだから、それならその日本固有の家族制度に応じて自分たちの手で日本にふさわしい民法を作らなければいけないと考えた。フランス直訳の民法では駄目だと主張して穂積八束は「民法出デテ忠孝亡ブ」と唱えました。これはいかにも効果的なキャッチフレーズで、それもあってボワソナードが作成した草案は握りつぶされてしまいました。八束は次のように述べています。

欧洲ハ彼ノ宗教（耶蘇教）行ハレシヨリ独尊（どくそん）ノ上帝ハ人類ノ敬ト愛トヲ専有シ子孫マタ祖先ノ拝スベキヲ知ラズ。是ニ於イテ乎孝道衰フ、平等博愛ノ主義行ハレテ民俗血族ヲ疎（うと）ンズ。是ニ於イテ乎家制亡ブ。而シテ個人平等ノ社会ヲ成シ個人本位ノ法則ヲ以テ之ヲ維持セント欲ス……　我国未ダ他教ヲ以テ祖先教ヲ一洗シタルニアラザルナリ。然ルニ民法ノ法文先ヅ国教ヲ排斥シ家制ヲ破滅スルノ精神ニ成リ、僅ニ、「家」「戸主」等ノ文字ヲ看ルト雖、却テ之ガ為メニ法理ノ不明ヲ招ク。空文無キノ優レルニ若カザルナリ。嗚呼極端個人本位ノ民法ヲ布キテ三千余年ノ信仰ニ悖ラントス……(16)

そして八束は、

欧洲固有ノ法制ハ祖先教ニ本源ス、祖先ノ神霊ヲ崇拝スルハ其建国ノ基礎ナリ。法制史ハ法ノ誕生ヲ家制ニ見、権力ノ源泉ヲ家父権ニ遡ル。然レドモ何ガ故ニ家ハ一団ヲ為シ、何ガ故ニ家父権ハ神聖ナリヤト問ハバ、之ヲ祖先教ノ国風ニ帰一セザルベカラズ。祖先ノ肉体存ゼザルモ其ノ聖霊尚家ニ在リテ家ヲ守護ス、各家ノ神聖ナル一隅ニ常火ヲ点シテ家長之ニ奉祠ス、是レ所謂家神ナリ、祖先ノ神霊ナリ。事細大ト無ク之ヲ神ニ告グ、是レ幽界ノ家長ニシテ、家長ハ顕世ニ於キテ祖先ノ霊ヲ代表ス。家長権ノ神聖ニシテ犯スベカラザルハ祖先ノ霊ノ神聖ニシテ犯スベカラザルヲ以テナリ。家族ハ長幼男女ヲ問ハズ一ニ其威力ニ服従シ一ニ其保護ニ頼ル。

と『古代都市』の第一第二篇を要約して述べ、フランス新民法の思想は「家トハ一男一女ノ自由契約ナリト云フ冷淡ナル思想」であるとして反対しました。そして「我国ハ祖先教ノ国ナリ、権力ト法トハ家ニ生レタリ。不羈自由ノ個人ガ森林原野ニ敵対ノ衝突ニ由リテ生レタルニアラザルナリ」と述べ日本の法制習慣は祖先教という国風によってでなければ理解できない、としてこう論じました。

　之ヲ要スルニ我固有ノ国俗法度ハ耶蘇教以前ノ欧羅巴ト酷相似タリ。然ルニ我法制家ハ専ラ標準ヲ耶蘇教以後ニ発達シタル欧洲ノ法理ニ探リ、殆ンド我ノ耶蘇教国ニアラザルコトヲ忘レタルハ怪シムベシ。

こうして穂積八束は論敵を破り、「法典論争」は一応保守派の勝利となって終わりました。

しかし第二次世界大戦後、法律は改正され家族制度が良かれ悪しかれ崩れたことは皆さまご承知の通りです。戦後の日本で法の改正について西洋渡来の新説に同調した教授は、西洋の法の継受をもって己れの使命とし、西洋を理想化しましたが、その割には西洋の実態についての認識は乏しかった。日本国内では秀才の誉れの高い東大法学部助教授などと私は留学生の当時から接する機会がありましたが、外国語の駆使能力もすこぶる弱く、日本人としての自信に欠け、それでいて西洋一辺倒の人たちでした。敗戦後の日本では明治のような「法典論争」は行なわれずに、新憲法以下の改正がほとんど占領軍総司令部から言われるままに行なわれました。機を見るに敏な法学士たちが時流にのった、負けに乗じる、という面が敗戦国の最高学府にもあったことは残念ながら否定できないのではないでしょうか[17]。

この連続講演では西洋人の神道解釈についてお話ししますが、第一話では神道の事は何も知らないフュステル・ド・クーランジュの著書が明治の日本の法学者に日本の宗教文化について考えさせる非常に大きなきっかけとなったことについて説明いたしました[18]。フランスの学者思想家というとデカルトとかルソーとか近くはサルトルとかいわれますが、日本に具体的に影響を与えたという点ではフュステル・ド・クーランジュの方がはるかに深い痕跡(こんせき)を残したのではないでしょうか。

ではそのような神道的な祖先崇拝のお国柄(くにがら)や宗教風俗は外国人作家によってどのように把握されたのか、今度は実際に来日した人々について見てみましょう。

第二話　祭りの踊り

——ロティの異国趣味の日本とハーンの霊の日本

ロティの英訳者ハーン

幕末の開国後に来日し、敗戦前の日本について文章を書き残した著名な西洋人作家はピエール・ロティ（Pierre Loti 一八五〇－一九二三）とラフカディオ・ハーン（Lafcadio Hearn 一八五〇－一九〇四）とポール・クローデル（Paul Claudel 一八六八－一九五五）でしょう。

ロティとハーンは二人とも同じ一八五〇年の生まれですが、文学上のキャリヤーはロティの方がはるかに大先輩でした。一八八〇年、三十歳のロティは前年に出した『アジヤデ』に引き続き『ロティの結婚』を出して大成功をおさめます。『アフリカ騎兵物語』はその年に書きあげたもので、海軍中尉時代の一八七三年から七四年にかけて滞在した西アフリカのセネガルの印象をロマンに仕立てた内容です。英語圏でこの *le Roman d'un Spahi* にいちはやく目をつけたのがハーンで、その原作が出たと同じ一八八一年にその抄訳をアメリカの『ニューオーリーンズ・デモクラット』紙に掲載しました。ジャンはフランスのセヴェンヌ地方の寒村の出身で spahi すなわち志願してアフリカ騎兵となり、土地の黒人の女と関係し一子を儲け五年も滞在する。最後は匪賊掃討作戦に出て戦死してしまう。ただしハーンはそんな恋物語には興味は示さず、異国の風物の描写にのみ興味を示し、その部分のみ訳しました。その一つがバンバラ族の踊りです。ハーンが感銘を受けた彼が訳した部分の原文と渡辺一夫の訳（今では岩波文庫にはいっています）の訳文を掲げます。第三部二十節です。

セネガルの踊り

Jean s'en allait en songeant; il était très rêveur, ce soir-là...Et, tout en rêvant, sans regarder devant ses pas il se trouva englobé tout à coup dans une grande ronde qui tournoyait autour de lui en cadence. (La ronde est la danse aimée des Bambaras.)

C'étaient des hommes de très haute taille; ces danseurs, qui avaient de longues robes blanches et de hauts turbans, blancs aussi, à deux cornes noires. Et, dans la nuit transparente, la ronde tournait presque sans bruit, — lente, mais légère comme une ronde d'esprits; — avec des frôlements de draperies flottantes, comme des frôlements de plumes de grands oiseaux... Et les danseurs prenaient touts ensemble des poses diverses: sur la pointe d'un pied, se penchant en avant ou en arrière; lançant tous en même temps leurs longs bras, qui déployaient, comme des ailes transparentes, les milles plis de leurs vêtements de mousseline.

Le tam-tam battait doucement, comme en sourdine; les flûtes tristes et les trompes d'ivoire avaient des sons voilés et comme lointains. Une musique monotone, qui semblait une incantation magique, menait la danse ronde des Bambaras.

Et, en passant devant le spahi, ils inclinaient la tête tous, en signe de reconnaissance; — en souriant, ils disaient:

— Tjean! entre dans la ronde!...

Jean aussi les reconnaissait presque tous sous leurs vêtements de luxe: des spahis noirs ou des tirailleurs, qui avaient repris le long boubou blanc, et s'étaient coiffés de la temba-sembé des fêtes.

En souriant, il leur disait au passage: "Bonsoir, Niodagal. Bonsoir. Imobé-Fafandou! — Bonsoir, Dempa-Taco et Samba-Fall! — Bonsoir, Nyaor!" — Nyaor était là, lui aussi, un des plus grands et des plus beaux...

Mais il pressait le pas tut de même, Jean, pour sortir de ces longues chaînes de danseurs blancs, qui se dénouaient et se renouaient toujours autour de lui... Cela l'imprssionnait, la nuit, cette danse, — et cette musique qui semblait n'être pas une musique de ce monde.

Et, en disant toujours: "Tjean! entre dans la ronde!" ils continuaient de passer autour de lui comme des visions, s'amusant à entourer le spahi, faisant exprès d'allonger leur chaîne tournante, pour l'empêcher d'en sortir...

ジャンは考へながら歩いて行つた。その晩は、非常に夢想的になつてゐた。……だから、行く先も見ずに考へ込んで進む内に、急に大きな輪舞（ロンド）の中へ取りまかれてしまつたが、この輪舞（ロンド）は拍子も面白く彼の周囲をぐるぐる旋つてゐた。（輪舞（ロンド）はバンバラ族の好む踊りである。）

踊つてゐるのは、非常に背の高い男達で、長い白い衣を着、黒い二本の角を附けたこれ亦白い高い捲頭巾（チュルバン）を被つてゐた。

澄明な夜の中で、この輪舞（ロンド）は殆ど音も立てずにぐるぐる廻り、——ゆつくりと、然し亡霊の輪舞（ロンド）のやうに軽やかに動き、——大きな鳥の羽根が触れ合ふやうな、ふわふわした布の触れ合ふ音を立てゝゐた。……そして踊る人達は皆一時に様々な姿勢をするのだつた。片方の足で爪立ちになつて後なり前なりへ屈むかと思ふと、皆同時に長い腕をぐいと伸ばして、無数の襞のついたモスリンの衣を澄明な翼のやうに拡げたりする。

銅鑼（タムタム）(19)は、静かに、恰も弱音器をかけたやうに鳴つてゐた。物悲しい笛、象牙の喇叭の音は、霞んだ、又遠くから聞えるやうな音を立てゝゐた。呪文のやうな単調な音楽につれて、バンバラ族の人々の輪舞（ロンド）は動いてゐた。

ジャンの前を通りながら、誰も彼も、知つてゐるといふ合図に皆会釈をした。

——笑ひながらかう言つた。

――ヂャン、ヂャン！　踊りにお這入りよ！　……

ジャンも、彼等が晴著を著てはゐるもの、殆ど皆の顔に見覚えがあつた。黒人の騎兵達や狙撃兵連中で、白い長い上衣(ブウブウ)に著かへて、お祭りのテンバ・センベ帽を被つてゐるのであつた。

微笑しながら、彼も通りすがりに皆にかう言ひかけた。「今晩は、ニオダガル。――今晩は、イモベ・ファファドゥ！――やあ、デンバ・タコ、サンバ・ファル！――今晩は、ニヤオール！」と。――ニヤオールもそこに這入つてゐたが、巨人の中でも一番大きく、美男中の美男であつた。……

然しながら、ジャンは足を早めて、彼の周囲で、解けたり結ばれたりしてゐたこの白衣の踊手達の長い鎖の中から抜出ようとした。……この夜、彼にはこの舞踊が恐はかつた。――又、この世の音楽とは思はれないあの楽の音も。……

しかも「ヂャン、ヂャン！　踊りにお這入りよ！」と相変らず言ひながら、皆は幻のやうに彼のまはりを通り続け、戯れにジャンを取りまき、わざと旋回する鎖の環を伸ばして、ジャンが出られないやうにしようとするのであつた。……

ロティは姉も天分のある画家でしたが、本人も絵筆を握らせると玄人(くろうと)はだしで、このバンバラ族の踊りのスケッチも遺しています。

来日前のアメリカ時代のハーンはロティを読み、ロティを英語に訳すことで、非西洋

——その中には日本も含まれます——への憧れ（あこが）をつのらせた。そのようにロティに刺戟（しげき）され、船で西洋脱出が比較的に容易になるとオリエンタルな夢を見て実際に南太平洋の島や東洋の国へ出掛ける芸術家が出てきた。サモアへ行ったロバート・ルイ・スティーヴンソンもそうです。ゴーガンもそんな一人で、一八八七年にフランス領西インド諸島のマルティニークに寄り、後にはタヒチに渡った。ハーンもロティと同じような感受性で異国の風物を眺め、それを文筆でスケッチし始めた。ニューオーリーンズ時代のハーンにはロティを論じた文章が四つありますが、その一つにロティの文筆による描写の方法が次のように紹介されています（『東西文学評論』）。

　新しい国を訪ねる時、彼はいつもありとあらゆる新鮮で強烈な印象のノートを取ることにしていた——景色、夕焼、一風変わった雰囲気、特殊典型的な顔立（かおだち）、道徳的特性、建築の異常な点、慣習の中にあるほんのちょっとした絵画性、野蛮な旋律——彼はそうしたものを色彩や音楽についての彼独特の芸術知識と技術論理的正確さをもって描いたのである。

お気づきの方もあるかと思いますが、ハーンがここでロティの方法と呼んだものは、実はそっくりそのままハーンその人の描写方法となるのです。

山陰の盆踊り

さてそのようなハーンとロティの関係を念頭においてハーンの『知られぬ日本の面影』の第六章「盆踊り[20]」を読んでみましょう。

突然ひとりの娘が席を立って、大きな太鼓をどんと叩いた。それが盆踊りの始まりを告げる合図でした。旧幕時代はお寺で、明治二十三年のいまは学校になっている、建物の影から、踊りの行列が月明りに繰り出してきたかと思うとぴたりと止まる。「若い女か娘たちばかりで、えりぬきの着物に身を包んでいる。いちばん背の高いのが先頭に立ち、あとは背丈の順に並んで、列のしんがりをつとめているのは、十一、二歳の小さな女の子たち」だった。こうして伯耆の国、上市[21]の盆踊りは、もう一つどんと太鼓が鳴ると、始まった。ハーンは「言葉で写し難く、想像も及ばない、夢幻の世界の踊り――文字どおりに驚異のひととき」と感嘆していますが、それは外国人が来日して初めて見たというスリリングな体験だったからでしょう。

いっせいに右足を一歩前へ踏み出すのだが、足の動きは滑るがごとくで草履が地面から離れることがない。同時に両手が右へのびて、ふわっと浮いたような手ぶりになり、笑みをたたえた顔が、お辞儀でもするかのように俯く。出した右足が後へ引かれ、もう一度波打つような手ぶりと神秘的なお辞儀とが繰り返される。またいっせいに左足を前に出し、半ば左に向きを変えながら先の動作を繰り返す。それから二歩足を前に滑らせながら、軽く手拍子をひとつ打ち、その後最初の動作がもう一度右左交互に繰り返しとなるのである。草履ばきの足のすべりも、しなやかな手のうねりも、なよやかな身体の揺れ曲がる様も一糸乱れぬそろいよう。ゆったりと進む踊りの列は、いつの間にか、月光に照らされた境内一杯に広がる大きな輪になって、声もなく眺め入る人々のまわりをめぐるのである。

そして絶えず白い手がいっせいに、しなしなと揺れ動く。交互に輪の内と外とに、手のひらを或いは上に、或いは下に向けて続いてゆくそのしぐさは、何か呪文でも紡ぎ出すかのようである。妖精のような袖がいっせいに羽搏いて、本物の翼のような淡い影を作る。足が複雑な動きのリズムに乗って、いっせいに平衡を保って進む。眺めている中に、思わず眠気を誘われてしまう――ちょうど、ちらちら光りながら流れて行く水に見入っている時のように。

あたりは静かで、かなり間遠な手拍子の合間合間に、やぶにすだく虫の音と、軽く土埃をあげる、地面をかする草履の音が入るだけです。ハーンはこれは何にたとえたらいいのだろうと自問自答します。強いていえば夢遊病者の幻想に似たところがある、とハーンは書きましたが、私にはこの時のハーンの気分は、バンバラ族の祭りの踊りに囲まれたときのアフリカ騎兵ジャン・ペーラルの気持に通じるものがあった、といっていいかと思います。ハーン自身かつて自分が英語に訳したバンバラ族の踊りの記述を思い出しつつ上市の盆踊りを記述していたに相違ない。ハーンは山陰の一村落の踊りをさらにこう叙しました。

静かに空をめぐる月の下、踊りの輪の真只中にあって、私は魔法の円環の中にある人のような思いに駆られた。これこそまさに妖術だった。私は魔法のとりこになったのだった――幻のように揺れる手ぶり、拍子にのって滑るように動く足、なかでも、ひらひらと宙を舞う不思議な袖――それら魔術の術中に私は陥っていた。――亡霊のように、音もなく、ビロードのような滑らかさで宙を切る袖の動きは、熱帯地方の大きなこうもりの飛翔に似ていた。いや、夢にさえこれに較べられるものは見たことがない。背後には古い墓地が広がって、白い提灯が妖しく招いている。

アフリカ騎兵のジャンも祭りの踊りが亡霊の踊りのように思われたことを語りましたが、ハーンも「亡霊にでも憑かれているのではないか」と感じました。だがそれは、それに似ていて、それと違いました。お盆の夜ハーンはこう言っています。

しずしずとゆらめきくねるこれら優美な人影は、今宵白い灯りをともして迎え入れる冥界の人々とは別の存在なのであった。とある娘っぽい踊り手の口から、折しも一ふしの歌がほとばしり出たのである。小鳥のさえずりのように、うるわしく、澄んだ調べが夜気をふるわせ、五十人もの歌声がやさしくそれに和した。

揃うた 揃ひました 踊り子が揃うた
揃ひ着て来た 晴れ浴衣

あとはふたたびすだく虫の音と、草履のかする音と、おだやかな手拍子の音だけです。ハーンは夢心地となりました。たゆたい、はばたくような踊りの輪を、この旅人は魔法に呪縛されたような心地となって見つめていました。いまは白い提灯に灯がともっているお墓の石の下の祖先たちも、昔はこうした踊りを眺め、似たような手振り、似たような身振りで踊ったのに相違ありません。そうした人たちも亡くなり、いまは女の子の草履が立てる土埃に化してしまった、とハーンは思います。ハーンが伯耆の上市でこの盆踊りを見たとき踊っていたいちばん若かった娘さんは、私がはじめてハーンを読んだ敗戦直後のころはまだご存命でしたでしょうが、しかしそうした山陰の人もいまはみなもう草葉の蔭へ行ってしまいました。

ハーンが代々の人々に思いを馳せていると、突然、低い張りのある歌声が静けさを破りました。二人の百姓の若者でなかなかの偉丈夫が、

殆ど丸裸、頭と肩とが踊りの輪から高くぬきん出ている。着物を腰のまわりに帯

のように巻きつけ、赤銅色の手足と胴をまだ暑い夜気にさらしている。他に身につけているものといえば、大きな菅笠と、祭りのために特に新調した白足袋だけである。

こんな新調の白足袋についての観察も、新しい国を訪ねる時にすべき「慣習の中にあるほんのちょっとした絵画性」をハーンが目ざとく記録した一例ではなかったでしょうか。

その二人が音頭をとり始めました。

野でも　山でも　子は生み置けよ
千両蔵より　子が宝

片隅のお地蔵様がやはりこの歌声を聴いて微笑しているようにハーンには思われました。女たちのやさしい声が、男たちの声に和します。

思ふ男に　添はさぬ親は
親でござらぬ　子のかたき

ハーンはその歌詞を一つ一つローマ字で書きとめて、通訳に助けられながら英訳も添えました。

ハーンの記述はいかにも見事で詩的です。フランス農村出身のアフリカ騎兵のジャンは、黒人たちの踊りの輪の中に引きこまれることをおそれて、その輪から早く抜け出ようとしました。それは死の世界が無意識的にも恐ろしかったからです。それに対して盆踊りは死者の祭りよりも生者の踊りという面が強いせいか、ハーンは盆踊りの中にひきこまれていこうとしました(22)……

陸中小子内の盆踊り

柳田國男は一八七五年に生まれ、一九六二年に死にました。日本民俗学の父といわれますが、柳田はハーンから多くの示唆を受けた人です。

ロティにとってセネガルは異郷でした。ハーンにとって山陰は異国日本の中のまた異郷でした。そして同じように柳田にとって陸中小子内は自国の中でありながら異郷でした。一九二〇年、柳田はそこへ行って清光館という宿に泊った。静かな黄昏、女の声が次第に高く響いて来る。月が処々の板屋に照っている。雲の少しある晩でした。『雪国の春』に収められた「浜の月夜」にはこう出ています。柳田は外へ出た。

　五十軒ばかりの村だと謂ふが、道の端には十二三戸しか見えぬ。……曲り角の右手に共同の井戸が有り、其側の街道で踊つて居るのである。太鼓も笛も何も無い。淋しい踊だなと思つて見たが、ほぼこれが総勢であつたらう。後から来て加はる者が、ほんの二人か三人づつで、すこし永く立つて見て居る者は、踊の輪の中から誰かが手を出して、ひよいと列の中に引張り込んでしまふ。次の一巡りの時にはもう其子も一心に踊つて居る。

この辺では踊るのは女ばかりで男は見物の役です。十二、三の小娘もみな列に加わってせっせと踊っています。この地方ではちご輪見たような髪が小学校の娘の髪で、

それが上手に拍子を合せて居ると、踊らぬ婆さんたちが後から、首をつかまへて何処の児だかと顔を見たりなんぞする。

年上の女は、柳田にはどうせ誰だかわかりはしませんが、一様に白い手拭で顔を隠しています。ハーンが先に山陰で気づいたように、ここでも女たちは新調のいでたちで、帯も足袋も揃いの真白で、下駄も新しいのが多い。前掛けには金紙で家の紋や船印を貼りつけています。

月がさすと斯んな装飾が皆光つたり翳つたり、ほんたうに盆は月送りではだめだ

と思つた。一つの楽器も無くとも踊は眼の音楽である。四周が閑静なだけにすぐに揃つて、さうしてしゆんで来る。

それにあの大きな女の声の佳いことはどうだ。自分でも確信が有るのだぜ。一人だけ見たまへ、手拭無しの草履だ。何て歌ふのか文句を聞いて行かうと、

聞いてみるのだが、いずれも笑っていて教えてくれません。こんな時には日本人よりも外人さんのハーンが聞く方が女たちも気楽に文句を教えてくれたかもしれませんが、柳田は結局手帖を空（むな）しくして戻って寝ました。「何でもごく短い発句ほどなのが三通りあつて、其を高く低くくりかへして、夜半までも歌ふらしかつた」随筆「浜の月夜」はこう終わります。

翌朝五時に障子を明けて見ると、一人の娘が踊は絵でも見たことが無いやうな様子をして水を汲みに通る。隣の細君は腰に籠を下げて、頻りに隠元豆をむしつて居る。あの細君もきつと踊つたらう。まさかあれは踊らなかつたらうと、争つて見ても夢のやうだ。出立の際に昨夜の踊場を通つて見ると、存外な石高路でおまけに少し坂だが、掃いたよりも綺麗に、稍（やや）楕円形の輪の跡が残つて居る。今夜は満月だ。又一生懸命に踊ることであらう。

話がたといこれぎりだとしても、大正九年の初秋の『東京朝日新聞』に載った「浜の一夜」は好随筆といえるでしょう。しかし柳田は六年後偶然また小子内を訪ねました。かつての宿は影も形も無くなっていた。それでもかつての祭りの踊りの歌詞の採集だけはしようとしました。その模様を続編の「清光館哀史」にこう書いています。柳田が村の娘たちに「今でも此村ではよく踊るかね」と話し掛けると、

今は踊らない。盆になれば踊る。こんな軽い翻弄を敢てして、又脇に居る者と顔を見合せてくつくつ笑つて居る。
あの歌は何といふのだらう。何遍聴いて居ても私にはどうしても分らなかつたと、半分独り言のやうに謂つて、海の方を向いて少し待つて居ると、ふんと謂つただけで其問には答へずに、やがて年がさの一人が鼻唄のやうにして、次のやうな文句を歌つてくれた。

なにヤとやれ
なにヤとなされのう

歌の文句はやはり柳田の想像していたごときものだった、と柳田は書きます。ハーンが書きとめた台詞（せりふ）は好きになった男女は好きにさせるがいい、という主張をあっけらか

んに歌いましたが、柳田は小子内の男女は祭りの夜は要するに、何(なん)なりともせよかし、何(ど)うなりとなさるがよい、と男に向かって呼びかけた恋の歌だ、というのです。しかし歌はほとんど哀調を帯びているので、柳田はそれは浅はかな歓喜ばかりでもない、その歌には忘れても忘れきれない常の日の生存のさまざまの苦しみ——その不安が奥にあればこそ「はアどしよぞいな」とか「あア何でもせい」とうたってみても、依然として踊りの調べは悲しいのだ、と解説しました。宿屋の主人は漁に出ていて暴風で死にそれで清光館は没落した。そんな話を聞いていただけに、柳田に「痛みがあればこそバルサムは世に存在する」などと片仮名交じりの言葉で説教されると、なんだか柳田の歌の文句の解説が本当のような気がしてきます。しかし土地の人の心をさとくつかんでいるようでいて、それでいて地方人と自分との間に一番距離を置いているのは、ロティやハーン以上に柳田ではないでしょうか。

　私が東大駒場で比較文学の万年助手だったころ、アフリカ帰りの川田順造が文化人類学の大物助手として着任しました。学生時代、川田は六十歳年上の柳田に可愛(かわい)がられ、柳田の文章を繰返し味読したが、盲従はしませんでした。川田は後年、論文「陸中、浜の月夜」で柳田の「清光館哀史」の真偽を問い直しています。

　かつて清光館の宿屋の細君は黙って笑うばかりで歌詞を教えてくれなかった。たとい話したとしても、通りすがりの一夜の旅の者にこの心持はわからぬということを知っていたのでは無いまでも感じていたからだ、と柳田はいいましたが、アフリカで口頭伝承の調査体験を重ねた川田は本人が七十歳に近くなって、柳田の優しい思い込みによる感情移入のこの断定はミスリーディングと考えます。それで清光館跡を平成十六年に訪ねて土地の人に聞き、九十四歳の郷土史家中村英二氏に会いに高齢者施設に行きます。するとなんのことはない、「なにヤとやーれ」「なにやどやら」はどうやら女が男を誘う歌ではない。「南無とやら、南無となされの、南無とやら」の変形ではないか、と中村さんはいいました。そもそも土地の人にも歌詞の意味がわかっていたわけではない。柳田に答えなかったのは「しらなかったけえ、答えなかったんだべ」と小子内の人は川田氏の問いに答えた。さもありなんと思います。この旧南部領にひろく伝わる歌詞の解釈はさまざまで、歌っている人も意味がわかっていたわけではないらしい。

これは私の推測だが、ハーンの山陰の盆踊りの記述に心動かされた柳田は、詩人の筆で陸中の盆踊りを中心に、没落した宿屋の話を哀史に仕立ててしまったのです。そんな歌詞を意味ありげに解釈したのは、ロマン派詩人柳田の僻地(へきち)の人を見る眼や聞く耳が、ハーンによってすでに不知不識の間に作られていたからでした。(23)

お盆と万霊節

ハーンは来日早々上市で盆踊りを見て感ずるところがありました。同じく『知られぬ日本の面影』の「日本海の浜辺で」には翌明治二十四年の夏に体験した旧暦七月十三日、十四日、十五日のお盆のことが敏(さと)い感受性で記されています。十六日には Ships of Souls

とても英訳すべき精霊舟が送り出される。するとその後は誰も海にはいらない。その日、海は死者の通い路となり、死者はその海を渡って死者の神秘の故郷へ帰らなければならないからです。その仏海をハーンは仏様と呼ばれる故人の霊が帰って行く潮の流れ the Tide of the Returning Ghosts と訳しました。日本人はお盆を仏教のお祭りのように思っている人が多いが、もともとは魂祭りとも精霊会ともいわれた祖霊供養の風俗で、この先祖祭祀の行事は日本に仏教が渡来する以前から行なわれていました。そのしきたりが仏教がもたらした盂蘭盆と習合してお盆と呼ばれるようになったのです。[24]「日本海の浜辺で」の第十一節にはそのお盆の夜の鳥取の海浜の墓場の様がこんな風に記されています。

　私は膝まで砂に漬るようにして歩いて、その墓場にたどり着いた。暑い月夜の晩でずいぶん風が吹いている。盆灯籠がたくさんあるが、潮風に吹かれて大半は消えていた。わずかにあちこちにおだやかな白い火が点っている。小綺麗なお宮様の形をした木の箱で出来ていて、なにか象徴的な輪郭を描いた窓がくり抜いてあり、そこに白い和紙が貼ってある。……竹筒にはどれもこれも新しい花や枝がいけてあり、閼伽には新しい水が注がれ、墓標や墓石はきれいに洗われていたからである。

そして墓前にはお膳や小さな湯呑茶碗もありました。

ハーンが日本の宗教的風俗にいちはやく入り込み得たのは、アイルランドでそれと似た宗教的風俗に親しんでいたからです。All Souls' Day は万霊節と訳されますが、これはアイルランドではケルトの国の魂祭りがキリスト教と習合した祭りでした。アイルランドの年中行事を記述した民俗学の本[25]の All Souls' Day の項目にこう出ています。

十一月二日は万霊節であり、親しい身内の者で故人となった者の霊をみな祭る日である。昔からの教会のならわしに従って、その日は亡くなった人々の魂の冥福のためにお祈りがあげられる。広く信じられていることは、一家の身寄りの者で亡くなった人はその日の夜、自分たちの昔の家に戻って来る。その時に、ようこそお帰りなさいました、と歓迎する気くばりをしなければならない。

「万霊節の夕方というのは故人を追憶する聖なる夕べである。家族の者は早目に寝室にさがってしまうが、玄関の扉には鍵を掛けずにおいておく。まず床を清らかに掃き清める。炉に勢いよく火を焚く。薪は十分くべておく。そうすれば身内の者で亡くなった者が汲んできた水をなみなみと碗に注いでおく。食卓には井戸や泉から帰って来ても、自分の家の炉端で自分のために用意された座を見つけてゆっくりくつろげるからである。一年間でその日一日だけは死者の霊は自由になれる。そしてその日だけは自分の昔の家に戻ることが許される」

多くの人々は、夕方のお祈りが唱えられる時刻になると、家族の死者の一人一人のためにお灯明をあげる。ある場合にはお祈りがすむと蠟燭も消されるが、時には蠟燭が燃えつきるまでそのままお灯明をあげている家もある。万霊節の日に身内の者が埋葬されているお墓に詣でる人は多い。故人のために祈り、墓を清め、墓を掃除する。中にはお祈りする間、お墓に火のついた蠟燭を立てておく人もいる。

イェイツの『ヴィジョン』のエピローグとして書かれた「万霊節の夜」の詩には、モスカテルの白葡萄酒がなみなみとつがれた二杯の背の高いグラスが、真夜中、教会の大小の鐘が鳴り出すとともに突然泡立ち、食卓の上にこぼれ、“A ghost may come.”と歌われています。海に面した地の多いアイルランドでも霊は海を渡って帰ってくる。しかしそのような霊魂観にまで立ち入らずとも、お盆と万霊節の風俗の共通点を見ただけで、幼年時代このような宗教風俗の中で育ったハーンであるからこそ、日本に来て民衆の風俗を解し得たのだ、と皆さまも納得されるのではないでしょうか。お盆がハーンの日本宗教理解の最初の重要なきっかけでした。

第三話　死者崇拝と祖先崇拝

――アラン、フュステル・ド・クーランジュ、穂積陳重、ハーン

アランの死者崇拝

神道の特色は故人崇拝だということを第一話で話しました。現代のフランスにも死者崇拝はございます。それを明確に語っている一人はアラン（Alain 一八六八－一九五一）でしょう。彼は既成宗教にとらわれない自由思想家として語りました。エスプリ・フォール esprit fort とか自由思想家とかいえば世間はすぐに無神論者とか唯物主義者を連想します。アランは確かに理性主義の立場で論じたモラリストでしたが、しかしアランは真にとらわれない自由思想家であるがゆえに、語録『プロポ』*Propos* の中で再三にわたり死者崇拝に言及し、しかもそれを肯定しています。

私も正月になると日本の宗教文化にふれるめでたい記事を新聞に寄せたりしますが、ノルマンディーの新聞に毎週寄稿していたアランも季節に応じて感想を寄せています。それが四季のうつろいの自然でしょう。十一月一日は諸聖人の大祝日、カトリック教にいう万聖節 la Toussaint ですが、死者崇拝についてのアランの発言はその日の前後に集まっている。というのは書き手のアランにせよ、語録の読み手のフランス人にせよ、秋が更け行くころにはしきりと今は亡き人のことを思い出すからでしょう。ちなみにフランスでは十一月一日はカトリック教会によって万聖節と定められています。ところが人々はその万聖節をその翌日の死者の祭りであるところの万霊節と混同して、万聖節の日に祖先や身内の墓参りに行くのが習いとなっています。その日お墓の掃除をし、花をあげる。アランは一九〇七年十一月八日「死者崇拝」という語録で、故人の霊に参拝することを人情の自然として次のように語りました。

Le culte des morts est une belle coutume: et la fête des morts est placée comme il faut, au moment où il devient visible, par des signes assez clairs, que le soleil nous abandonne. Ces fleurs séchées, ces feuilles jaunes et rouges sur lesquelles on marche, les nuits longues, et les jours paresseux qui semblent des soirs, tout cela fait penser à la fatigue, au repos, au sommeil, au passé.... Aussi plus d'un homme, en cette saison, va évoquer les ombres et leur parler.

Mais comment les évoquer? Comment leur plaire? Ulysse leur donnait à manger; nous leur portons des fleurs; mais toutes les offrandes ne sont que pour tourner nos pensées vers eux et mettre la conversation en train. Il est assez clair que c'est la pensée des morts que l'on veut évoquer et non leur corps; et il est clair que c'est en nous-mêmes que leur pensée dort....

Les morts ne sont pas morts, c'est assez clair puisque nous vivons. Les morts pensent, parlent et agissent; ils peuvent conseiller, approuver, blâmer: tout cela est vrai; mais il faut l'entendre....

死者を崇めることは良い慣習である。死者の祭りの日が十一月の初旬に設けられているのはいかにもふさわしい。それというのは日が短くなりお日様が我々を見捨てることがいかにもはっきりとしてくる時節だからである。ひからびた花や、黄ばんだり赤ばんだりした葉が足もとでかさかさ鳴る。夜は長く、昼ははじめから夕方のように薄暗く、なにもかも怠けもののような感じである。そうしたすべてが疲労や休息や睡眠や過去を思わせる。……それでこの季節になると多くの人が故人の霊を呼び出して、その霊に語りかけようとする。

どうすれば故人の魂魄を呼び出せるか。どうすればその気に入ることができるか。オデュセウスは故人の霊前に食物をお供えした。我々は花束を献げる。この種のお供物は我々の思いを故人に向かわせ、故人と我々との間に会話を成り立たせるきっかけとなる。我々が呼び出すのは故人の遺骸ではなく、故人の思いである。そして故人の思いが宿っているのは実はほかならぬ我々自身の内なのである。そこに故人が眠っているのだ。……

死者は死んだものではない。それは明らかなことである。それというのは我々が死んでおらず生きているからである。我らの内なる死者は考え、話し、行動する。死者は我々に忠告を与え、気持を伝え、我々の行為を是認(ぜにん)したり非難したりする。そうしたことはすべて本当の事実なのである。しかしそれが出来るためには、我々が祖先の霊の言うことに耳を傾けねばならぬ。

アランが語ることはフュステル・ド・クーランジュが描くところの古代地中海世界の人々の祖先崇拝の考え方にごく近い。また私たち日本人がご先祖様のお墓に参って思うこととほとんど違いはない。アランは一九二二年一月十五日には同じく「死者崇拝」という論で次のように確言しました。

Le culte des morts se trouve partout où il y a des hommes, et partout le même; c'est le seul culte peut-être, et les théologies n'en sont que l'ornement ou le moyen.

死者崇拝は人間がいる限り世界中いたるところで行なわれている。そしてその内容は同じである。これだけが崇拝の名に値する崇拝であって、神学などというのはその装飾というか道具であるに過ぎない。

キリスト教とは異なる死者崇拝の考え方

フュステル・ド・クーランジュはギリシャやローマなどの古代地中海人は亡霊が祟りをなすのを惧れたから、それで死者を丁寧に葬ったと故人崇拝が受身的に行なわれたように説明しました。人は「祟」りを怖れるから「崇」めるのです。二つの漢字は神に関する示偏が下にあって字体はすこぶる似ています。祟と崇とは上に山が二つついているか一つついているかだけの違いのようにも見える。事実、尊敬と恐怖が裏腹の関係にあることは、人民共和国の主席を人民は表では尊敬しているようだが、それは裏では恐怖していると同じことだともいえましょう。しかしフュステルと違って、アランも穂積陳重も祖先を祀るのはその亡霊の祟りをおそれてというよりも、故人を敬愛しているからだ、と主張しました。内容は同じことですが神道については死者崇拝というより故人崇拝とか祖先崇拝という方が語感的にはしっくりするかもしれません。

人は故人の霊を現世的なもろもろの絆から解き放ち、霊魂を自由な清らかなものにしてやろうとします。人は愛する故人の思い出をいつくしむ限り、故人の魂を浄化してやろうとします。その浄化がなるか否かは結局、後に残された生者である私たちの心づかいの如何によるのだとして、アランはそこに人間の祈りの起源を認めました（なお「煉獄篇」または「浄罪篇」とも訳されるダンテ『神曲』第二の篇においては、煉獄で天国に昇ることを待っている死者の魂たちは現世の善良な人々の祈りでもって早く上へ進めるという、祈りの論理が示されていますが、これもアランの説と根本的には同じです）。故人に祈りその霊を祀る際に、私たち生者は故人のうちにあった良きもの、正しきもの、賢きものをもっぱら想い出して、他のつまらぬものはこれを忘れ去る——そんなアランの考え方はもしかするとカトリシズムの考え方からは遠いのかもしれませんが、日本人の多くの考え方にはむしろ近い。アランはこんな言葉づかいをします。

　我々は古代の英雄がいかにして神々となったかを知っている。しかしそのような変貌をとげるのはなにも英雄だけの特権ではない。あらゆる死者はその価値に応じて神となるのである。そして残された生者に故人に対する愛情がある限り、故人には誰であれなんらかの価値が見出されるのである。

フュステルは古代ギリシャ人やローマ人について（『古代都市』第一篇第二章）、本居宣長は日本人について（『直毘霊』）、性悪な人も善良な人も同様に神になり、死後も生前に持っていたと同じ性質を持ち続けるとしました。アランの考え方はそこは多少違っていて、荒ぶる神や祟る神や疫病神のことは考えていないようです。日本には瘧の神や疫病神は、いまでは落語の世界に属するとはいえ、とにかく存在しました。日本人は祟りを怖れて神に祀ったこともありました。もっともいまの日本人も神棚や神社に祈る際、祖霊をもっぱら良きものとして、仰ぎみる範として、その前に頭を垂れ手を拍いているのではないでしょうか。神田明神に平将門が祀ってある、あれは大悪党だった、皇位を簒奪しようとした、などといって参詣しないかというとそんなことはない。日本人は死者を区別するような真似はしない。皆さんお参りして頭を垂れる。町内の氏子は寄進する。若衆は喜々として神田明神のお神輿をかついでいます。生前の罪が重いから祀らない、とか分祀する、などとは言わない。日本ではそんな罰当りな区別はしません。それに対してアランは、病人の神や耄碌した神がいないのは、我々が故人の欠点よりも長所に目を向け、その清められた魂に祈るからだ、と観察していますが、さてどうですか。

穂積陳重はフュステルの『古代都市』を読んで、自分はこの祖先崇拝という主題を外部から観察する者ではなくて、日本という国で内部から見ている、そして自分にいえることは、日本人が祖先の霊を祀るのはその亡霊の祟りをおそれてというよりも日本人がその祖先を敬愛しているからだ、と主張しました。中国は日本とやや事情を異にしましょうが、『論語』にも「祭ルニ在スガ如クス」とあって、やはりけっしてただ単に祖霊におびえて祭るのではないでしょう。

細部を見るとアランが説く現代フランスの一部の人の死者崇拝、フュステルが紹介した古代ギリシャ人やローマ人の死者崇拝、そして日本の神道の祖霊崇拝と、それぞれ少しずつは違っています。しかし人間が死んで崇拝の対象となるという点では三者は同じです。崇拝の対象を生きている人間よりも上の存在と考えるならば、その三者の場合は人間は死んで superior being になる。神は人間を創ったが、人は死んでも神になることのないキリスト教と比べて大観すると、その三者は人間が死んで superior being「神」

とはいわずとも「上ノ存在(かみ)」となる。その点はほとんど同じです。古代地中海人と現代フランスのアランのような人と日本の普通の人の三者の間にある差異などは取るに足らない。そのことはキリスト教以前というか、キリスト教化された上層を剝(は)いだ下層のケルト的ヨーロッパの土着の宗教感覚は存外に日本人のそれに近かったものであることを示唆(しさ)しているのではないでしょうか。死者に対する一種の孝心(26)、親を敬う気持なのではないでしょうか。

戦没者慰霊碑

アランは一九二六年十一月一日の万聖節の日に、十一月一日の聖人の祭りと十一月二日の死者の祭りは所詮(しょせん)一つの祭りを二つの考え方に分けたに過ぎない、として次のように説明しました。聖人とは伝説が高貴なるものとして埋葬した人々である。死者は生者がそこに良き模範を見ようとして祀る人々である。死はその両者にあっては共に故人を美しく浄化し汚れを落とす働きをする。また故人を生者のごとくに考えることによって人はさらに先へ進む。それは良き典型と化した故人が範として我々を導いてくれるからである。アランの連想は十一月二日の死者の祭りから十一月十一日の第一次世界大戦の休戦記念日、Armistice(アルミスティス)へと移り、戦没者の霊を弔(とむら)うことの意味にもふれます。

考えてみるとフランスの農村に多い戦没者慰霊碑は、どこかで死者崇拝の気持と通いあって建てられているのではないでしょうか。戦没者慰霊碑の中には高名な芸術家の手になる立派なモニュメントもないわけではありません。しかし審美的にはいかがかと思える彫刻作品も多い。日本でも長崎に平和祈念像があることはたいていの人は知っています。巨大な半裸の坐像で右手は天を指し、左手は横へ伸ばしている。バスのガイドさんはなにかもっともらしい説明をしています。しかしあのブロンズ像が美術品として尊ぶに値するか、と聞かれたら返答に窮する人は少なからずいるに違いない。巨大な像は美しいというよりはグロテスクです。[27]あれが宗教的に尊ぶに値する作品か、と聞かれたらやはり返事につまるでしょう。内面から平和の祈念が湧くような真の精神性に欠けているのではないか。しかし一九五五年の建立当時はともかく、近年は表立って批判する人は少ない。作者の北村西望が日本彫刻界の大御所だから批判を控えているのではありません。北村が百二歳で亡くなった後も批評する人は少ない。それというのはあの像は平和を願う被爆地長崎のシンボルとなってしまったから、その悪口は表立って言えなくなってしまったのです。しかし半永久的に保存に価する物か、一度内外の美術評論家に無記名投票で判断を仰げばよい、と思わないでもありません。——それと同じような事情で、審美的にはたとえ問題があろうとも、フランスの農村の戦没者慰霊碑は村人の子孫が生きている限り簡単に撤去などできないでしょう。Monument aux morts 戦没者慰霊碑はいってみれば日本の各地にある護国神社のようなものではないでしょうか。

穂積陳重と祖先崇拝ないしは祖先表敬

穂積陳重は英文で *Ancestor-Worship and Japanese Law* を一八九九年、ローマの国際東洋学者会議の席上で発表し、一九〇一年に書物の形で出しました。そのとき、祖先を神として祀るのが日本のお国柄だと主張しました。親を大事にするのは孝行の美徳です。その延長線上に先祖を大事にすることがあるのは当然です。家の先祖や村の先祖である氏神や、より大きな国民的共同体である皇室の先祖である皇祖皇宗を日本人が大事にするのも当然であろうという穂積の主張に対して、西洋人宣教師はそれは「汝我のほか何物をも神とすべからず」というキリスト教のモーセの十戒の第一戒に背くとして批判しました。それに対して穂積は日本人の祖先崇拝はモーセの十戒の第五戒にもある「汝の父母を敬へ」の延長線上にあるもので、キリスト教とも、また明治憲法に保証されている信仰の自由とも矛盾するものと考えない、といいました。

穂積陳重はミドル・テンプルで本格的に修業し、英国で法廷弁護士の資格を与えられた人ですから、西洋の事情もよくわかっている。説明の英文も達意です。その明断な論理、穏やかな皮肉、巧みな引用に私は舌を捲きました。この明治の法学者はただ単に英文が達意であるばかりか、和漢の教養がおのずと身についている。東西両洋を見わたす複眼の持主で、発言に比較の視点が出ている。日本人として自信をもっている。それだからでしょう、彼の周辺にいた穂積八束や、また晩年の井上毅とかのように過度に日本性を強調することはなかった。日本人としての自信に欠ける人が逆に日本の特性を言い立てたりするものです。

穂積陳重は「祖先崇拝」ancestor-worship の語に宗教性を認めてそれに引っ掛かるという人がいるのなら、「祖先表敬」ancestor-reverence という語を用いても宜しいとも言っている。そして穂積は、西洋でも偉人の銅像の前には花束が捧げられ、人々はその前で一礼する、それは日本人が神棚の前や神社の前で柏手を打つのと本質的に同種の行為である、と主張しました。しかしながら、日本人の祖先崇拝や神社参拝や皇室のご真影に対する礼、宮城遥拝などの儀礼は表敬 reverence であり、神道はキリスト教と両立しないような崇拝 worship ではない、いいかえると宗教ではない、という主張ともなるのです。穂積陳重は英国的教養を身につけた学者でした。このすぐ先でふれる英国の日本学の権威バジル・ホール・チェンバレンの「神道は宗教の名に値しない」などの発言も承知していたに違いない。穂積としては「そうおっしゃるならそれでもよいですよ」という程度の気持だったのかもしれません。

日本側と西洋側の神道非宗教説

フランス人で神道について大著 *le Shinntoisme* を一九〇七年に出したミシェル・ルヴォン（Michel Revon 一八六七－一九四七）は、神道は宗教である、ただし抽象的な形而上学によって複雑化されたところのないプリミティヴな宗教だ、という見方の人でした。そのルヴォンによると、日本で一八九九年ごろから神道は宗教ではないという見方が出てきた、それは神道について特別に勉強しない人たちは一八七四年に在日の英米人日本研究の有力者が横浜で開いた有名な神道会議の結論に依然として依拠しているからだ、とも述べています。[28]このルヴォンの「一八九九年ごろから」という指摘が穂積陳重のこの英文をさすのか、そもそも一九〇〇年の内務省神社局の創設をさすのかはっきりしません。

この明治七年二月十七日の神道会議の記録は『日本アジア協会紀要』に収録されていますが、当日「伊勢の神道の社」という手堅い考証を発表したのは少壮の学者外交官アーネスト・サトウでした。[29]当日参集した著名な知日家が次々と発言を求めました。その中にはこんなのがある。ヘップバーンとは当時の日本アジア協会会長ヘボン博士のことです。

かつて私も神道の正体を見極めようと懸命に努力したが、価値あるものは何も見つからなかった。（ヘップバーン）

神道が道徳律を欠くという会長のご意見には私も賛成したい。……本居宣長の説く神道は民衆を精神的な奴隷状態におとしめる道具にほかならない。だからこそ維新直後に、御門の政府は、神祇官に太政官と同格の高い地位を与えたのである。

（サトウ）

『古事記』には、道徳体系もなければ、倫理的問題の議論もない。儀式を定めず、礼拝の対象とすべき神も指定していない。一個の宗教たるに不可欠なものの一切が神道には欠けている。これをどうして宗教と称しえるのか、私は理解に苦しむ。神道は宗教として見た場合、これまで人類に知られたいかなる宗教と比較しても、内容空疎で、無味乾燥である。（アメリカ人宣教師サミュエル・R・ブラウン）

では神道は宗教であるのか、ないのか。

明治時代の代表的な西洋の日本研究者の神道についての見方はこうでした。バジル・ホール・チェンバレンは *Things Japanese*（初版、一八九〇年。チェンバレンはこの見解を第六版まで変えませんでした。この最終版はチェンバレンの死後四年の一九三九年に出ました）の中の Shintō の項目で、

Shintō, so often spoken of as a religion, is hardly entitled to that name even in the opinion of those who, acting as its official mouthpieces today, desire to maintain it as a patriotic institution. It has no set of dogmas, no sacred book, no moral code.

神道は、しばしば宗教と見做されることが多いが、ほとんどその名に値しない。日本で神道を愛国的な制度として維持しようとしている当局者でさえそう言っている。神道にはまとまった教義もなければ、聖書経典の類もなく、道徳規範も欠いて

いる。[30]……人々の心を動かすにはあまりに空虚であり、あまりに実質に乏しかった。仏教に比べて神道はそれ自体の中に深い根を持つものではなかったのである。

といかにも低い評価です。そしてこの考え方が問題なのは、これがチェンバレン個人の考えであるに留まらず、明治初年の日本在留西洋人の主流の意見だったということです。[31]ウィリアム・ジョージ・アストンは西洋人ではじめて神道についてまとまった大著をものした人ですが、明治三十八（一九〇五）年、こう述べています。

As compared with the great religions of the world, Shinto, the old Kami cult of Japan, is decidedly rudimentary in its character. Its polytheism, the want of a Supreme Deity, the comparative absence of images and of a moral code, its feeble personifications and hesitating grasp of the conception of spirit, the practical non-recognition of a future state, and the general absence of a deep, earnest faith — all stamp it as perhaps the least developed of religions which have an adequate literary record.

世界の大宗教と比較すると日本の古いカミ信仰である神道は、その性質において決定的に初期段階の宗教である。多神教であって、唯一の至上神は存在しない。神々の像やイメージも比較的に乏しく、道徳規範も比較的に欠けている。神道では神々を具体的に擬人化する度合いが弱く、霊の概念の把握もさだかでない。死後の将来の状態を実際的には認めていない。また深い、真剣な信仰が一般的に欠如している。そうしたことすべてを勘案すると、文献の記録がかなり残されている宗教の中でおそらく神道はもっとも未発達のままの宗教といってよいであろう。

このアストンの著書は最終章が「神道の衰退」と題され、「国民宗教としての神道はまさに死滅寸前にある」と出ています。このような西洋日本学の大家たちの見立ての中で、穂積陳重博士も日本人の「祖先崇拝」ancestor-worship の語に宗教性を認めてそれに引っ掛かるという人がいるのなら、「祖先表敬」ancestor-reverence という語を用いても宜しいと言い出し、どうやらそれもあって明治政府も教派神道は教団組織もあり内務省宗教局で扱う宗教扱いをしましたが、神社神道は宗教ではない、という別扱いにしたのではないでしょうか(32)。その辺の事情を神道関係者に私はいろいろ質問するのですが、明確なお答えを得られず残念に思っています。戦前の日本ではクリスチャンという人も多く神社に参拝しました。バジル・ホール・チェンバレンも、英国人がヴィクトリア女王の像に頭を垂れる以上、日本人が明治天皇のご真影に頭を垂れるのは当然であろう、と主張しました。ご真影に礼をするのは市民的儀礼である、とみてチェンバレンもハーンも一部西洋人宣教師や内村鑑三らの騒ぎ方を異常と見ました。

ところでこの祖先崇拝とキリスト教は両立するかという問題について興味深いのは、

カトリック教会の側のこの点についての解釈の変遷です。十九世紀、カトリック側は祖先崇拝はキリスト教と両立せぬものとして頭ごなしに非難していました。ところが二十世紀にはいると次第に東洋的慣行と妥協し始めました。そしてついに一九三八年、ローマ法王庁の布教聖省は、死者の前あるいはその肖像の位牌の前で「頭を下げるとかその他の世俗的な敬意を示すしぐさ」は「正当かつ適当」と見做すべきである、と述べるにいたりました。祖先崇拝は非宗教的行為である、というお墨付きが出たのです。[33] プロテスタント側は祖先崇拝は宗教的行為であると主張して祖先の位牌を捨てさせたりしました。西洋人女宣教師に従って位牌を川に捨てた日本の女が、そんな人でなしの行為をしたために村八分にされた悲話を扱ったのがハーンの「お大の場合」という短編です。

ところがネガティヴなチェンバレンなどとは逆に、この神道に非常な興味を示し、日本社会にとっての宗教的な重要性を強調した西洋人も少数でしたがおりました。ラフカディオ・ハーンはその代表的な一人です。ハーンはチェンバレンと同じ一八五〇年の生まれで、当初二人はたいへん親しかった。しかし二人は日本の宗教についての評価をめぐって真っ向から対立しました（アストンの『神道』はハーンが亡くなった翌年に当たる一九〇五年に出版されました。それだからハーンのその書物に対する所見を聞くことはできません）。[34] ハーンは神道こそ日本を理解する鍵であると考えました。ハーンは「生神様」の中でこう述べています。

幾百万もの人々が幾千年にもわたり、このような社の前で彼らの偉大な神々を拝んできた、そして全国民が、いまなおこうした建物には目に見えぬ意識を持った存在が住み給うと信じている——この事実を思い起こせば、このような信仰を馬鹿げたものと笑うことがいかに難しいか、おわかりいただけると思う。それどころか、こうした考え方に対する西洋的反撥にもかかわらず……西洋人も神社の社頭に立てば、恭しい敬意の態度を一瞬取らざるを得なくなる。

伊勢神宮の社頭に立って「掘立小屋程度のもの」と冷笑した英国の日本学者もおりました。「神社はつまり仏教のお寺に相当する建築物だが、寺ほど豪華なものではない。ごく小さな社は祠と呼ばれているが、これなどたいていは荷車で運べるほど小さな建物だ」とアストンはその大著『神道』に記しました。建築学的に大きさを比べるならばはるかなノートル・ダム寺であるとかウェストミンスター寺は巨大で立派で、内宮や外宮が英語で hut と呼ばれる程度の木造建築に近いことは事実です。しかし日本の神社建築の意味はそこにあるのではない。そのことに気づくのがハーンやクローデルで、それについては次の第四話でふれます。

ハーンの「家庭の祭屋」

ラフカディオ・ハーンは明治二十三年八月三十日から翌二十四年十一月十五日までの

一年二カ月半、「神々の国の首都」松江に滞在しました。その後も明治二十五年は熊本から、二十九年は神戸から出雲を訪ねている。この山陰の土地と人に非常な愛着があったことがわかりますが、来日第一作『知られぬ日本の面影』の中にいちはやく神道研究の一文ともいうべき「家庭の祭屋」を発表しました。その一節を引くと、

日本では西洋諸国のように死者をあっさり忘れてしまうことは、けっしてない。彼らの素朴な信仰では、死んだ者は愛する人々のあいだにとどまり、その霊の鎮まり坐す所は、いつまでも神聖な場所として大切にされる。だから、年老いた家長は臨終を迎えても、これからは夜ごとに可愛らしい唇が、家の祭屋に棲む自分にむかい、何ごとかを囁いてくれるだろうと安らかに思う。この家の忠実な者どもは、苦しい時にはきっと自分にすがり、嬉しい時には感謝の言葉を唱えるにちがいない。数多の優しい手が、自分の位牌の前にみずみずしい果物や切り花を供え、かつての好物で御馳走をこしらえ、美しくならべてくれるだろう。そして神様や御先祖様の小さなお碗や盃には、客をもてなすための芳しいお茶や琥珀色の御神酒がなみなみと注がれることだろう。この国には今、奇妙な変化が押し寄せている。旧習は滅び、古い信仰は消えようとしている。今日の思想は、明日の時代の思想たりえない。しかし老人は幸いにも、この古い素朴な美しい出雲で、そうした変化にはなに一つ気づかずにすんだ。老人はひたすら、御先祖様同様自分にも、この後いく世にもわた

り御灯明(おとうみょう)の火がともされるだろうと信じている。薄れゆく意識の裡(うち)で老人が夢見ているのは、まだ見ぬ子孫――自分の子の子の、そのまた子供たちが紅葉(もみじ)のような可愛い手で、しゃんしゃんと柏手を打ち鳴らし、精一杯畏(かしこ)まって御辞儀をする姿だ――そして、その小さな頭(おつむ)の上のうっすらと埃(ほこり)をかぶった位牌には、忘れられることのない御先祖様となった自分の名が、はっきりと記されているのである。

美しいほとんど感傷的といえるような記述です。出雲では一八九一年当時、実際にこのようであったのでしょうか。それとも美化されたものでしょうか。なおハーン自身が後年松江時代の自己の見方に、はっきりと一々どの箇所とは言っていませんが、留保を加えています。

しかし西洋の読者も日本の読者も、ハーンの「家庭の祭屋」の記述は、著者ハーンの筆による理想化がたとい加味されているにせよ、ハーンが実際に訪ねた松江の節子の実家であるとか、親しく交際した島根尋常中学校の同僚の家であるとか、招かれた生徒たちの家の祭屋であるとかの記述の描写だと思うでしょう。位牌や神棚や灯明やお供物やらは実際に見たものでしょう。ただし臨終を迎える老人の気持の記述はハーンの推察でしょうが。

『古代都市』と『神国日本』

私は第一話でフュステル・ド・クーランジュの『古代都市』にふれ、明治の法学者たちがそこに描かれているのは古代の地中海世界のことではなく明治の今の先祖崇拝に基づく日本社会のことかと驚いた、と申しました。しかしそのように思った人は日本人以外にもいた。それがラフカディオ・ハーンです。ハーンは英語作家ですがフランス的教養の深い人で、北アメリカではいまなおフランス文学の翻訳者としても知られています。ゴーチエ、フロベール、モーパッサン、ロティ、ゾラなどを訳しました。その英訳の何点かは訳が出て百年以上経ったいまでもリプリントが出ています。『古代都市』も読んでいた。その証拠に来日以前の小説『チータ』にド・クーランジュという名の人物を登場させています。私は第一話でフュステル・ド・クーランジュから引用したとき、原文のフランス語は動詞が過去形だけれど日本語への翻訳は現在形に訳したい気持にかられます、といいました。そして日本人の神道感覚について知りたい人にはこうした一節を読んでもらう方が下手なフランス語で新しく神道について説明するよりよほどましだろうと思うほどです、ともいいました。五九頁の引用をもう一度読みますと、

このようにして祖先は自分の家の家族の者の間に残っていた。目にこそ見えないがそこに居ることに変わりはない。祖先は家族の一部と成り、その父でもある。永遠に不死なる、幸深き神として、先祖は地上に遺してきた生者たちの運命に関心を

寄せる。彼は人々がなにを必要とするかを知悉し、人々が困ったとき、手助けをする。また一方まだ生きている人々、働いている人々、古代からのいいならわしに従えば、まだこの世を了えていない人々は、その祖先を自分の頼みとして導き手と仰ぐ。祖先は自分の父や自分の父の父であるのだ。困難に直面したとき、生者は祖先の智恵にすがり、悲嘆の底にあっては祖先に慰藉を求め、危機に際しては助けを、誤ちを犯したときは赦しを求める。

ここに記述されたキリスト教化される以前の地中海世界の人の祖先崇拝は日本人の祖先崇拝にいかにも似ていると私も感じました。ハーンもその相似性に驚いた。いま富山大学のヘルン文庫に保存されている *La Cité Antique*『古代都市』はハーンが来日後の東京時代に取り寄せた Hachette 社一八九八年の版本で、第一篇第二篇には三十八箇所というおびただしいアンダーラインが引かれており、ハーンが何に興味を持ったか実によくわかります。私も手持ちの *La Cité Antique* の同じ箇所にアンダーラインを引いておきました。その本を取り寄せる前の一八九三年六月十日にも熊本からチェンバレン宛の手紙で『古代都市』に描かれたキリスト教以前の地中海世界と日本社会の相似に言及して「私は今二回目に読んで古代インド＝アーリア人種の家族、家の崇拝、信仰と日本のそれらとの不可思議な平行現象 (curious parallels) を研究しています。ある事柄ではその平行現象は驚くべきです」といっています。ハーンは自分が米国から持参したこの最初の本は、*La Cité Antique* を当然読んでいると思っていたチェンバレンがまだ読んでいないと知るや、彼に贈物として熊本から送りました。しかし大切な本だと思い、東京時代にまたフランスへ発注して日本理解の一助として新しく買い求めたのです。五十過ぎのハーンは『日本――一つの解明[35]』*Japan, an Attempt at Interpretation* を米国の大学で講義することを念頭に執筆していただけに、その際参考した二冊目の *La Cité Antique* に綿密に下線を引いたのでした。

岡村司（つかさ）京都帝国大学教授は「余輩嘗てヒュステル・ド・クーランヂュ著す所の『古代市府』と題する書を読み、古希臘羅馬（ギリシャローマ）の家族制度を描叙するを見て、恍として思へらく、是れ我が家族制度を説明するものに非ざるかと」という感慨にとらわれたことはすでに紹介しました。ハーンも祖先崇拝も、死者への感情も、家という制度も二十世紀初頭の日本にそっくりではないか、と思った。ハーンは自分の母の国ギリシャの昔と自分の妻小泉節子の国日本の今とかくも共通点が多いと知ってさらに恍惚（こうこつ）としたに相違ない。ハーンは死者の霊を身近に感ずる人でした。日本の庶民は、

「死者が浮かばれぬ」

「草葉の蔭にて嘸（さぞ）喜ぶならん」

「魂魄（こんぱく）此の世に止（とど）まりて恨みを霽（は）らさでやはあるべき」

などの言葉を口にします。するとハーンはそうした気持に同感する節（ふし）のある人でした。

ところが『古代都市』の第一篇「古代人の信仰」第一章「霊魂と死にまつわる考え方」、

第二章「死者崇拝」にはいま引いたような感情がやはり出ている。ホメロス以前の人々も埋葬の時には決り文句として、

「おすこやかに」

「お体に土が軽くありますように」

と三度繰返し唱えて、お墓に酒を灌いだらしい。古代ローマ人には故人の霊が遺体と共に埋められて私たちの近くで生きているという感覚が強かった。ハーンは『古代都市』を読んで二重の意味で驚いた。一つは先に述べた古代のギリシャ・ローマ世界と今の日本の世界が信仰の面で類似し、相似た霊魂観・家族制度を持っているということ、そしてもう一つは自分自身がはからずも西暦紀元前数千年という太古の社会を現実に追体験して暮らしているのだというスリリングな発見に興奮しつつ驚いた、ということです。

ハーンは十九世紀末年の多くの人と同じように歴史の発展段階説を信じていました。いいかえると各国の発展進化には共通する法則があると信じて怪しまなかった。西洋人宣教師の側も日本人改宗者の側からも多神教から一神教に進むのが歴史の道程であるとし、アストンも大著『神道』の冒頭を「日本の古いカミ信仰である神道は、その性質において決定的に初期段階の宗教である。多神教であって、唯一の至上神は存在しない」という言葉で書き始めていました。私は敗戦後まもない一九四八年、全寮制の第一高等学校駒場寮の社会科学研究会という名の部屋で不破哲三などと一緒に暮らしましたが、

当時は世界各国に共通する単純な単線的な歴史進歩の法則があるように信じられていた。そのような法則に従って歴史を解釈することが科学的と考えられていた。その法則を前提に明治維新はブルジョワ革命か否か、日本でも暴力革命は必然的に起こるのか、それは自分たちが生きているうちに起こるのか、などと議論していました。ハーンも歴史発展の法則性を信じていましたから、『古代都市』を読んで、自分は日本に来て、いってみればタイム・マシーンに乗って二千数百年前まで戻ったと同じ経験をしているのだと感じました。私どもも同じように歴史を巨視的に眺めると、『古事記』の神代の時代も十九世紀末年の日本も、死者を神々として崇めている点では本質的に同じ多神教の段階にいることになります。この日本社会を、フュステルが古代地中海社会を記述分析したと同じようにハーンは自分も記述分析しようと思い立った。それが彼の最後の著書『日本――一つの解明』*Japan, an Attempt at Interpretation* となるのです。

全二十二章から成るこの著書は第十章「仏教の伝来」にいたるまでの九章は、神道の世界というか、日本の古代の信仰や家の宗教や村の祭りや死んだ人が神になる先祖崇拝などを論じたものです。日本は死んだ人々が神様となって支配している（というのは日本人が御先祖様を敬う気持を裏返して言った表現です）。そこから有名な the Rule of the Dead「死者の支配」という言葉も出てくる。その死者が神々となって、その霊的存在が感じられるからハーンは日本を「神国（しんこく）」と呼び、英文原稿の上に彼自身が漢字で「神国」と書き添えた。その「神国日本」は第二次世界大戦中に呼号された「神国日本」とはややニュアンスを異にします。ハーンのこの本は『神国日本』の邦題で呼ばれることも多いのですが、無用な誤解は避けたいので、森亮先生が選ばれた日本語訳題『日本――一つの解明』を私も使わせていただきます。

La Cité Extrême-Orientale

『日本――一つの解明』は第三章からが本論ですが、第三章「古代人の信仰」では『古代都市』と同じ事ですが、かつて日本人の間にghostの観念とgodの観念の間に質的差異がなかったことを言い、次のように述べています。ここで説明のために申すとハーンの「神国日本」は英語でghostly Japanフランス語でle Japon spectralといってもよい「霊の日本」という意味でもあるのです。フュステル・ド・クーランジュが古代地中海世界の霊をどのように記述したかを想起しつつハーンの論をお読みください。

　アーリア人種の原始的な祖先崇拝者たちと同様、古代の日本人は、死んだ者が光明至福の別世界へ昇るとか永劫呵責（えいごうかしゃく）の王国へ降（くだ）るとかいうことは考えていなかった。古代の日本人は死んだ人はこの世にまだ住んでいる、すくなくともこの世と気脈を通じている、と思っていた。日本の最古の宗教的文献は、なるほど黄泉（よみ）の国については語っており、そこでは雷神（いかづちかみ）と黄泉醜女（よもつしこめ）が腐敗物の中に住んでいるが、しかしこの漠然とした死者の国は生者の世界と通じていたのである。それだからそこに住む霊は、この腐りゆく外形になおつながれていたが、地上で人々がお供物を捧げるのを受取ることができたのである。仏教伝来以前の日本には天国や地獄の観念はなかった。死者の霊は常に自分たちの近くにいるものと考えられ、その霊を慰め、なごめるためのお供物の食べものや飲みもの、お灯明(とうみょう)などが必要とされた。死者の霊はいわば生者と同じ喜びや苦しみをわかつものと思われていたのである。そしてそのお供えにたいする酬(むく)いとして死者は生者に善をわかち与えるのであった。死者の肉体は土と化したかもしれないが、しかし彼らの霊の力はまだ地上に留まっており、それが地上の物質をかすかに振わせ、風や水の動きと化するのである。死んだことにより彼らは神秘なる力を獲得したのだ。彼らはより上級なる存在、カミ、となったのである。

彼らは神となったのだが、しかしそれは太古のギリシャやローマの意味においてである。注意せねばならぬ点は、この神格化に際して、東洋であれ西洋であれ、何等の道徳的区別はつけられていなかった、ということである。

そしてここで本居や平田が述べた善き神もあり悪しき神もあることにハーンは言及し、さらにこう説明しました。

ここで目に見えぬあの世は、明らかにこの世の二重写しのものとして考えられており、死者の幸福は生者の助けに左右されるものとみなされている。死者の霊にとって欠くべからざるものは崇め奉(たてまつ)られることと犠牲が供されることであった。生者にとっても死後自分の霊が祀られるか否かということは重大な関心事であった――家系が絶えて先祖を祀る者がいなくなることはもっとも望ましくないことだったからである。

これが神道的世界についての説明です。フュステル・ド・クーランジュの言葉をそのまま借りてきたような感じさえします。ハーンの『日本――一つの解明』の第三章以下の目次を引くとフュステル・ド・クーランジュの『古代都市』の目次にそっくりそのまま重なるほど同じような題になっている。すなわち「古代人の信仰」「家の宗教」「日本の家族」「村の信仰」「神道の発展」「祈りと潔め」「死者の支配」がハーンの『日本――一つの解明』。「古代人の信仰」がフュステルの第一篇の題で以下章の題は「霊魂と死にまつわる考え方」「死者崇拝」「聖火」「家の宗教」、「(古代の)家族」が第二篇の題で以下章の題は「古代社会の構成原理をなす宗教」「婚姻」「家族の永続について」などと続きます。

このJapan, an Attempt at Interpretationは一九一四年にフランス語訳が出、たちまち版を重ねました。訳者マルク・ロジェ Marc Logéははしがきの終わりに、この画趣に富み、洞察に富む日本研究の集大成の主題と方法と結論とはフュステル・ド・クーランジュの『古代都市』とまことに不思議なアナロジーを呈している。……ハーンのこの書物は *la Cité Antique* になぞらえて *la Cité Extrême-Orientale* と呼んでもよいのではあるまいか。

と述べています[36]。

ハーンの個性的指摘

私は第一話でフュステル・ド・クーランジュという日本についてなにも知らないフランスの歴史家が明治維新の四年前に出した『古代都市』という書物が日本の法学者に西洋キリスト教社会とは違う日本社会の特性を教え、そのためにナポレオン法典の直訳を採用するようなことは延期するという一大「法典論争」を捲き起こしたという経過を説明しました。その『古代都市』はまた、明治に来日したハーンの日本研究にも影響を与えたということをこの第三話では説明いたしました。そのようなフュステルの見方を借りて日本を論じた点には長所もあれば短所もありました。このように他の権威や他の法則性に依拠するとハーンの独自性は発揮しにくくなる。日本の宗教文化の個性も見えにくくなる。ハーンは日本語がよく読めなかったから、このような日本論を書く資格のない人だったのかもしれません。ではハーンの個性はいかなるときにあらわれたかというと、フュステルに準拠して古代ローマと平行する例を求めようとして、それに合致しない点に気づいたときに表面化します。ハーンは日本社会の個人の自由の欠如に対しては憂慮を示していますが、徳川時代の平和については表も裏も勘案して第十六章でこう述べています。

二百五十年間平和を強制し産業を奨励したのはけっして恐怖政治ではなかった。日本の国民文明は幾多の方法で拘束され、切り詰められ、刈り込まれはしたけれども、文明は同時に育成され、洗練され、力もつけた。その長い平和は帝国中に、それまでまったく存在しなかったものを確立した。すなわち全国民に安心感を与えたのである。個人は掟と慣習によって以前にもまして束縛された。しかし彼は保護も受けた。つまり彼は自分の鎖(くさり)の長さの範囲内では不安なしに動くことができたのである。仲間たちは強い絆で彼に強(し)いることがあったけれども、またその強い絆が彼を苦労に楽しく耐えることの助けもしてくれた。つまり義務を行ない、共同体の生活の重荷を支えるのに誰もが助け合った。それゆえ状況は皆の繁栄とともに皆の幸福の方向へと向かっていった。当時は生存競争などはなかった。すくなくとも私たちの近代的な意味での生存競争はなかった。

ここで徳川時代を批判的に見る人の目に「強制」「拘束」「束縛」といわれるものが、

反面から見れば「安心」「保護」「皆の幸福」の社会であったという面も指摘される。同じように一部のフェミニストから見れば「束縛」された日本女性をハーンは次のように捉えなおしてみせます。

他人のためにのみ働き、他人のためにのみ考え、他人に楽しみをもたらすことにおいてのみ幸福である存在――邪慳(じゃけん)にできず、自分勝手にできず、自分自身の遺伝的な正義感覚にそむいては行動できない存在――しかも、こうした穏やかさ優しさにもかかわらず、いつ何時でも自分の生命をなげうち、義務のためにすべてを犠牲にする覚悟のできている存在。これが日本女性の特性であった。

ハーンの日本女性に対するこの高い評価は終生変わりませんでした。ところでこのように日本の女性の優しさを語ると当然日本の家庭の優しさが話題となり、宗教の優しさにもなります。この個性的な指摘がハーンの特色です。

今日の日本で御先祖様を祀るという家の宗教には厳格なところや荘重なところはなにもない。フュステル・ド・クーランジュが特にローマの祭りの特徴としていた、あの厳格不変の規律などはなにもない。日本の家の宗教はむしろ感謝と優しさの宗教なのである。

フュステルは『古代都市』第三篇第八章で古代ローマの厳格不変の規律に言及したが、ハーンは小泉家の人として暮らすうちにこうした違いに気がついた。ハーンは一般論を述べるのは得意でない。ハーンの良さは自己周辺の宗教的感情や儀礼の観察から出発して論を進める際に見られる個別的な具体例で、彼自身のそのような体験に裏打ちされた論には強みがあります。日本人がハーンの著作を読んで共感するのもそうした彼の観察に真実味があるからだろうと思います。

第四話　ハーンとクローデルの日本の宗教発見

——地蔵、地霊、杉並木、神道

日本では宗教は日の照る場所に暗い憂鬱（ゆううつ）をもたらさない。仏像や神社の前でお祈りをする人々の顔に微笑がある。お寺の庭は子供たちのための遊び場なのである。

——ハーン『日本——一つの解明』第二章

ロティと地蔵

幕末の開国この方、戦前のわが国に来た西洋人が日本の伝統的な固有の宗教文化をどのように観察したか、その見方の是非を論ずることで、あわせて日本人の自己理解の資（し）ともしたく思い、お話ししていますが、明治大正時代に来日した外国人で有名な作家は、前にも申した通り、ピエール・ロティ（一八五〇－一九二三）とラフカディオ・ハーン（一八五〇－一九〇四）とポール・クローデル（一八六八－一九五五）でした。その三人がお地蔵さんを見てどう反応したか。年代順にフランス海軍軍人で作家だったロティはどう見たか。ハーンはどう感じたか。そしてフランスのカトリック詩人クローデルはどう詩に歌ったか、それをこの第四話では話題にいたします。ある特定の一つの宗教的彫像に対面して三人がごく素直に自然発生的に示した反応は、彼らの人間としての資質をおのずと示しているはずです。三人はお地蔵様からどのような印象を受けたか。

ロティは一八八五年十月二十七日に日光へ行き、その際おそらく含満（がんまん）ガ淵（ふち）の並び地蔵を見ました。しかしあまり好ましくない印象を受けたことは『秋の日本』に収められた紀行文の一節からうかがえます。川は大谷川です。

> 花崗岩で出来た地蔵が、ずいぶん古い地蔵が、間を置いて、灌木の茂みや茨の下に並んでいた。やがて渓谷の流れに沿って、一群の地蔵が、少なくとも百ぐらいあったと思うが、ずっと並んでいた。皆似たり寄ったりで、暗い河床をしぶきをあげながら流れる水を眺めているらしかった……
>
> すこぶる醜い、小人のような地蔵たちである。なにか悪を働いているにちがいない。歳月と地衣類が地蔵たちの顔形を食い荒してしまった。ある時は長い耳の一つが落ち、ある時は鼻が欠けている。どの地蔵の前にも草の上に黒い灰が汚く湿って固まっている。線香の滓である。夏ここへ来た巡礼たちが上げていったのであろう。活字が印刷された赤や白のお札が地蔵の腹の上に無暗に貼ってある。参詣の時節にここへ来てお参りをしたり願い事をした人々の名刺代りというべきお札だろう。秋の雨がその紙をぐしゃぐしゃに濡らしていた。

ロティはこの地蔵たちにいい感じは持たず、地蔵を目して小人gnomeと呼びました。このグノムとは地の精です。地中の宝を護るとされた醜い小人で、しばしば不具です。地蔵は後でふれる道祖神に近い存在で、その点は地の精とも無縁でありませんが、「悪を働いているにちがいない」とは思い切ったことを言ってのけたものだ、と思います。

ちなみにロティは日光への道筋で道端で裸の子が下で火を焚かれて風呂に浸かっているのを見て、さては日本人は人の子を煮て食べるのかと一瞬錯覚しました。そうした先入主の持主でした。

ハーンと石仏

ハーンとロティは同じ一八五〇年生まれだと申しましたが、一八四八年生まれの画家ゴーガンも一八五〇年生まれの作家スティーヴンソンも同世代の同じ空気を吸って育った人として、西洋文明から脱出することを激しく望みました。ロティは海軍軍人として他の三人よりひとまわり早くトルコ、セネガルと海外へ出ましたが、一八八七年、ハーンとゴーガンはたまたまともにマルティニーク島に行きました。ゴーガンはそこからタヒチへ、ハーンはそこから日本へ向けて旅立ったので、そこには異国趣味もジャポニスムもありました。それはロティにもハーン、ゴーガン、そしてクローデルにも共通する要素です。ハーンはロティの『秋の日本』を読んでロティの軌跡を辿るように横浜へ向かいました。しかし日本で暮らすうちにハーンはロティの日本の女に対する態度を許し難いもののように感じ始めました。その相違は仏像に対するときにも示されていました。熊本で「石の仏様」(『東方より』所収)についてハーンは次のように書いています。

……その微笑は人から侮辱を受けようとも瞋恚の炎を燃やすことのない方の微笑

である。それは仏師が刻んで出来た表情ではない。苔と石垢とが歪めてしまった表情だ。よく見ると仏様の両手も欠けている。なにかお気の毒な気がして、仏様の額の小さな象徴的な隆起から苔を落として進ぜようと思った。……

仏像の両手が折れているのに気がついたとき、ハーンは「お痛わしい」と感ずる心の持主です。冷ややかなロティとそこが違います。ロティは異国の石像の精神世界の中まで立ち入ろうとはしませんでした。

ハーンの生い立ち

それではなぜハーンが日本人の死後の世界、英語でいうとghostly Japan、フランス語でいうとle Japon spectralに関心を寄せるに至ったのか。ハーンの家庭的背景と略歴にふれることで説明の一助としたく思います。

ハーンは不幸な育ちの人でした。十九世紀中葉のギリシャは広い意味でのオリエントの低開発国でした。トルコの軛を脱して独立国とはなったものの、イオニア海の島にはイギリス占領軍が駐留していました。一八四八年四月、キシラ（英語名はセリーゴ）島に着任した陸軍軍医チャールズ・ブッシュ・ハーンはダブリンの上層のプロテスタントの家の出でしたが、失恋していたこととも関係するに相違ないのですが、島の娘ローザ・カシマティとの間に関係が出来てしまったのです。それはたとえてみればアメリカ占領軍の士官が沖縄の島の娘と出来たような状況と思えばよいでしょう。一八四九年六月、レフカダ島に転属となり、七月にそこで長男が誕生、十一月二十五日、ギリシャ教会で結婚式を挙げました。英国軍の上官もこの結婚に反対で、チャールズは英国陸軍省への結婚報告を二年間提出せずに留保しています。なお英国軍は一八五〇年二月二十七日、チャールズを本国に召還、その年の秋には大西洋の英領西インド諸島へ転属させました。レフカダ島に残されたローザは、六月二十七日に二番目の子供パトリック・ラフカディオ・ハーンを産みました。一番目の子供は八月十七日に亡くなりました。父親も不在で周囲からも白眼視されたローザは多く悩んだに違いありません。しかしハーンを溺愛した。二年後の一八五二年夏、ローザはハーンを連れてマルタ島、リヴァプール経由で、夫不在のダブリンの夫の実家に到着します。ローザはギリシャの島の比較的よい家の出でしたが、当時のギリシャの女の常として読み書きが出来ず、英語も上達しません。実家になじめず辛い生活を送りました。翌一八五三年十月、夫が帰国しますが、周囲から孤立しているローザを見て夫は結婚の失敗を直感したらしく、そしてその夫の様子を見たローザが激しいヒステリーを起こしたことが親戚の日記に記録されています。夫は翌一八五四年三月下旬、英国第一歩兵連隊に配属となり、四月二十一日、プリマスを出航しクリミヤ戦争に向かいました。ローザは第三児を懐妊していたので、ハーンを大叔母サラー・ブレナンに託し、ギリシャへ帰って八月に出産しました。夫は一八五六年七月二十三日に帰還しました。同じ町内にかつて求婚したが、相手の父親に断わられてしまったその旧恋の相手、アリシア・ゴスリン・クロフォードが、オーストラリアで判事の夫と死別し二人の娘を連れて、実家に戻っていました。チャールズはギリシャでのローザとの結婚は結婚契約書にローザの署名がなく無効であることを申し立て、一八五七年一月、その申し立ては受理されました。チャールズはアリシアと七月十八日に結婚式をあげ、八月四日、連れ子二人を連れて新しい任地のインドに向けて旅立ちました。ハーンはダブリンに残されました。

ハーンはこうして四歳のときに瞼(まぶた)の母と生き別れ、七歳のときに父にも捨てられたのです。ハーンは母ローザに辛く当たった父を憎み、母親を生涯懐かしみました。パトリック・ラフカディオ・ハーンという名前のうちアイルランドの守護聖人にちなんだパトリックを後に用いなくなったのは父に対する反感ゆえです。父と父に代表される英国産業文明に対しても反感を抱くにいたりました。裕福な大叔母に育てられましたが、本人は「合いの子」として、また母のない子として、辛い幼年時代を過ごした事実は否(いな)めません。しかし母の愛情を幼年期の四年間に受けたお蔭で、人間に対する根本的な信頼 basic trust がハーンにはあり、生涯ニヒリスティックになることはありませんでした。それでも不幸は重なり、ハーンは一八六六年、校庭で遊戯中、ロープの結び目が当たり左目を失明します。ハーンはまた、子供のいない大叔母の遺産をハーンが一人占めにすることを警戒した親戚の入れ知恵で、大叔母から遠ざけられ、それでダラムの寄宿学校やフランスへやられたともいわれています。その親戚の者が投機に失敗し、出資した大叔母も破産、ハーンは十七歳で退校を余儀なくされ、一文無しとなって社会に抛り出されてしまいました。

そのような背景で育ったためか、ハーンは社会的弱者への同情の強い人でした。そのマイノリティーへの共感的理解の能力、マージナルなものへの関心がハーンを世にも珍しいルポルタージュ記者に仕立てたのです。アメリカへ一八六九年に移民して本人はどん底から這い上がって、社会的にはまがりなりにも上昇し、ひとかどのルポルタージュ記者となりましたが、当時としては例外的なことですが、非白人種にも関心を寄せました。南北戦争後、オハイオ川流域の黒人の生活を最初に記録した作家はハーンだともいわれています。ハーンはあまつさえシンシナーティでオハイオ州の法律にそむいて混血女性と結婚し、村八分に遭っています。これはハーン自身が体格的にも背が低く、肌の色も濃く、容貌も醜く、とても白人女性とは結婚できないと過度の劣等感にとりつかれていた反動であったかもしれません。北米では最初十年はシンシナーティ、ついでラテン色の濃いニューオーリーンズへ移り住み、一八八七年から八九年にかけてマルティニークに滞在しました。そこで名を成したハーンは、カナダ太平洋鉄道がアメリカの東部から西部へ通じた機会に世界一周旅行の最初の寄港地としての日本を宣伝するべく、ハーパー社から派遣されてヴァンクーヴァーから横浜に来ました。来日した一八九〇年は明治二十三年に当たりますが、日本は西洋主流の世界ではマイナーな国であり、文明の周辺に位置する小国でした。ハーンは横浜で何を見、何に惹かれたか。

来日最初期にまとめた作品に「地蔵」があります。これは来日したハーンが横浜でまとめた最初の日本研究ともいうべき一文でした。わが目で仏像を見、寺や墓地をめぐり、掛軸(かけじく)を拝観し、和讃(わさん)の訳も添えるという多角的な迫り方です。一日の体験のように描いてありますが、実際は数週間にわたる横浜周辺の探訪の成果だと思います。そこには文学者らしい手法ですが、主観的なタッチがまじります。それは熱帯と違い、夢のように淡い薄い雲の下の横浜のお寺の墓地でのことでした。講談社学術文庫『神々の国の首都』所収の牧野陽子訳を引用します。

その時ふと私は、目の前に子供が立っているのに気づいた。とても小さな女の子で、私の顔を不思議そうに見上げている。あまりに軽やかにそっと近づいてきたので、その柔かな足音は、小鳥たちの楽しげな囀(さえず)りや木の葉の囁(ささや)きにすっかり掻(か)き消されてしまったらしい。身に纏(まと)っているのは、ぼろぼろの日本の着物である。だが、その眼差しと、おかっぱの明るい色の髪の毛はニッポンのものだけではない。別の――おそらく私と同じ――人種の亡霊がその青い花のような瞳を通して、私をみつめている。

こんなところにこんな西洋の女の子がいるのは変ではないかとハーンは思いましたが、少女はハーンを見て異人さんだと思います。少女にとって奇妙なのはハーンという外人さんだけです。その脇で少女のために銭を乞う、西洋の男に捨てられた弱々しい母を見て、ハーンは思わず叫びます。

Half-caste, and poor, and pretty, in this foreign port! Better thou wert with the dead about thee, child! better than the splendor of this soft blue light the unknown darkness for thee. There the gentle Jizō would care for thee, and hide thee in his great sleeves.

合いの子で、貧しくて、美しいおまえ！　こんな外国の港で！　おまえはこのお墓の中にいる周りの死んだ人たちと一緒にいる方が良くはないか。穏やかな青い光の光輝に包まれているこの世より、未知の暗闇世界の方がおまえには良くはないか。あそこならば、心優しいお地蔵さまがおまえの面倒をみてくださる。お地蔵さまはおまえを大きな袂の中にかくまい、あらゆる災いからおまえを守り、そして影の世界の遊戯を一緒に遊んでくださるだろう。その時おっ母さんは、おまえの安息を祈ってきっとこのお地蔵さまの膝元に小石を置いてくれるだろう。

「死んだ方がまし」とハーンは思わず口走りました。ハーンの感情の激しさに驚かされますが、これこそハーンの内から湧きあがる声でした。自分はかつて混血児としてダブリンで捨てられた。そのみじめな過去がよみがえったからこそ、口にするまじきことを言ったに相違ありません。しかし「死んだ方がまし」と口走ったからといって、ハーンを残酷な男とは誰も受取らないでしょう。ハーンは突き放したりはしません。お地蔵さまが大きな袖の中に女の子を隠して、一緒に遊んでくださるだろう、とやさしく語りかけます。そしておっ母さんはおまえがゆっくり休めるようにお地蔵さまの膝元に小石を積んでくれるだろう、ともいいます。なにかハーンの生い立ちがしのばれるような悲痛な文章です。来日したハーンがまず目に留めたのが子供に優しいお地蔵さまで、最初にまとめた研究が地蔵であったことは、当時のハーンが日本の何に惹かれたかを示唆しています。(37)

ハーンと地蔵

ハーンは日本滞在十四年の最終作『日本――一つの解明』の冒頭でも、「日本到着の最初の印象はすばらしい。そこに日本人と日本文明を解く鍵もまた秘められている」と述べました。落ちこぼれとして西洋社会脱出の夢を抱いて来日したハーンは横浜に上陸し、お地蔵さまが子供を見守る日本を西洋よりも良しとしました。そしてこの国にとどまろうと決めたのです。ハーンが来日早々地蔵に心を惹かれたのは、地蔵が子供を保護してくれる存在だからでした。自分という子供に辛く当たった西洋社会との対比においてハーンは、お地蔵様信仰に象徴される子供を大切にする日本社会への好意的関心を深めて行くのです。地蔵の話は来日第一作『知られぬ日本の面影』*Glimpses of Unfamiliar*

Japan に多出します（"Jizo" "A Pilgrimage to Enoshima" "Bon-Odori" "The Chief-City of the Province of the Gods" "In the Cave of the Children's Ghosts" "Notes on Kitzuki" "From the Diary of an English Teacher" "From Hoki to Oki" "The Japanese Smile" などです。*Out of the East* にも *Kokoro* にも出て来ます。お地蔵様にふれた手紙もそれにおとらず数多くあります）。地蔵にまつわる文章で忘れ難いのは「日本人の微笑」で京都の一夜の思い出が次のように記されている条りです。ハーンは小さなお寺の門前にあるお地蔵様を見に道を折れました。そのお地蔵様は美しい少年で「その微笑は神々しい写実の一端を示していた」。以下平川訳を読みます。

　私がじっと眺めていると、十歳くらいの幼い子が私の脇へかけよってきて、お地蔵様の前で小さな両掌をあわせると、頭を垂れ、ちょっとの間黙ってお祈りをした。その子は遊び仲間からたったいま別れてきたばかりらしい。はしゃいだ遊びの楽しさがその童顔にまだ光っていた。そしてその子の無心の微笑は石のお地蔵様の微笑に不思議なくらい似ていた。私は一瞬その子とお地蔵様と双子であるかと思った。そして考えた。

「銅でできた仏像の微笑も石に彫まれた仏像の微笑もただ単なる写生ではない。仏師がその微笑によって象徴的に示そうとしたものは、それは日本民族の、日本人種の微笑の意味を説明するなにかであるにちがいない」

こうした記述は、自分の幼年時代との対比において、日本が子供に優しい国であることをハーンが肯定的に把握したことを示しています。と同時に地蔵に代表されるような日本の宗教的雰囲気にも好意的理解を示し、それがハーンの日本論に通底する一つの基調となっているといえるでしょう。

クローデルと地蔵

クローデルはハーンに関心を寄せていました。(38) ハーンの地蔵にまつわる記述を読んでいたことも記憶にあってのことでしょうか、それとも山内義雄がいうように日光の戦場ヶ原へまがる角に立っていた地蔵がきっかけとなったのでしょうか、(39) 地蔵についてクローデルも詩人大使として『百扇帖』に次のような連作を書きました。いかにも俳諧風(はいかいふう)というか、フランス・ハイカイ風があります。芳賀徹の訳(40)もあわせて引用します。お地蔵さまの特色はその半眼の眼にあります。目をつぶるのはお日様がまぶしいからだ。そのせいにすることで、地蔵は人間味を帯びます。そんなお地蔵さまは小さく、つつましやかで、私どもの一人のようです。

Jizô sur son piédestal
ferme les yeux comme un homme
en plein midi qui ferme les yeux

à cause d'une lumière trop grande

台座の上のお地蔵さまは　目をつぶる
真昼どき　光まばゆくて
目をつむる男のように

（キリスト教的見地からこの詩を解釈したい人は、眩（まばゆ）い光は神の啓示の光だ、などというでしょう。しかしそんなさかしらな神学的な意味づけをするより、私は単純に人間的な解をとりたく思います）

Une pauvre prière
fragile comme une pierre
en équilibre sur la tête de Jizô

つましい祈り　お地蔵さまの
頭にのっけられた　石ころのように
たよりない祈り

お地蔵さまの脇や時にはお地蔵さまの頭の上に石ころを人は積みます。死んだ子供たちは賽の河原で罪滅ぼしのために小石を積んで小さな塔を建てねばなりません。しかし子供たちが塔を建てるが早いか、鬼が来て塔を壊してしまいます。信心深い親は子の供養のためにも石ころを積みます。地蔵が子供を助けて塔を築いてくれるからです。地蔵は死んだ子供たちが冥途へ旅するときにつきそってその袖で鬼から匿ってくれます。

La nuit
approche ta joue de ce bouddha de pierre
et ressens combien la journée a été brûlante

夜　この石の仏に頬よせよ
そして感ぜよ　いかばかり
今日一日の熱かりしかを

夏でも日が落ちれば涼しくなります。だが石仏はまだ昼間の余熱を保っています。その石の頬にこちらの頬を寄せれば地蔵の人間的な温かみを感じることができます。地蔵はクローデルの年少の友人のごとくです。心臓の鼓動も伝わってくるようで、実に人間的です。この詩を読むと、ハーンが京都で見かけた、お地蔵さまの前で手をあわせ、ちょっとの間黙ってお祈りをした少年のことが思い出されます。「その子は遊び仲間からたったいま別れてきたばかりらしい。はしゃいだ遊びの楽しさがその童顔にまだ光っていた。そしてその子の無心の微笑は石のお地蔵さまの微笑に不思議なくらい似ていた。私は一瞬その子とお地蔵さまと双子であるかと思った」

Approche ton oreille
et sens combien au fond de la poitrine d'un dieu
l'amour est long à s'éteindre

耳をよせよ　そして感ぜよ
神の御胸（みむね）のうちに　愛は
いつまでも消えやらぬことを

クローデルは一九四九年九月九日の山内義雄宛の手紙で遠い「美の天国」である日本を回想し、「私はそこで多くの外国人が理解し得ないところのもの——宗教的雰囲気を呼吸しました」と述べました。[41] その宗教的雰囲気とは神道的雰囲気をさしているのです。

地蔵ははたして仏像か

ハーンが日本の神道文化を発見してくれたことは、私のような御神木を有難いものに思い、敗戦後も焼野原のはるか彼方に富士山を見て心慰められた者には嬉しいことです。しかしハーンの神道発見によって世界の中で神道の地位が確立したかというと、そうはいえません。ハーンは西洋のキリスト教文明に背を向けた男で、そのような西洋の落ちこぼれの男がはいりこんだ日本人の霊の世界などさしたる価値があるはずはない、と西洋人のある者は逆に推論するからです。それに対して事情が異なるのはクローデルの神道発見と神道評価です。クローデルは西洋のカトリック文化の中央に位置する大詩人で、キリスト教信仰の人です。そのような立場の人が神道をポジティヴに評価するとはいかなることを意味するのでしょうか。

クローデルはキリスト者として仏教に対し否定的でした。『繻子の靴』の主人公ロドリーグは日本人画家ダイブツに向かって言う、「私がカトリック信者であるということは、人類のすべての部分が集合し、人類のいかなる部分の人も、自分には他の部分と離れ、別個に異端の中に生きる権利があるなどと考えさせないようにするためである」。これは寛容の美徳を良しとする人々にとっては恐るべき発想といわねばなりません。このようなクローデルの相手の日本人に対する態度にはアンビヴァレンスが認められます。作中人物の名前のつけ方がいかにも特徴的です。彼はこの日本人のダイブツという片仮名名前の男は好きだが、自分を威圧するような大仏という像は好きではありません。クローデルは仏像としての大仏には好感は持たなかったようです。セイロンの極彩色の大仏の寝像には嫌悪を示しさえもしました。

それではなぜ地蔵には好意的関心を寄せたのか。ここで一つ注意しておきたいことがあります。それは地蔵はインド起源の Kshitigarbha であったが、中国を経て来日する間に大人の菩薩から子供の菩薩へと変身し、さらに土俗的な道祖神と習合した、という史実です。(42)ハーンもクローデルも、そうしたこの島国日本でとくに好まれた、いいかえると日本化された仏像であるところの地蔵を愛したという暗合は、彼らの資質が奈辺にあるかを示唆するものでしょう。柳田國男は「黒地蔵白地蔵」という一文で「地蔵と道祖神との間柄はラフカヂオ・ハーンと小泉八雲氏との間柄である」などという示唆的な言い方をしていますが、あまりしゃれた言い方をするものだから、何のことだかわかりません。

クローデルと土地の霊

駐日大使としてフランスから着任したクローデルは、日本に古代から伝わる宗教とは何か、それは日本にとってどのような意味があるのか、という問題をまともに考えました。(43)アランと同世代、夏目漱石より一歳年下の生まれですが、クローデルもアランもともに第二次世界大戦の後まで生きました。クローデルは一九五五年に亡くなりました。私はパリで発音の学校に通っていたとき元女優だった先生からその死を聞かされ、最後の言葉が「穏やかに死なせてください」Laissez-moi mourir tranquillement. だったと言われ、ああ、いい言葉だと思いました。さきほどハーンが育った背景にふれることでなぜハーンが地蔵に惹かれたかを説明しましたが、クローデルについても生まれの土地を語ることで説明の一助としたく思います。

　クローデルはカトリックの詩人として知られますが、土地の霊というかアニミスティックなものに強く惹かれました。それはパリの東百十キロ、タルドノワのヴィルヌーヴの産であることと深く関係しているようです。クローデルは外交官として生涯を送りました。当然自分は「旅行者だが、同時に大地に根をおろした人間」であるとして、生まれた土地の土壌との消し難い血縁を強調しました。クローデルはまた自分が田舎者であることを大きな自己肯定の中で良しとしています。土地の霊を信ずるという信仰はキリスト教以前の信仰でしょうが、それがクローデルの体の隅々にしみこんでいたがゆえに日本人が土地の霊である樹木の霊や岩石の霊、滝の霊、お地蔵さまなどに寄せる信仰を来日して親身に共感し得たのだろうと私は思います。「わが故郷」について次のように書いています。

　ヴィルヌーヴは、いわば岬に建てられた村であり、四方の地平を思うままに見晴るかすことができる。その地平は私にとっては、『エッダ』の地平に劣らず、幻想や伝説に満ちあふれたものだ。東の地平は、放牧と小高い平原のうち続く物悲しい地帯であり、絶えず流れては形をなしまた崩れゆく巨大な雲の止むことのない動きに捉えられている。南の暗い地平はトゥルネルの森であり、その始まりにはシビルの泉がある。……北の地平は、そのまま連なって海に至る果てしない平野の始まりであり、耕作と実りとが繰りかえし代わる代わるその面を覆い、また、百にものぼる美しい名の村々が点々と連なる。すなわちサポネー、クラマイユ、グラン・ロゾワ、アルシー・サント・レスティチュ、そしていうまでもなく、さらに遠くに、ソワソンの方、ヴィオレーヌとクーヴルと。この方角にはラン、ランス、ソワソンのあの大いなる御堂が、目には見えぬが、たえず私を呼んでいた。その一番手前にあるのが、コンベルノンとベルフォンテーヌの古い農場である。そして最後に、西の地平は、シャンシーの古びた切妻の立つあの岬から見渡せるとおり、ジェアンの丘はヒースと白い砂に覆われ、奇怪な形の岩石を見せ、その先にはウルク川の谷、それはパリへ、世界へ、海へ、未来へと通じる切通しなのだ。

ラ・オテー・デュ・ディアブルの岩石を見た人なら、クローデル少年の想像力がその奇怪な姿によってかきたてられたことを了解するだろうと思います。私は文学散歩にあまり重きを置かない者ですが、クローデルの生まれ故郷を訪ねたときはいいことをしたと思いました。映画『カミーユ・クローデル』の冒頭にその峨々たる岩の斜面が映っています。

クローデルはシェイクスピアや古典ギリシャやラテン的世界や『旧約聖書』、さらには黄金時代スペインと、書物によって結ばれていました。日本については四歳年上の姉カミーユがロダンの弟子の彫刻家であったため、若いころから彼女を通して北斎の浮世絵版画などに親しみました。ジャポニスムの時代に育った一人です。外交官試験を受けたのも日本を見たくてたまらなかったからだと思われるほど日本に惹かれた人でした。日本語は習いませんでした。来日してからはルヴォンの『日本文学詩文選』や『神道』も読んだが、しかしなによりも直接眼で見、耳で聞いて日本をつかみとった。その直観力がすばらしい。

クローデルは中国福州勤務の一八九八年に東京、日光、京都を訪ね、その第一回の日本訪問の時からアジアの他の仏教国より日本に好意を寄せていました。そのこともあって、日本を日本たらしめている宗教要素としての神道に着目したのではないか、と思われます。アジアの他の国にはない日本固有の宗教的要素とは何か。一九二一年から二七年にかけての第二回日本訪問中に書かれたクローデルの文章は、フランス大使の日本報告として真に注目に値します。ところでそのクローデルの日本体験の中で、劇作家としての能や文楽への共感的理解などについては多く研究がなされているが、彼の肝腎の神道観については研究者が少ない。フランス側ではモーリス・パンゲ(44)、日本人では私だけのようです。クローデルは彼の神道発見をこう語っています。日光へ行く道すがら、杉の並木を通りながら、クローデルは何を感じたのでしょうか。

クローデルの日光の森

クローデルは自分が土地から受けた個人的な印象に基づいて、次のように「神の国」について述べました。

... Il me semble que j'entends à ma droite le froissement de la soie aristocratique ou le tintement du chapelet contre le bol à aumônes. Je suis une allée interminable que bordent d'énormes cèdres dont les troncs colorés se perdent dans un noir velours... Sur une arche de corail je traverse un étang de jade (est-ce lui qui par un éclair fugitif, entre les nappes de lotus étalées, décèlera mes compagnons invisibles?). À l'ombre des siècles avec une sébile de bois je verse sur mes mains une eau froide, si saisissante que je renais! Derrière la porte fermée je guette la cloche lentement qui mûrit, un cierge qui brûle, et là-bas dans le chaos des feuilles j'entends la voix du coucou par intervalles qui répond à la prédication éternelle de la cascade.

Et c'est là que j'ai compris que l'attitude spécialement japonaise devant la vie, c'est ce que faute de meilleurs mots, car la langue française n'offre pas beaucoup de ressources à l'expression de ce sentiment, j'appellerai la révérence, le respect, l'acceptation spontanée d'une supériorité inaccessible à l'intelligence, la compression de notre existence personnelle en présence du mystère qui nous entoure, la sensation d'une présence autour de nous qui exige la cérémonie et la précaution.[45]

芳賀徹訳を引用します。[46]

……私は杉の巨木にふちどられた果しもない並木道をたどってゆきます。その木々の色づいた幹は深々とやわらかな暗闇のなかにまぎれています。突然はげしい日の光が一筋射して、石柱に刻まれた読めもせぬ文字を浮びあがらせる……。この不思議な道からでているいくつもの間道は、追いかけてくる悪魔をくらまし、私をとこしえに世俗から距(へだ)てくれます。珊瑚(さんご)色の太鼓橋で黒玉の池を渡る。幾百年の翳(かげ)りのこめるところで、木の柄杓(ひしやく)から冷たい水を手にそそぐ。おお、その身にしむ冷たさ。私のいのちはあらたまる。そして閉ざされた扉のむこうに、鐘の音(ね)がゆるやかに熟(う)れてゆき、蠟燭が一本燃えるのをじっとうかがう。あちらの木々の葉の深いしげみのなかから、間をおいて山鳩の声がきこえる。その声はとこしえに教えを説いてながれる滝の鳴動にこたえている。

ここにいたってはじめて私にはわかりました。――人生に対するとくに日本的な態度、それは、フランス語にはこのような感情を表現する語彙があまり沢山なく、他によい言葉がないので、私は恭敬とか、尊崇とか呼ぼうと思いますが、理知には到達しえぬ優越者をすなおに受けいれる態度であり、私たちをとりまく神秘の前で私たち一個人の存在を小さくおしちぢめてしまうことであり、私たちのまわりになにかが臨在していて、それが儀礼と慎重な心づかいとを要求していると感ずることなのだと――。このことが私にはわかったのです。日本がカミ（神）の国と呼ばれてきたのもゆえなきことではありません。いやこの伝統的な定義こそ、今日なお、みなさんのお国について下されたいちばん正しい、いちばん完全な定義であると私には思われます。

クローデルが日光を訪れる二百年前、奥の細道へ向かう芭蕉はその地で、

　　あらたふと青葉若葉の日の光

という句を詠みました。これもまた理知には到達し得ない優越者に対する畏敬の念の表明だと私は解釈します。芭蕉が将軍徳川家康が祀られていることにおそれいって「あらたふと」といったという解釈が多いが、それだけでは芭蕉が矮小化されてしまう。いまの読者は神道的感性でこの句を読み、この句に感ずるところがあるのではないでしょうか。日本では一番上に立つ人でも自分に到達し得ない天をおそれ自らつつしむという心がけがある。その天や空の広々とした心をできれば自分の心としたいというのが明治

天皇のお歌の、

　あさみどり澄みわたりたる大空の広きをおのが心ともがな

などではないでしょうか。一九二三年七月のクローデル大使のこの日光での『日本のこころを訪れる眼』という講演は、クローデルの日本観の披瀝(ひれき)としてきわめて重要です。ロティはその日その時の気分によって勝手なことも言えました。しかしフランス大使にはそんな我儘(わがまま)は許されません。しかしだからといって逆に公式的なお世辞を呈することも詩人であるクローデルはいたしませんでした。そのことは彼が友人の音楽家ミオーに宛てた私信に同様趣旨のことを述べていることからも裏付けられるかと思います。なおクローデルの神道観として注目すべき一文は、明治三十一年初夏の第一回日本訪問の四年後に発表した「天照大神(アマテラス)の解放」という詩的散文です。察するにクローデルは『古事記』のチェンバレン訳を読んだ。そして天照大神(あまてらすおおみかみ)が天(あま)の岩屋に籠(こも)ったといういかにも神話的な事件に非常な詩的興趣を覚えた。天地が常闇(とこやみ)となったが天宇受売命(あまのうずめのみこと)が舞いをまい、皆が笑う。天照大神も気持を抑えきれなくなって外を覗(のぞ)く。大神が外へ出るに及んで世が再び明るくなった、という。――その条(くだ)りを朗々誦すべき太陽神復活の散文詩に仕立てている。それはいかにも生命力溢(あふ)れる一篇で、クローデルが神道神話にこれほど打ち興じることができたということは真に驚きでした。

東京大学でフランス文学を教えたモーリス・パンゲは「日本解釈者としてのポール・クローデル」という優れた論文で、クローデルが神道の中で愛したもの、仏教の中で愛さなかったものを次のようにデリケートに区分しています。

Déjà dans Connaissance de l'Est on avait pu voir Claudel, épris des légendes shintoïstes, mettre en scène Amaterasu, la rieuse Uzume et les myriades de dieux. Ce qu'il aime, c'est l'ingénuité de ce folklore, l'absence de l'idéologie et de prétention philosophique — l'antithèse du bouddhisme. Ces divinités ne retiennent pas à elles le mouvement de la prière, elles ne se font pas idoles: au terme du chemin, devant le sanctuaire, ce qu'on vient adorer, c'est le site, le pur lieu signalé par un édifice: «La chose importante n'est pas la construction elle-même. Elle n'est là dans un coin comme une stèle, comme une inscription, comme une cassolette, que pour consacrer et en quelque sorte définir la beauté d'une forêt, d'une gorge dans les montagnes ou de quelque grand site naturel.»[47]

すでに『東方の認識』の中でクローデルは神道神話に夢中になり、天照大神や陽気な天宇受売命や八百万の神々を登場させている。クローデルが愛するもの、それは神道における天真爛漫な民俗である。そこにはもったいぶった哲学的主張やイデオロギーなどはない。いいかえると、仏教と正反対である点だ。人々は柏手を打って祈るが神道の神々は、その祈りを自分たちだけで独り占めしようとはしない。神道の神々は偶像とはならない。参道を歩いて来て拝殿の前に立つ。そこで崇め奉るものは場所である。建築物によって位置を指示された清浄な土地である。神社建築そのものは一隅にある石碑のような、香炉のようなもので、それがいちばん大切なのではない。神社も鳥居もなにものかを指示するためのものである[48]。それは山中の谷なり森なり自然の土地を聖ならしめ、その神性を帯びた土地の美しさをいわば定義づけるためのものである[49]。

タルドノワで育ったクローデルが郷土の自然の中に尊重したものと日本人が自然の中に尊重したものとの間には多くの共通性がありました。察するにカトリック詩人クローデルにとって樹木の声に耳を傾け、土地の霊の声に聞き入ることとは許されることであったのでしょう。彼はまた次のような正当化も述べています。神道とキリスト教とでは次元が異なるから両者は相反するものではないというのです。「日本において超自然的なものは、従って、自然以外の何ものでもありません。それは文字通り超自然（surnature）〔自然の上にあるもの〕、生の事実が意味の領域にそのまま移し直される、より高度な認証の場なのです[50]」。日本語に訳すと必ずしも通じが良くありませんが、クローデルにとってカトリック信仰と神道の超自然への畏敬の念とは両立するものだったのです。

クローデルと神道美学

クローデルが神道美学を直覚的に把握していたことを証する言葉は「朝日の中の黒い鳥」L'Oiseau Noir dans le Soleil Levant という大使の日本関係文章を集めた一冊に冠した題名だと思います。「黒い鳥」は黒鳥(クロドリ)、つまりクロデルという自分の名前をもじった洒落(しゃれ)です。日本では「クローデル」という書き方が固定してしまったが、Claudel の発音は「クロデル」の方が原音に近い。フランス語の le Soleil Levant は英語でいう the Rising Sun、朝日ですが、それは日本の国旗です。その朝日を背景に黒鳥が浮かぶ。このクロドリは黒い礼服に身を包んだフランス大使です。本の装丁にもそれをあしらった藤田嗣治が装本した美本がある。このイメージは美学的にも見事です[51]。クローデルが明治神宮に参拝したときは、黒の燕尾服(えんびふく)に身を包んで原宿の口の鳥居から静々と玉砂利(たまじゃり)を踏んで参殿に向かったのでしょうが、その文章は日本における天皇の意味を語って真に見事です。日光の杉並木を通った時と同じように明治神宮の参道でもクローデルは神道的雰囲気を深く厳かに感じました。興味深いのはクローデルより十数年あとの一九三六年に来日したジャン・コクトーが、まるで本人がクローデルの文章を読んだかのように、日本人について、彼らは地震や台風の破壊に耐えて生きている、彼らは clérical な意味ではなく rituel な意味において宗教的な国民だ、という感想を洩(も)らしたことです。これはくだいて説明すれば、日本人は神主という祭司によって教化されているから宗教的なのではなく神社に参拝するという習俗において宗教的なのだ、というのが詩人コクトーが明治神宮で受けた直感的印象でした。神域で周囲の人びとの厳粛で荘重な雰囲気に感銘を受けての発言と思います(52)。

語るよりは感じられるのが神道で、クローデルはそれを直覚しました。神道の美は言挙げせずともおのずと目にしみます。神道とは清らかな自然に浸ってその原素の力によって浄化されようとする世界感情のあらわれでしょう。その情感は身近な朝日の旗にも示されます。日の丸の旗は横一〇〇に対し縦七〇の長方形の白地に縦の五分の三の直径の赤丸という単純な取り合わせと比率に、本然の命と簡浄の美を日本人は直覚します。それは単なる愛国主義や教育のせいだけではありません。クローデルも共感しました。

藤田嗣治が表紙を描いた、ポール・クローデル『朝日の中の黒い鳥』（林洋子『藤田嗣治　本のしごと』集英社新書ヴィジュアル版、2011年6月刊、70頁より）。

そのような情感が多くの日本人の意識下にすなおに、しかも脈々と伝わるということは、大和島根（やまとしまね）の森と水と自然の中で育った私たちの多くが、その環境から生まれた神道の美的・宗教的感覚をわかちもっておればこそだと思います。神道は自然と人との共生の中に生きています。それは自然を意志的に征服することに文明の意義を認める世界観の宗教ではない。それだから押しつけがましく発言しない。そんな日本に住む人は別に学ばずとも神道の神々を有難く思い、柏手を打ち、頭（こうべ）を垂れるのです。

クローデルの天皇観

クローデルの天皇観は、明治神宮を語った一文や大正天皇御大葬を報じた一文にも示されています。そのことは拙著『西欧の衝撃と日本』ですでにふれましたので、ここでは簡潔に要約します。『朝日の中の黒い鳥』（一九二七）に収められた『明治天皇』というクローデルの一文は次のように始まります。

L'Empereur au Japon est présent comme l'âme. Il est ce qui est toujours là et qui continue. On ne sait au juste comment il a commencé mais on sait qu'il ne finira pas.

天皇は、日本では、魂のように現存している。天皇はつねにそこに在（あ）り、そして続くものである。天皇がいかにして始まったのかは誰も正確には知らないが、しかし天皇が終わらないであろうことは誰もが知っている。

フランス共和国から日本帝国へ大正十年秋に着任したクローデル大使は、日本の天皇が日本の国民にたいしてもつ意味をまず右のようにとらえました。「天皇は、日本では」という書き方は、「ほかの国とは違って」という含みです。クローデルは日本の天皇の意味を日本民族の永生の象徴としてとらえます。日本民族の不死の象徴として万世一系の意味を考えます。その点でクローデルの天皇理解は、日本を西洋列強並みの君主国に仕立てようと考えた明治の憲法起草者たちよりも、はるかに神道の国日本の国柄に即した捉え方だと思います。日本の天皇は、ドイツのカイザーやロシアのツァーとは性格が異なる、という含蓄で、日本の天皇は——これは昭和二十一年の憲法で明文化されますが——国政に関する権能は行使しない、と大正末年の日本ですでに観察していました。クローデルは西欧的君主と異なる日本の天皇の特性を次のように指摘します。

> 天皇になにか特別の〔国政上の〕行為があるように考えるのは不適切であり不敬であろう。天皇は干渉しない。天皇は自分の国民の仕事や暮らし向きに一々口をさしはさみはしない。

二十世紀初頭のドイツ帝国やロシア帝国の間では、ヴィルヘルム二世がドイツ外務省の頭越しに自分の手紙をニコライ二世に送ったりもしました。そうしたことを思うと、日本の天皇は、その個性が国政に反映したといわれる明治天皇の場合ですら、西洋流のモナークとは実体を著しく異にしていたと思われます。天皇親政といっても天皇の名を冠した睦仁外交のようなものはあり得なかった。クローデルは西洋的なエンペラーや中国的な皇帝の観念や類推でもって日本の天皇の性格をそのまま規定するような浅はかな真似はしませんでした。クローデルは天皇の性格を積極面において把握しようとはせず、言葉にはつくしがたいその存在理由を、「もし天皇がいなければ日本はどうなるか」という仮定によって示唆します。つねにそこに在り、魂のように現存している天皇がもしそこにいなければ、日本国民の感情はどのように乱れるか。

天皇はつねにそこに在り、そして続くものである。……天皇は干渉しない。天皇は自分の国民の仕事や暮らし向きに一々口をさしはさみはしない。だがそれでも、もし天皇がそこにいなければ、事は今までと同じようには運ばず、万事がたちどころに異常をきたし、脱線してしまうであろうことは誰もが知っている。それはいつまでも繰返しなしに続く楽の音であり、その楽の音に耳を傾ける他のもろもろの楽の音が勝手に音を変えたりあるいはいつまでも同じ調子でいたりすることを一時的に抑えたりもする。それはいつまでも同じままであるとともに他をして変化することを余儀なくさせるものである。それは時間の経過や有為転変があろうとも、それを通してふたたび根源にがっしりと結びつくものであり、日本国民に死に絶えてはならぬ、という義務を永遠に課するものである。

天皇は日本国民の民族的な命（不死）の象徴とクローデルは観察するのですが、しかし天皇によって象徴される継続性は固定的に過去を維持するためのものではありません。時と場合に応じて「他をして変化することを余儀なくさせるもの」であるといいます。そのときクローデルの念頭にあったのは、明治維新における天皇の役割でした。「外国世界が四方八方から日本を襲いに来た時、そのような外国世界に適応するべく日本が鎖国の外へ出なければならなかった時」、日本をしていつまでも日本たらしめるとともに日本をして近代国家へ変貌することを余儀なくさせるものとして天皇が長い間の無名に近い状態から、日出づる国の天子としてはっきり表へあらわれたのだ――とそのようにクローデルは明治天皇を歴史の中に位置づけました（「松の中の大政奉還」）。そうした不変と可変の性格を内にはらむ天皇観にも、先の太陽再生神話にたいする讃歌と同様、クローデル自身の民族の生命観が反映しているのだと思います。

かつての日本には天皇への畏敬の念の奴隷となった人がおりました。その人たちの狂信を私は愚かしく思いますが、それと同時にその反動に過ぎない人たちの猜疑心も愚かしく思います。なにものにも畏敬の念を持ち得ない人の過度の懐疑心は軽信の一形式にしか過ぎません。日本の多くの男女が天皇に対して抱く畏敬の念をすなおに理解したフランス共和国の詩人大使クローデルに対し私は敬意を覚えます。これがクローデルの神道理解の一面でした。

第五話　富士山

——山部赤人、ハーン、明治天皇、市丸利之助、クローデル

神道は日本国内で考えると神社神道が前面に出て来ますが、外国人が見た神道として外部から眺めると、古くから伝わる日本の民族的風習としての宗教が大づかみにされます。それで私は、神道の特色は先祖崇拝だということを明治の「法典論争」にふれつつ第一話でお話しし、第二話ではハーンが日本の仏教渡来以前からの風俗である盆踊りの世界にどのようにはいりこんだか、亡くなった人の霊が戻って来るお盆という日本の宗教風俗をケルトの風俗との類似でどのように把握したかをお話しし、第三話では古代地中海世界にかぎらず今日のフランスや日本に見られる故人崇拝についてお話ししました。第四話ではお地蔵さまを見てロティやハーンやクローデルはどんな反応を呈したか、彼らはどんな育ちであったかにもふれました。神道の特色は祖先崇拝や天皇崇拝だけでなく、自然崇拝でもございます。第五話ではその代表例として霊峰(れいほう)と呼ばれる富士山についての古代の日本人、外国人のラフカディオ・ハーン、明治天皇や昭和日本の軍人、そしてポール・クローデルの見方、感じ方をその詩文に即してお話しいたします。

元日や一系の天子不二の山

富士山は多くの日本人にとり大切な山で、幾人かの人にとっては心のよりどころとなる尊い存在です。元日の朝、富士山が美しく見える。有難い、と手をあわせたい気持になる老若男女も少なくありません。この新年を寿ぐ気持を句にしたのが内藤鳴雪の、

元日や一系の天子不二の山

でしょう。この句は新春、富士山を仰ぐ日本人の気持に神社への初詣に通ずる気持があることを示唆しています。わが国で富士山が見える地域はかなり広いとはいえ、東日本に限られています。それではふだん富士山を目にすることのない京都の人が「元日や一系の天子比叡山」という類の句をものすかというと、そうはしない。「元日や一系の天子愛宕山」という句をよむこともない。そのことは日本の富士山には、ほかの山には感じられない特性があることを示唆しています。

鳴雪の句の特色は何でしょうか。元日を迎える際のあらたまった気持、「年のはじめの例とて、終なき世のめでたさを」と私ども戦前生まれの世代は小学唱歌で歌いましたが、終わり無き世を象徴するのが万世一系と続く天子様であり、また富士山でした。この唱歌「一月一日」の歌詞は千家尊福が明治二十六年に作りました。出雲大社の宮司でハーンと親しかった千家尊紀の兄です。その元日の朝、

元日や神代のことも思はるる

という有難い気分になる人は神道的感情の強い人だろうと思います。作者の荒木田守武は室町時代の末期に伊勢内宮の神官、禰宜でした。しかし元日のさわやかな気分や天皇や富士山に民族の永遠を感じる気持は必ずしも多くの人の共有するものではないのかもしれません。とくに外国の人には必ずしも共有しがたい感情かとも思います。

The First Day of the Year:
One line of Emperors;
Mount Fuji.

これはブライス Blyth 教授による鳴雪の句の訳ですが、西洋人がこの英訳俳句を読んでもとくに感銘を受けるとも思われません。西洋人にとってはクリスマスこそがお祭りだから「元日や」といわれてもどうということはないのかもしれません。また東洋人であっても中国人が祝うのは春節という旧暦の元旦ですから、新暦の一月一日はどうということはないのでしょう。さらに共和主義の人というか反天皇主義の人にとっては「一系の天子」は有難いどころか煩わしい存在でもあるでしょう。またそもそもそれと富士山がどうつながるのかわからないかもしれません。しかしそうはいっても、富士山それ自体は外国人にも、また唯物論者をもって任ずる日本人にも、訴えるところがあるようです。新幹線の窓から富士山の姿が見えると、皆さん思わず見とれます。それは神道的感情とは別だ、単なる美的感情だといわれる向きもあるかもしれません。しかし太陽とか嵐とか火山とか滝とか老樹とか岩とかなどと並んで山岳にも霊性を感じるのが神道です。自分は神道などは信じない、と口先で言っている人も存外無自覚的に神道的感情をわかちもっているのかもしれません。実は私は外国人も自然神道の感情はかなりわかちあえるものではないかと思っています。霊峰を見て覚える感動が自然神道の感情であるとすれば、Shintoと綴(つづ)られる神道は日本に固有だといわれるけれども、日本の自然神道は世界にかなり普遍的にあるアニミズムの一形態なのでしょう。ニュー・メキシコのタオスなどへ行くとプエブロ・インディアンも霊峰を崇拝しています。それも同種の感覚ではないかと推測するのです。

さて元日は万物のよみがえる新年です。子供のころお正月の朝というのは真に特別の気分でした。その天地とともにきわまりない命の連続性の象徴があるいは一系の天子様であり、あるいは霊峰富士であり、その感動を視覚的に感得させるのが元日の朝日に映(は)える富士の山なのです。内藤鳴雪の「元日や一系の天子不二の山」はおめでたいお屠蘇(とそ)気分をたたえた俳句ですが、その種の気分はまた神道的感情を要約しているのではないでしょうか。松山の人鳴雪は二十歳年下の正岡子規に俳句を学びました。一八四七年に生まれ、一九二六年に亡くなった人です。幕末・明治・大正という時代に生きたから天子様や富士山への崇敬の感情が出ているのかというと、その種の感情には時代の好みの変遷はありましょうが、しかしそれだけではないようです。日本人のこの種の感情の底流はもっと深く長い。そのような感動が日本民族に古くから深く根ざしていることは、八世紀はじめ山部赤人が『万葉集』巻三で富士山を長歌（三一七）に歌っていることからも察せられます。

　天地の　分れし時ゆ　神さびて　高く貴き　駿河なる　布士の高嶺を　天の原
　振り放け見れば　渡る日の　影も隠らひ　照る月の　光も見えず　白雲も　い行き
　はばかり　時じくぞ　雪は降りける　語り継ぎ　言ひ継ぎ行かむ　不尽の高嶺は

この長歌には反歌（三一八）

　田子の浦ゆうち出でて見れば真白にぞ不尽の高嶺に雪は降りける

がつけられ、それはやや異なる形で『百人一首』にも収められ、雪をいただく富士山の姿は日本人の集団的記憶の中に長く留められました。その富士山は単なる山ではありません。「不尽の高嶺は　天雲も　い行きはばかり　飛ぶ鳥も　飛びも上らず　燃ゆる

火を　雪もて消ち　降る雪を　火もて消ちつつ　言ひもえず　名づけも知らず　霊しくも　います神かも」（三一九）。すなわち神様がいます山と赤人はその次の長歌で歌いました。しかもその富士山にいます神は「日の本の大和の国の鎮とも座す神かも」（三一九）と天平の昔から歌われたのです。この赤人の歌から察するに、天皇家の人びともふくめて日本人は富士山にいます神を日本国の守護神として大切にすべきものと思っていたに相違ありません。日本人は富士山に宗教的な尊崇の念を抱き続けてきたともいえましょう。日本の政治的文化的中心が大和地方であった当時からして、日本人が富士山に対して特別の感情を抱いていたことが察せられます。日本人が富士山に対して具体的にどのように言及し、どのような感情を抱いてきたかについては久保田淳『富士山の文学』（文春新書、二〇〇四）や上垣外憲一『富士山——聖と美の山』（中公新書、二〇〇九）に実例が列挙されているので、私はこれ以上言及することは控えさせていただきます。

ただ対西洋との関係で富士山がどのような意味を帯びたか、それについて本論にはいるに先立ち一言述べますと、明治維新の開国後、西洋の産業文明の偉大に圧倒された日本人は、負けん気もあって、富士山を誇りにしました。志賀重昂とか内村鑑三とか外国にさらされた日本人が逆に日本の山岳風景に価値を認め顕彰し出したのです。一八八九年、御殿場経由の東海道線の開通にともない、富士山を目のあたりにする機会はふえました。すると富士山をもってお国自慢とする風潮は庶民の間でも一段とひろまった。『三四郎』一の八で東海道線の車中で廣田先生が「あれが日本一の名物だ。あれより外に自慢するものは何もない。所が其富士山は天然自然に昔からあつたものなんだから仕方がない。我々が拵へたものぢやない」と言ってのけたのは、漱石が日本人一般の空虚な自負心を冷やかさずにはいられなかったからです。そのようなナショナル・プライドと関係することですが、富士山や桜や天皇家は日本人の戦意高揚の手段としても意識的・無意識的にも利用されました。そしてその反動として戦後は、富士山に対して人が覚える霊性などについては話題にすることすらもなんとなく憚られてきました。

　富士山に霊性を認める、というような発言は第二次世界大戦以後の日本ではタブーにふれる危険性を帯びてきました。ここでは「富士山の文学とその国際性」という枠内で富士山の霊的意味を捉えたラフカディオ・ハーンとポール・クローデルについて、その様を探り、説明を試みようと思います。またそうすることで、私たち自身の日本宗教文化理解の一助ともしたく思います。

　幕末明治以来、来日した西洋人は富士山に対してどのような反応を呈したか。Fuji Yama, geisha という卑俗な並べ方には富士山の霊性に対する敬意は感じられません。一九八二年三月、シカゴで開かれた米国アジア学会の年次大会で富士山を話題とするセッションがありました。その席でも富士山の霊性を尊ぶ日本人を笑い貶める発言がいくつもあり、膨張主義的な日本人の中には富士山は朝鮮半島からも拝むことができるなどと発言した者がいたことなども紹介されました。そのセッションの最後にベン・アミー・シロニーが「雲表に突き出ている富士山は大戦末期、本土空襲に向かうアメリカのB29

爆撃機の絶好の道しるべとなった」とその冷笑的な雰囲気に合わせて発言し聴衆がどっと笑った時、私は世界の他の宗教でもギリシャのアトス山のように東方教会の霊峰とみなされる山はあるのだから、富士山を崇める日本人の感情もいま少し大事にしてはいかがかと腹だたしく感じました。それで反射的に思い出されるのはハーンとクローデルです。この二人は、来日外国人の中で例外的に「カミの国」、いいかえると神道の国日本について思いやりのある理解 sympathetic な解釈を示しました。富士山の霊性理解と神道理解とは結びついているので、その具体例は後ほど申し上げます。

ハーンが捉え直した富士山

ある山を霊峰と感ずるか否かは、あくまで山を見る人の主観的反応であり、山それ自体が内に秘めている特性ではないのかもしれません。しかし霊峰という神性は感じないにせよ富士山を仰ぎ見てすばらしいと感じる人は内外に多い。富士山の価値が日本を代表するものとして高いことは日本の切手に富士山がデザインされることの頻度からも明らかでしょう。天皇が日本の象徴であるなら富士山も日本の象徴です。来日外国人も富士山をしばしば報じました。ラフカディオ・ハーンも一八九〇年、明治二十三年四月四日、太平洋を横切って相模湾に入り横浜に入港した時の印象をこう書いています。

……早暁、甲板に出る。天気は晴、寒く、依然として烈風が吹き荒んでいる。右舷の方角に、黒々とした山脈が現れ、背景は見事なばら色の朝焼である。左舷の側にもいまや別の山脈がありこの方が右側のよりもいっそう近い。と、快い驚きの衝撃とともに、それとなく目で探していたものが見えてきた——これまでの期待を遥かに越えて——しかし水色の朝空を背に幻のごとく夢のごとく白い姿であったので、最初見たときはそれに気づかなかった。一切の形あるものを越えたところに、雪を頂いたこの上なく優美な山容——富士山だった。裾の方は遠景と同じ色で識別できず——ただ頂きの全容があえかな薄膜のように空に懸かっている——幻影と見まごうほどに。

しかし、さし昇る朝日の光につれて山の輪郭がはっきりしてくる。まず、しみ一つない頂きの部分が不思議な花の蕾の尖端のように淡紅色に染まり、それから一面金色の混じった白色となる——やがて頂きから真直ぐ下へ延びる線が見えてくる——雨が急流となって流れ下った痕である。山全体が朝の光に包まれている——その下のくっきりと青い山脈がまだ一向に夜の眠りから醒めぬというのに。しかし日射しの明るさの中にあってさえ、その美しさは依然として霊的な清らかさと——妖しいまでの繊細さを失わない——その輪郭あるがゆえにようやく眼は、この山を形作っているのは白い霜の蒸気——なにか淡い雲のようなものではないと納得がゆくのである。私たちはその息を呑むばかりの美しさに恍惚となって見とれている。[53]

……

スケッチ風の描写には即席で記録した人の臨場感が漂っていて、ほとんど日記のように読めます。ハーンは長い筒状の望遠鏡でアビシニア号の船上から、意外に高い空のただ中にそびえる富士の上半身をじっと仰ぎました。それはこの訳文でも文字による秀抜な色彩描写といえるかと思います。ハーンはその後も再三富士山に言及することとなります。来日第一作の『知られぬ日本の面影』に収められた「東洋の土を踏んだ日」第六節の終わりにも横浜から見た富士山が次のように出ています。

眼下には、青味を帯びた屋根の波の続く果てに、右手に鏡のように静かな入江、あと二方には、市街をとり巻くこんもりと緑の茂った丘が眺められる。緑の丘陵が半円を描いている先には、高い鋸(のこぎり)状の山なみがそびえて、藍色(あいいろ)のシルエットを作っている。その山の稜線(りようせん)の遥か上、途方もなく高い処に、えもいえぬ美しい幻が浮かび上がっている――一つだけ屹立(きつりつ)するその雪の山は、うすもののように精妙で、精霊のように白々と冴(さ)え返って、その形が遠い昔から目に親しいものでなかったなら、人はきっとこれを雲だと思うだろう。裾の方は、空と同じ妙(たえ)なる色だから、目には見えない。ただ万年雪より上の、頂きだけが夢のように目に映る。光あまねき天と地の間に、幻とまごうばかりにかかっている――霊峰不二の名でも呼ばれるフジヤマである。[54]

ハーンはマルティニーク島ではプレー山登頂記を書きましたが、日本ではその後にも富士山登頂記も書いています。ただしこのような外面記述だけだと西洋人観光客の富士山描写の例に留まることになる。

しかしハーンは日本解釈者として抜群の人でした。来日当初はいま読んだような、印象主義者のタッチで富士山を描いたが、その六年後の一八九六年、「ある保守主義者」A Conservative を『心』*Kokoro* に発表し、富士山が日本人に対して持つ内面の意味をもあわせて描いています。日本人にとって富士山は何を意味するか。ハーンの「ある保守主義者」の主人公は雨森信成をモデルとしたものですが、長い洋行の歳月の後、盲目的な西洋一辺倒を排するという意味では伝統的日本の諸価値を重んずる人として祖国へ回帰して来ました。その前半生を描いた伝記的部分は一般論で、地方の城下町で武士の家に生まれ、旧来の道徳で育った少年が、維新の動乱期に英語を習い、横浜に出て宣教師の感化で一旦(いったん)はキリスト教に入信するが、後に転向し、西洋に留学する。その記述にはとくに性格づけや個性化は行なわれていません。ところがその最終の第八節でハーンの筆は俄然赫奕(かくやく)たる光彩を発します。英文と平川訳文を共にお示ししますが、外国で長く苦労した、明治の反政府側の一自由思想家だった人が、いま祖国と和解して、横浜港をさして帰って来ます。

It was through the transparent darkness of cloudless April morning, a little before sunrise, that he saw again the mountains of his native land, —— far lofty sharpening sierras, towering violet-black out of the circle of an inky sea. Behind the steamer which was bearing him back from exile the horizon was slowly filling with rosy flame. There were some foreigners already on deck, eager to obtain the first and fairest view of Fuji from the Pacific; —— for the first sight of Fuji at dawn is not to be forgotten in this life or the next. They watched the long procession of the ranges, and looked over the jagged looming in the deep night , where stars were faintly burning still, —— and they could not see Fuji. "Ah!" laughed an officer they questioned, "you are looking too low! higher up —— much higher!" Then they looked up, up, up into the heart of the sky, and saw the mighty summit pinkening like a wondrous phantom lotus-bud in the flush of the coming day: a spectacle that smote them dumb. Swiftly the eternal snow yellowed into gold, then whitened as the sun reached out beams to it over the curve of the world, over the shadowy ranges, over the very stars, it seemed; for the giant base remained viewless. And the night fled utterly; and soft blue light bathed all the hollow heaven; and colors awoke from sleep; —— and before the gazers there opened the luminous bay of Yokohama, with the sacred peak, its base ever invisible, hanging above all like a snowy ghost in the arch of the infinite day.

Still in the wanderer's ears the words rang, *"Ah! you are looking too low!* —— *higher up* —— *much higher!"* —— making vague rhythm with an immense, irresistible emotion swelling at his heart. Then every thing dimmed: he saw neither Fuji above, nor the nearing hills below, changing their vapory blue to green; nor the crowding of the ships in the bay; nor anything of the modern Japan; he saw the Old. The land-wind, delicately scented with odors of spring, rushed to him, touched his blood, and startled from long-closed cells of memory the shades of all that he had once abandoned and striven to forget. He saw the faces of his dead: he knew their voices over the graves of the years. Again he was a very little boy in his father's yashiki, wandering from luminous room to room, playing in sunned spaces where leaf-shadows trembled on the matting, or gazing into the soft green dreamy peace of the landscape garden. Once more he felt the light touch of his mother's hand guiding his little steps to the place of morning worship, before the household shrine, before the tablets of the ancestors; and the lips of the man murmured again, with sudden new-found meaning, the simple prayer of the child.[55]

それは一点の雲もない四月のある朝、日の出のすこし前であった。暁闇の透明な大気を通して、彼はふたたび故国の山々を見た、——彼方遠くの高く尖った山脈は、漆黒の海のひろがりの中から、黒菫色に聳え立っていた。流浪の旅からいま母国へ彼を送り届けようとする汽船の背後で、水平線はゆっくり薔薇色の焔で満たされつつあった。甲板にはもう何人かの外人船客が出て、太平洋から望む富士山のこよなく美しい第一景を眺めようと心待ちにしていた。——朝明けに見る富士山の第一景は今生でも、また来世でも、忘れることのできぬ光景であるという。皆は長く連なる山峰をじっと見つめていた。そして深い夜の中からおぼろげに現われている峨々たる山際を見まもっていた。夜空には星がまだかすかに燃えていた。——しかし富士山は見えなかった。「ああ」皆に訊かれた高級船員が笑って答えた。「皆さんは下の方ばかり見過ぎていますよ。もっと上を——もっとずっと上を御覧なさい！」そこで皆は眼を上へ、上へ、天の中心の方へと上げていった。すると力強い山頂が、いま明けなんとする日の光を浴びて、まるで不可思議な夢幻の蓮の花の蕾のように、薄紅に染まりゆく姿が見えた。その光景に、皆は心打たれておし黙った。たちまち永遠の雪は黄金に色づき、やがて真っ白になった。そのように山頂を照らす太陽の光線は地球の曲線を超え、影深い山脈を超え、星々さえも超えてきたかのようであった。というのも巨大な富士の裾野は依然として見えないままであったからである。そして夜はすっかり逃げ去った。おだやかな青い光が天空をことごとく浸し、さまざまな色彩りも眠りから目覚めた。——凝視する船客の眼前に光に満ちた横浜湾が開けた。聖なる富士の高嶺は、その裾野は依然として目に見えぬまま、かぎりない日の光の穹窿に白雪の霊のごとくかかっていた。

流浪の旅から帰ってきたその人の耳には、先ほどの言葉が響き続けた、「ああ、皆さんは下の方ばかり見過ぎていますよ。もっと上を――もっとずっと上を御覧なさい」――その茫洋たるリズムにあわせて、抗いがたい、大いなる無限の感動が彼の胸中に湧きあがってきた。するとすべてが滲んだ。もう上に聳える富士の山も、下に広がる山々も、近づくにつれ山々の色がおぼろな青から緑に変わるのも、湾中に混みあう大小の舟も、また近代日本の一切の事物も、彼の眼には見えなくなった。[56]

そしてそのとき彼の心に見えたもの、それは古き日本でした。西洋に新を求めた彼が一度は忘れようとつとめたもの、一旦は捨て去ったものの面影がよみがえってきます。ハーンはまことに印象深く富士山を描きました。富士山が日本人に対して持つ精神史的意味をもはっきりと示しました。私はこれを西洋人による神道世界の発見の一つにかぞえたいと思います。

ハーンが「ある保守主義者」の結びで富士山が日本人に対して持つ精神史的意味をこのように描いたからこそ、バーナード・リーチ（一八八七－一九七九）も日本で幼年期を過ごした人であっただけに一九〇九年に来日した際、横浜湾から富士山を見、ハーンのこの一節も思い出し、感銘を新たにしたのだと思います。[57]私は一九五九年、五年間の外国生活を終えて船底に近い下等船客として帰ってきました。貧乏学生でしたが、それでも日本から持参したワイシャツを一着だけそのときまでさらのまま取ってあった。それを着て上甲板に出、写真を撮りました。遠くの富士山も近くの鋸山（のこぎりやま）も懐かしかったです。

言い添えるとハーンは単なる親日家ではありません。ハーンがこのように日本人の祖国への回帰の心理を鮮やかに描くことができたのは、執筆当時のハーンが、初期松江時代の日本熱を脱し、西洋という祖国への強い回帰の情に捉われていたからなのです。それだからこそ日本人の回帰の場合にも感情移入し得たのだということを忘れてはなりません。ハーンは日本に帰化して小泉八雲となりましたが、自己のアイデンティティーを英語執筆の中に認めた人でした。

明治天皇

ここで明治最大の歌人の富士の歌にふれたいと思います。明治・大正・昭和前期を通して最大の歌人は与謝野晶子といわれ、生涯に五万首ほどの歌を詠（よ）みました。ところがこの方は九万三千首お詠みになりました。明治天皇です。明治天皇（一八五二－一九一二）は京都の生まれですから、富士山を初めて見たのは東京行幸の際の明治元年十月七日でした。明治天皇は第百二十二代の天皇です。実はこの時が日本の天皇が富士山を実際に見た最初でした。明治天皇は随従する一人一人に東京到着までに富士を歌に詠むように命じられました。その日の午後、三島に着くと本陣にある不二亭から心ゆくまで眺められたとのことです。

明治天皇は生涯を通して富士山を数多くうたわれましたが、元日と富士山はおのずと結びつきました。

新年望山　明治九年

新しき年を迎へてふじのねの高きすがたをあふぎみるかな

明治二十三年には新橋から汽車はいまの御殿場線を通って姫路まで通っていました。次の「まがなぢ」とは鉄道です。

山望　明治三十三年

まがなぢの車のゆくて空はれてふじのたかねに雲もかからず

次の歌は「山」と題されていますが富士の山で、富士は御心のよりどころとなりました。

山　明治三十五年

朝まだきこころしづかにおきいでて山にむかふがたのしかりけり

皆さまも「大空にはれたるふじの山」を眺めるのがたのしいことと存じます。私も新幹線で窓から富士の山が見える日は心すがすがしく感じます。

旅　　明治三十五年
心ゆく旅路なりけり大空にはれたるふじの山もみえつつ
たびごろもかへる都にちかづきてふじのね遠くみゆるうれしさ

仕事を終えて東京に戻ってくるとき大空がはれて遠くに富士が見えるのはうれしいものです。私は八十一歳のいま（二〇一三年）も、新幹線から富士山の見える日は子供のように心が高鳴ります。きっと幼児性が抜けないからでしょう。しかし「三つ子の魂百までも」the child is father of the manという諺（ことわざ）にはアイデンティティーの何たるかが示唆されていると思います。

富士山　　明治四十年
あかねさす夕日のいろになりにけりましろなりつる富士のとほ山

明治天皇は明治四十五年七月三十日に崩御（ほうぎょ）されました。その年に詠まれた御製（ぎょせい）。

むらぎものこころのはれし朝（あした）かなさやかに富士の山もみえつつ

市丸利之助

市丸利之助（一八九一 - 一九四五）は「海の荒鷲」と呼ばれた日本海軍航空隊の中で予科練として知られた少年航空兵を育成した飛行将校でした[58]。市丸が手塩にかけて教育に当たった昭和五年入学の第一期生は七十九名、小学校高等科卒業の志願者で、最年少者は満十四歳、その海軍飛行予科練習生が三年の課程を学んだのは当初は三浦半島の追浜でした。夏は荒崎でテント生活をした。富士山が相模湾の向こうに見えます。市丸部長は少年たちに「富士の如く快適雄大であれ」と説きました。綾部吉次郎生徒が書いた作文にこんな一節があります。

赤い入日を背に厳然と立つ富士。何といふ荘厳。黙つて見てゐるうちに、富士が歩き出して自分に近づいて来て厳かに語りかけてゐるやうな気がする。時のたつにつれて、次第に空の赤さは薄れ、富士の輪郭も淡くなつて行く。

初期の予科練における少数精鋭の教育は海軍兵学校の教育に似ていました。夏は五時十五分、市丸部長は号令台に立って生徒たちの挙手の礼を受けます。厳かな答礼。ある朝は運動場に集合した総員に、

「しばし太陽を拝んだがよろしい」

と言った。清新な海の空気を呼吸しつつ朝日が昇るのを凝視する。そこで市丸部長は明治天皇の御製を朗誦（ろうしょう）します。

　さしのぼる朝日のごとくさはやかにもたまほしきはこころなりけり

市丸は予科練の生徒たちに歌をよむことを教えました。一年目の夏休みは荒崎で合宿するので郷里（いなか）へは帰れません。年末になって初めて帰省します。元旦、少年兵有吉恒男は山口県の田舎の鎮守（ちんじゅ）の社（やしろ）の前で柏手（かしわで）を打ちました。

　御社（みやしろ）に夜はほのぼのと明け初めて深山（みやま）に響く拝殿の鈴

予科練の二年生は夏、富士山に登るのが年中行事でした。市丸は各生徒に山頂付近から石ころを一つずつ持ち返らせると予科練の裏山の一角に積んで、そこに小さな祠（ほこら）を建てることとしました。飛行機乗りは平時でも殉職者が多い。死と直面しつつ生きることとなります。その祠は神官を招いて正式に祭儀を行ない、隊内の神社として生徒たちの詣（もう）でるところとなりました。

市丸利之助は軍人歌人です。昭和十五年、中国戦線から帰還して木更津基地から浦賀水道越しに富士を見て感慨にとらわれます。何人かの部下は大陸の空で散華（さんげ）しました。

木更津の海越しに見し朝日さす富士の麗容我忘れめや

赤道直下で戦った市丸は、昭和十八年秋、本土に戻りました。

わが国の富士の高嶺の浮ぶ見ゆ伊豆七島の続く彼方に
南溟の空より急に帰り来て打ち見る富士ぞ尊かりける

市丸少将は第一三連空司令官として大井川西岸の牧野原基地にいました。

大井川橋を隔てていさぎよく富士の姿を仰ぐ秋かな

大井川が駿河湾に注ぐ川口から御前崎にいたる辺りが相良(さがら)ですが、あるいは爆撃機の窓から、あるいは飛行場の号令台から、眺めた遠景色は戦中も今も変わりません。

群峰の箱根天城を従へて富士南面す海の彼方に
讃美して富士大王と吾呼ばん相良の湾に富士を仰ぎて
垂れこめし雲中腹に凝結し忽ち白く抜け出づる富士

頂上は残照するにいちはやく富士の裾野へ寄する夕靄

市丸の富士百景はおおむね平和で、これが戦時下の日本かといぶかしく思われるほどです。

夕靄の伊豆を包みて海原も富士も縹に冬の日暮れぬ

紺青の駿河の海に聳えたる紫匂ふ冬晴れの富士

縹は薄い青ないしは薄い紺です。昭和十九年の春が来ました。

野も山も包み了りて春霞包みあませる富士の白雪

しかしこのような手弱女ぶりは益荒男ぶりと表裏をなしています。市丸は生と死の境を生きる人であればこそひとしお深い感慨で富士を詠みました。死を覚悟した者は永遠を求めます。市丸は富士に国土の永遠を見、祖国の悠久を信じようとしたからこそ、朝な夕な霊峰を仰いで、わが命を託するような思いで富士山を詠みました。それは広い意味での神道の信仰でもあったかと思います。

昭和十九年、敵がサイパン島に上陸した初夏、市丸少将は三度第一線に立つ内命を受けました。そのとき「正述心緒」とあらたまって次の三首を詠みました。

わが国土護(まも)らざらめや富士秀で桜花咲く天皇(すめらぎ)の国

わが命霞ヶ浦に蘭州にニウギニヤにも落さで来しが

天皇の国護るべくわが命遂に捨つべき時となりけり

八月上旬、市丸第二七航空戦隊司令官は木更津基地から飛行機で硫黄島へ向かいました。

夏雲の褥(しとね)ゆたかに紫の色もめでたき富士のいただき

既にして富士ははるかに遠ざかり機は一文字南の島

この歌を最後に市丸利之助が富士を歌うことはありません。『富士百詠』はならず八十二首で終わりました。市丸はもはや日本側には飛行機のない硫黄島の地下壕で戦い、ルーズベルト大統領宛に日英両文で立派な遺言をしたため玉砕したからです。

クローデルと富士山の意味

クローデルは「日本人の心を訪れる目」という講演の中では富士山が日本にとって持

つ意味にも触れました。

そして、この国土全体の上に、平野や山々、島々や大洋を見おろして聳え立つ山があります。自然がその「創造主」のために打ち立てた最も壮大なる祭壇のように、あるいは、太陽が人影の見えぬ海上を長い間進んで来た後にいよいよ人間の活躍する舞台の中にその進路をとろうとする、まさにその地点を示すのにふさわしい里程標のように、富士山の巨大な塊が聳えているのです[59]。

そしてその富士を『百扇帖』では次のような詩に書き記しています。

Le Fouji
à une hauteur incommensurable
comme le trône de Dieu
s'avance vers nous porté sur
une mer de nuages

富士
神の玉座のごと

はかりしれぬ高さで
雲の海にはこぼれて
われらの方へと進みくる(60)

クローデルは白雪をまとった富士を「富士、日本の天使は羽衣をまとわせた」とも歌いました。クローデルにとっては富士もまたキリスト教の神を讃える合唱隊の一員だったのだと思われます。

昭和十八年秋、日本の敗色が濃厚となったとき、クローデルはこう友人モンドールに語りました。

私が、決して滅ぼされることのないようにと希う一つの民族がある。それは日本民族だ。あれほど興味ある太古からの文明をもっている民族を私は他に知らない。あの最近の驚くべき発展も私には少しも不思議ではない。彼らは貧乏だが、しかし彼らは高貴だ。

日本に原子爆弾が落とされた直後、クローデルは日本の集団の中枢が破壊され、その破壊の病勢が次から次へとひろがるのではないかと心配しました。"Adieu, Japon!"「さらば、日本!」はその日本への惜別の念を述べた一文です。『フィガロ』紙に寄稿した元駐日フランス大使はこう述べました。

私が別れを言わなければならないのは古い日本、私がかつて長く暮らし深く愛したあの日本に向かってである。……この国の現在の没落の責任は軍部にある。昔の日本の政治家たちがもっていた知恵をこの国は欠いてしまった。私もあの軍部の残忍さ、背信、野蛮な行為を非難する。

だがそう述べた後、日本が滅び去ることなく不死鳥のごとく甦ることを願いました。祈りの言葉にも似るクローデルの言葉です。

Cela n'empêche pas que la vue du Fuji se découpant sur un crépuscule d'hiver est un des spectacles les plus sublimes qui puissent être offerts au regard de l'homme.(61)

しかし、だからといって、冬の夕闇の中からくっきりと浮かび上がる富士山の姿がこの世の人の目に差し示された最も崇高な光景の一つであることに変わりはない。

ハーンとともにクローデルは富士山の霊的意味を把握した例外的な外国人です。(62) クローデルは日本との別れに際し、日本が滅びることのないことを祈り、富士山に言及したのでした。

なおクローデルにとって富士山は次の体験によっても忘れ難い光景として目の底に焼き付けられました。先の日光講演の四十日後、一九二三年、大正十二年九月一日、東京のフランス大使館でクローデルは関東大震災に襲われたのです。地震のない国の出身者だから恐怖も強かった。「突然、戸がはずれる。箪笥ががたがた揺れ始め、窓ガラスはぎしぎし音を立てる。手で時計のつまみを取り時刻を確かめる間にも、大きな揺れが鎖をはずされたように猛り狂う。行き着くところがどこかまったくわからない。鼻の孔がかゆくなった時みたいなもので、くしゃみですむか命取りになるか、見当もつかない」。そしてクローデルは日本では人間は自分自身にではなくカミガミに属する大地の上に生きているとあらためて感じました。日本人の神道的な宗教的心性はこうした自然環境に由来すると考えたのです。

その日、大使公邸は倒壊しませんでしたが、在日フランス人の最大の居留地である横浜は被害甚大という報せです。湘南には津波が押し寄せた。避暑先の娘も心配です。クローデル大使は自動車で出かけましたが、多摩川の橋は渡れません。夜通し歩いて未明に横浜に入ると居留地は瓦礫の山でした。小舟で沖のフランス船に行き情報を集め、陸に戻りフランス人の知己の遺体に礼すると、炎の燃え立つ横浜を後に三浦半島を目指しました。大津波にあやうくさらわれるところだった娘に逗子で再会、両腕に抱きしめたときの嬉しさ、「そのとき海はなんと美しかったか。そして空高く見えるのはまぎれもない富士山だ。孤高で静謐な富士山が君臨していた」

クローデルは日本が敗北したとき、関東大震災から復興した日本を思い浮かべ、わが国が敗戦の廃墟からよみがえるであろうことを信じました。かつて生きていた娘と再会したとき、湘南の浜辺で遠くに富士山が見えた。原爆投下の報に接したときも、日本の不滅を信じるクローデルの心の眼にはやはり皇居のお濠端から遠くに見えた富士山が思い浮かんだのです。日本敗戦に先立つ二十数年前、大正の末年の東京で、クローデルが冬の夕暮、西の地平線に富士を眺めていたのかと思うと、そしてそこに神々しいなにかを感じていたのかと思うと、私は感動を禁じ得ません。かくいう私は敗戦後の冬の日に富士山を見ていました。学校からの帰り、新宿で京王線に乗り換えます。新宿から西の方もすっかり焼けてしまった。京王線も新宿の次は幡ヶ谷まで停まりませんでした。そこから西原の焼け残った我が家へ歩いて帰る冬の夕方、工場も焼け煙突から煙が出ませんから、日本の空はかつてなく澄んでいた。すると一面の焼跡の彼方に富士山が見えました。中学二年生だった私が眺めたその富士山が六十年後のいまも瞼にはっきりと浮かびます。日本は敗れました。「しかし、だからといって、冬の夕闇の中からくっきりと浮かび上がる富士山の姿がこの世の人の目に差し示された最も崇高な光景の一つであることに変わりはない」。日本は滅びないで続く。そのクローデルの感じ方と私ども日本人の感じ方が重なるところがまことに有難いことに感じられる次第です。

第六話　漢文化と日本人のアイデンティティー

――白楽天の受容を通して

謡曲「富士山」

第五話では富士山が日本人に対してもつ宗教文化的な意味を述べました。またそれを外国人であるハーンやクローデルがどのように把握したかも述べました。ところで富士山であるとか神道のような民族宗教であるとかは天皇家とともに日本人のアイデンティティーに関係いたします。その問題とも関連するので、ここで謡曲「富士山」を紹介しましょう。

謡曲「富士山」ではワキは唐土(もろこし)の国王の臣下で、道行とともに日本に渡り富士の裾野(すその)に着きます。そしてシテである海士(あま)の母と富士山について、景色やらかぐや姫やら不死の薬の話などをします。土地の女である海士の母は実は浅間大菩薩(せんげんだいぼさつ)の神霊ともいわれますが、後半で本人が「富士山に住んで国土を守る火の御子(みこ)とはわが事なり」と正体を明かします。その辺のまとめ方に難点があり、演劇の統一性に欠けますが、それというのも日本では多くの神仏が自分こそが富士山のご本体だと名乗るからでしょう。皆さん誰もが富士山を自分のものにしたい。ちょうど今日(こんにち)でも静岡県と山梨県が富士山は自分の山だといいたがるようなものです。しかしおそらく世阿弥と目されている作者が『富士山』を書いたについては、ある動機がありました。それは皆さまのご関心と無縁でない日本のアイデンティティーとしての富士山という自己認識の問題です。

人間は外国の力にさらされると自国や自分の文化のアイデンティティーの問題に目覚めます。日本にとって最大の外国は明治維新までは中国でした。中国と日本は過去において文化的先進国と後進国の関係に近かった。漢字も漢学も漢訳仏典も大陸から一方的に日本に流れ込みました。日本の国家的な漢文化受容の第一のピークは遣隋使や遣唐使が海を渡った飛鳥・奈良・平安時代、七、八世紀です。ついで足利義満が遣明船を送った室町時代が第二のピークで十五世紀。儒学が徳川幕府の官学となった江戸時代が第三のピークで十七、十八世紀から十九世紀半ば過ぎの明治維新までです。

その流れが逆転し、中国人が初めて日本語を習い出したのは魯迅や周作人の世代からで、日本がロシアに勝利し清朝が科挙の制度を廃止した明治の末年から、留学生の来日は本格化しました。二十世紀初頭のことですが、中国から年に一万人近い留学生が来たこともありました。これが第一のピーク。明治の留学生というと日本人は、文科省の役人にいたるまで、日本が西洋に送り出した留学生のことを思い浮かべますが、数からいうと中国、朝鮮、ベトナムなどから来日した人の方がはるかに多かった。そして鄧小平の改革開放以来が第二のピークで今に続いています。

その間、日本が軍事的脅威を感じたのは、六六三年の白村江の戦いで日本と百済の連合軍が唐と新羅の連合軍に敗れたとき。次は一二七四年と一二八一年の元寇で、文永の役の際はモンゴルと新羅の連合軍で九州大宰府近くの水城まで攻め寄せたとき。弘安の役のときはそれに江南軍が加わり十万人のうち中国軍が多数を占めました。ところが元が亡び北条幕府が足利幕府に代わると、日明間で貿易が盛んとなった。京都は親中ブームです。世阿弥（一三六三－一四四三）はそんな時代に生きました。自分を引き立ててくれた将軍足利義満が明の皇帝によって日本の国王に封じられた、などの媚中的な政治的事件やその余波も関係したのかもしれませんが、世阿弥は圧倒的な漢文化の影響の下で日本の文化的独立が失われるのではないか、という危機感を抱いたようです。日本は地理的には大陸の周辺に粟の粒のように散らばっている小国にすぎない、と昔から知識人は自己規定をしてきました。道元などもその種の自己卑下をしています。漢詩文は和文よりも重んぜられました。絵画の面でもやがて雪舟が本場の明に渡り水墨画を習得する時代です。世間が中国一辺倒になると世阿弥は日本人能作者として肩身が狭い。それでなんとかして日本人として我が国を誇りたい。それで中国の代表が来日して、有難い不死の霊薬を場所柄もめでたい富士山で頂戴して有難く帰国する、というおよそリアリティーに欠けた、お伽噺めいた夢幻能「富士山」を書いて日本讃歌としました。

今日の日本人も尖閣諸島問題で人民中国の脅威を感じはじめましたが、いまかりに次のような芝居が書かれたと想定しましょう。毛沢東主席が鄧小平に命じて日本に不老不死の薬を探しに来させた。それで日本は鄧小平を恭しく新幹線にお乗せして富士山へお連れ申してそこで仙薬を授けた。すると中国の使臣は北京をさして帰って行った、ありがたや、ありがたや、という謡曲です。もしそれを書いて上演したら皆さまその作品心理の幼稚さ加減に驚かれるでしょうが、謡曲「富士山」も実はその程度のたわいない筋です。

それを謡曲「白楽天」と並べてみると謡曲「富士山」のもつ文化史的特色もまたさらに鮮明になります。謡曲「白楽天」では、和歌こそが日本の文芸である。純粋に日本的なジャンルであって、日本人のアイデンティティーはうたが詠めるか否かによって示される。謡曲「富士山」も同じように世阿弥の日本人としての自分探し、日本人のアイデンティティーの追求でもありました。世阿弥は富士山こそ日本人の誇るべき山だと感じている。そして私ども日本人の多くもそのように感じている。漱石の『三四郎』で廣田先生は「あれが日本一の名物だ。あれより外に自慢するものは何もない」と冷淡にいいますが、富士山は日本のシンボルで、そこには『万葉集』の古代から神様がお住まいです。山部赤人の歌にも「霊しくも　います神かも」と出ています。

俗な言い方で恐縮ですが、世阿弥は富士山の効能を並べ立てました。そんな効能書きをなぜ述べたか。中国の使いに対して日本にはこのようなすばらしい山があるぞと民族の誇りを言いたかった。というか日本の知識人は昔も今も内弁慶ですから、本当は中国人に向けて語っているのではない。文化的劣等感のある日本の観客に向けてお国自慢をして元気、というか空元気をつけている、そして中国に対しては恩恵として仙薬を与えている、というポーズをとってお慰みにしている。確かに文化大革命で紅衛兵に階上から突き落とされて下半身不随になった息子のために日本になにか特別の医療がないかと鄧小平が尋ねたことはありました。しかし日本側としては新幹線を大陸に輸出はできても、半身不随を治療する仙薬などは、またまして毛主席にお渡しすべき不老長寿の仙薬などはありません。いまもなければ世阿弥の時代にもなかった。明朝の中国としては謡曲「富士山」の中でそんな恩を日本から売られていたなどとはゆめにも知りません。これはいわば弱者が一人相撲をとって勝った、勝ったといっているようなお国自慢の心理で幼稚です。しかし自らを誇ることはややもすればこうした一人芝居になりがちです。富士山を世界の尊ぶべき遺産として登録したいという心理にも、日本人として誇るに足るその効能を並べ、世界に認知してもらい、外国人にも霊峰富士山の徳をわかち与えたいという気持がやはり働いているのではないでしょうか。この謡曲はそんなアクチュアルな心理解釈を施しうる作品でもあるということも申し添えたいと思います。

謡曲「白楽天」

日中戦争当時に上演回数が多かったとかいわれる謡曲「白楽天」についても民族心理を分析してみましょう。世阿弥元清（一三六三ー一四四三）は唐の詩人白楽天（白居易、七七二ー八四六）よりも六百年ほど遅れて生きた室町時代の人です。足利義満の時代の京都で身辺に漢文化の影響をひしひしと感じたとき、世阿弥は漢詩文を象徴する代表者として白楽天を思い浮かべました。それはイタリアのダンテがラテン文学を代表する人として『神曲』中に古代ローマの詩人ウェルギリウスを登場させたのと同様の心理でしょう。ワキである白楽天はこのように名乗って登場します。

そもそもこれは、唐の太子の賓客、白楽天とはわがことなり。さてもこれより東にあたつて国あり、名を大日本と名付く、急ぎかの土におし渡り、日本の智慧を計れとの宣旨に任せ、只今海路に赴き候。

白楽天の来日を待望した人は白楽天が存命中の九世紀の日本にもいました。白楽天はそのことも、また自分の詩が日本で読まれていることも知っていました。もちろんそんな国へ海を渡って行く気持は毛頭なく、来日の事実もありません。ところがそれがこの謡曲では日本の智慧をはかり「日本をば従へよ」という唐の皇帝の宣旨を受けて、

舟漕ぎ出でて日の本の、舟漕ぎ出でて日の本の、そなたの国を尋ねん。

と九州に渡って来ます。その筑紫の海の描写も「巨水漫々として碧浪天を浸し」といかにも漢詩風で白楽天の渡海を叙するにふさわしい。すると本人がまだ名を告げもせぬのに日本の漁夫が、

「おん身は唐の白楽天にてましますな」

といいます。「不思議やな」と驚く白楽天と漁夫の間にこんな会話が続きます。

「いかに漁翁、さてこの頃日本にはなにごとを翫ぶぞ」

「さて唐にはなにごとを翫び給ひ候ふぞ」

白楽天と漁夫の地位の上下を反映してのことでしょうが、白楽天の言葉づかいは高飛車で、漁翁の言葉づかいは敬語を用いて謙遜です。その漁翁は質問に直接答えず、逆に「さて唐にはなにごとを」と問い返したりもします。白楽天が、

「唐には詩を作って遊ぶよ」

と答えると、漁翁は、

「日本には歌を詠みて、人の心を慰め候」

と返答します。「日本には歌を詠みて遊び候」といわず、言葉をかえて「人の心を慰め候」と答えたところにすでに歌についてのある見識が示されているといえましょう。

和歌と漢詩

白楽天と漁翁はそれから文芸競技にうつり、白楽天が漢詩を示すと漁翁はたちどころにそれを歌に詠みかえし、日本ではいやしい漁夫だけでなく「生きとし生ける者、いづれも歌を詠むなり」とその例をあげて白楽天を驚かせます。このように和歌の功徳を説く漁翁は実は和歌三神の首座である住吉の神の化身なので、後場でその正体をあらわし、

しまいに舞の袖の手風神風で、

「住吉の、神の力のあらん程は、よも日本をば、従へさせ給はじ、立ち帰り給へ楽天」

と唐船を漢土に吹き戻してしまう。それは漢詩文の圧倒的な影響に対してやまとうたで対抗するという紀貫之以来の日本人の心意気でもありました。「生きとし生ける者、いづれも歌を詠むなり」という漁翁の言葉が貫之の『古今集』の序の言葉を踏まえたものとすでにお気づきでしょう。貫之もやまとうたの自己主張をしましたが、慈円（一一五五－一二二五）には白楽天など中国からの漢詩を念頭において詠んだ次のような歌がありました。

から国やことのは風の吹きくればよせてぞかへす和歌のうら浪

世阿弥は貫之だけでなくこの慈円の歌を念頭に謡曲「白楽天」を書いたと私は思います。

「富士山」と「白楽天」は全く別種の謡曲のように世間には思われていますが、このように並べて見ると同じ趣向の能であることがわかります。中国からの使いというのは漢文明を代表するシンボルです。漁翁が後場で和歌の神の正体をあらわして唐船を漢土に吹き返してしまいますが、神風が吹き起こるについては、弘安文永の役の記憶が出ているのだろうと推察します。その日本は天皇家に代表される神道の神様によって末永く護（まも）

られる——「げに有難や神と君」という主張も結びに出てきます。日本人のアイデンティティーが和歌と天皇に求められていることがわかりましょう。

民族的優越感と劣等感

野上豊一郎は「白楽天」について『解註・謡曲全集』（中央公論社、一九四九）の解説で、

支那は文芸に於いて長い間日本の先進国として尊敬されてゐた。殊に白楽天は王朝以来人気を独占してゐた。その白楽天が日本の智慧を測れとの王命を受けてやって来ると、住吉の明神は漁翁の姿で筑紫の沖に出迎へ、海上で文芸競技をして彼を圧倒し、更に舞楽の精華を示し、神風を起して唐土へ追返してしまふ。和歌の道を以ってすれば支那の詩文に退(ひ)けは取らないといふ民族的優越感が主題となつてゐる。

と書きました。しかしこの「民族的優越感」という語の使用は倒錯というか誤用ではないでしょうか。創作の動機は民族的劣等感でこそあれ、優越感ではないでしょう。もっとも優性コンプレクスはすぐに裏返されて劣性コンプレクスに転位するので、父が横柄な口で支那といえば息子は中国に対して民族的劣等感で臨むようになったりすることもあるようです。白楽天はなにも日本に来たかったわけではない。日本の作者が勝手に

白楽天を来日させ、勝手に文芸競技を行なって相手を威伏させ、その上勝手に追い返したまでです。ただ白楽天を追い返すについて「優雅な舞楽の方法を用ゐたことは、能楽演奏上の必要から来たものであるとはいへ、この場合勝者の堂々たる襟度を示すのに誠に都合のよい、極めて妥当な脚色となつてゐる」という佐成謙太郎の『謡曲大観』（第四巻、明治書院、一九三一）の概評は適切かと思います。

ここでこんな空想を働かせてみたい。明治維新以来の日本は欧米文化の影響をずいぶん受けてきましたが、しかし西洋文芸を代表するシェイクスピアが日本を「従えよ」という英国女王の宣旨を受けて黒船で万里の波濤を凌いで来日した、というような文化上の危機幻想にさいなまれたことはさすがになかった。しかしそのような危機感は英国の植民地にされ、母語が英語に取って代わられそうになった国においては生じたこともあり得たでしょう。インドやパキスタン出身の人でももはや母語では書かず英語で作品を書いて賞を取る人も出てきました。そのような母語消滅の状況に苛立つ人は当然いるでしょう。ド・ゴールがフランス大統領だったときのイギリスの首相はマクミランで、有名な出版社の一族ですが、そのマクミラン社は「特にインド学生の便宜のために詳註を付す」と断わり書きのついた赤い表紙の英文学叢書などをかつて出したこともありました。となるとシェイクスピアの「一冊一冊が軍艦に等しい」ということにも実際になり得たことなのです。

そのシェイクスピアの英語は易しくないが、それでも英語が第一外国語である今の日本ではシェイクスピアを英語で読む人の数はかなり多い。白楽天の漢詩はさほど難しくないが、それでもそれを読む日本人の数はシェイクスピアを読む人の数よりよほど少ない。『源氏物語』を原文で読む日本人よりシェイクスピアを原文で読む日本人の方が多くなる時は必ず来るでしょう。いやすでに来ているのかもしれません。グロバリゼーションの進行とともに英語が世界共通語としての支配力をいよいよ強めるでしょうが、そうなると周辺地域でも英語という共通語を上手に操る人が重んぜられます。すると、反射的に、周辺地域の底辺に生きる土着の非英語人の間では不満が生じる。いや英語にさらされる上層に位置する人々の間にも不満や憤懣（ふんまん）やアイデンティティー・クライシスは生じる。それというのも彼らは、というか私たちは、もともと英語を母語として育っていない。私たちは非英語人であり、母語以外の言葉での自己表現は、いかに上達したとしても、なおなにかと不自由で心もとないからです。

日本人の自己証明としての和歌

日本人は自分たちの誇りというか自己証明をあるいは天皇に、あるいは富士山に、あるいは和歌や大和言葉に、求めました。

中国の文学が漢文で綴（つづ）られたことはいうまでもありませんが、東アジアで中国と隣接する国々でも長い間、文字といえば漢字であり、文章といえば漢文が主流を占めてきました。そしてその漢文が達意であることが周辺地域の知識人の誇りでした。菅原道真であるとか新井白石とかが讃えられた所以です。朝鮮半島もベトナムももちろんそうでした。

日本ではしかしながら日本の歌は漢詩には訳し難いという感触が働いていて、七一二年に編まれた『古事記』でも歌は漢字を表音文字として用いて記録がなされました。この日本の歌には漢詩文に訳しがたいなにかがある、という感覚は『万葉集』の編纂にも示され、その感覚は漢詩文が宮中で尊重された平安朝初期を通しても生きて伝わりました。五七五七七の詩形式に「和歌」という呼び名がつけられたのは、その日本性が意識されたから「うた」でなく「和歌」となったのです。九〇五年、最初の勅撰和歌集である『古今和歌集』が編まれたときに、撰者紀貫之はその序に日本人として初めて詩論を書いて和歌のために弁じました。(63)

やまとうたは、ひとのこゝろをたねとして、よろづのことの葉とぞなれりける。世中にある人、ことわざしげきものなれば、心におもふことを、見るもの、きくものにつけて、いひいだせるなり。花になくうぐひす、みづにすむかはづのこゑをきけば、いきとしいけるもの、いづれかうたをよまざりける。ちからをもいれずして、あめつちをうごかし、めに見えぬ鬼神をも、あはれとおもはせ、おとこ女のなかをもやはらげ、たけきもの、ふのこゝろをも、なぐさむるは哥なり。

このうた、あめつちの、ひらけはじまりける時より、いできにけり。

いまこの仮名序の冒頭部分から、日本の詩論としての特色を取り出します。「うた」でなく「やまとうた」とあるのは「からうた」すなわち「漢詩」との対比において「和歌」を把握しようとしたからでしょう。やまとうたの功徳が「ちからをもいれずして、あめつちをうごかし、めに見えぬ鬼神をも、あはれとおもはせ、おとこ女のなかをもやはらげ」とたたえられましたが、紀淑望の真名序にはそれが漢文で「動天地、感鬼神、化人倫、和夫婦、莫宣於和哥」と出ています。仮名という言い方や真名という言い方に文化的ハイアラキーがおのずと示されました。私は小学校のとき漢字を本字と習いました。そのような漢字漢文化本位の見方は圧倒的に強かったから、日本の和歌集であろうとも、仮名の序だけでは体裁が整わない。編者たちはそう感じて真名序、すなわち漢文の序も添えたのです。しかし漢文で書くと発想も中国化して中国の先例を引くようになる。詩をこのようにとらえる見方の出典は『詩経』大序における、

「動天地、感鬼神、莫近於詩」

と、

「先王以是経夫婦、成孝敬、厚人倫、美教化、移風俗」

を踏まえたものです。では『古今集』序の日本詩論としての独自性はどこにあるのか。それは一見借用の主張のようでありながら、中国詩論の借用に際して生じたニュアンスのずれに認められます。それはおそらく半ば無意識裡に示されたずれだったのかもしれ

ません。しかしそこに日本人の文芸観の特性があらわれました。すなわち中国人は『詩経』大序では詩の効用をもっぱら倫理的なものとして主張しました。ところがその「孝敬を成し」は真名序ですでに消え、仮名序にもあらわれません。同種の倫理的効用の主張である「夫婦を経し」は真名序では「夫婦を和ぐること」という夫婦の気持の次元の問題となりました。いいかえると、うたとはそういうものだ、という詩の本質論です。そしてそれは仮名序では夫婦間に限らず、男女一般の「おとこ女のなかをもやはらげ」にまで拡大されました。詩は夫婦間の人倫の教えを垂れるものとしてではなく、男女の仲の気持をやわらげるものとして紀貫之によって把握されたのです。そしてそれが事実、日本の和歌の特色でもありました。和歌に恋が歌われることは当然とされました。夫婦外の男女関係もまた日本の文芸ではありしがままに歌われてよいことになりました。やまとうたは、心に思うことを、見るもの、聞くものにつけて、言い出せばよい、というもののあわれに感ずる文芸観が示されたのです。そこには、文芸作品は道徳的に人を教化せねばならないとする文芸の社会的有用性についての要請は見られません。そのようなやまとうたについての見方が根本にあったからこそ、『源氏物語』のような、「経夫婦、成孝敬、厚人倫、美教化」とはおよそ言いかねる内容をも含む文学作品を書くこともまた可能になったのではないでしょうか。日本では文芸について中国のように政教主義的解釈が支配的になることはなかったのです。(64)

文化上の標準語で述べられる詩論

ところでやまとうたの自己主張であるはずの『古今集』が、真名序であれ仮名序であれ、根本において中国の詩論を借用し、わずかにニュアンスの差に日本的特性を示していることは一見矛盾であり、滑稽さえなしとしません。[65] フランスの学者ジョルジュ・ボノーは京都帝国大学に提出した博士論文である『古今集』仏訳と研究を一九三三年にパリで刊行しましたが、その第一分冊を紀貫之の仮名序の翻訳と考察に当て、その中で「漢詩の侵略や蚕食からやまとうたを擁護するために、漢学者の紀淑望に依頼して漢文で反駁の文を書いてもらわねばならなかったこと」の矛盾を衝き「皮肉の感にたえない」la chose est piquante と嗤いました。[66] しかし世界文学史を見わたすと、詩的表現における母国語優位を主張する説――それがしばしばいわゆるナショナル・ポエティックスとなります――は、その出現の初期には母国語でなくて文化上の標準語でなされることに気づかれます。ダンテの『俗語論』*De Vulgari Eloquentia* は母国語としてのイタリア語の価値をラテン語で主張した論でした。

漢字文化圏でも、朝鮮では金萬重（一六三七－一六九二）がやはり学問世界の標準語である漢文で記された『西浦漫筆』で次のように詩的表現における母国語優位にふれて述べています。

鳩摩羅什有言曰、天竺俗最尚文其讃仏之詞極其華美、今以譯秦語只得其意不得其辞理。固然矣、人心之発於口者爲言、言之有節奏者爲歌詩文賦。四方之言雖不同、荀有能言者各因其言、而節奏之則皆足以動天地通鬼神、不独中華也。今我國詩文捨其言、而學他國之言、設令十分相似只鸚鵡之人言。

鳩摩羅什（くまらじゅう）いわく、「インドの風俗、特に文章において、讃仏の詞が極めて華美であるが、それを秦語（中国語）に訳した場合、ただその意味だけが通じ、その文章の美しさが伝わらなくなる」。それは当然そうだと思われる。人の心を口に発したのが言葉となり、言葉の節奏の有るのが歌や詩、文や賦になるのである。世界の各国の言葉はたとえ同じではないにせよ、いやしくも言葉をよくする者は、みなその自国の言葉によるのである。言葉の節奏にたくみであれば、天地を動かし鬼神にも通じることは、ひとり中華の国においてのみのはずはない。

しかるにいま我国（朝鮮）の詩文は自国の言葉を捨て、他国の言葉（漢詩漢文）を真似ることにのみあくせくしているが、これは十分に似たとしても、鸚鵡（おうむ）が人間の言葉を真似るのと同じことである。

おそらくこれと相似通った反応は中国周辺諸国では大なり小なり感じられたことではないでしょうか。支配言語としての中国語に対する反感は、中国の少数民族の間でも根強いものがあります。内モンゴルの留学生が、漢字文明の重圧を感じる周辺文明の一員として、紀貫之の『古今集』序に対する共感を述べた時、私は最初は驚きを禁じえませんでしたが、しかし後にはさもありなんという気持になりました。金萬重のこの論は漢文で書かれた母国語擁護論である点でも、『詩経』大序の「動天地、通鬼神」[67]の句を引いている点でも、紀淑望の『古今集』真名序と共通します。実は自国の詩の尊重を説くナショナルな詩論に外来の詩論を借りることも世界文学史にはまま見られる現象なのです。

『フランス語の擁護と顕彰のために』

ボノーは漢詩文の横行に対し和歌の尊重を説いた『古今集』の序文の一つが漢文で綴られたことを冷やかし気味に指摘しましたが、しかし紀貫之の序を読んだ時は、十六世紀のフランス詩人ジョアシャン・デュ・ベレー（Joachim Du Bellay 一五二二頃－一五六〇）が一五四九年に書いたフランス語の最初の詩論『フランス語の擁護と顕彰のために』*Défense et Illustration de la Langue Française* を連想せずにはいられませんでした。紀貫之が漢詩の強烈な影響下にあった十世紀初頭の平安朝の日本でやまとうたのために弁じた心境が、ラテン詩やイタリア詩の支配的な影響下にあったルネサンス期のフランスで母国語詩のために弁ぜずにいられなかったデュ・ベレーの心事を思わせずにはおかなかったからでしょう。ボノーは、貫之の仮名序は母国語の詩だけが自然な詩でありそれだけが神々しい詩であるという主張内容も、その文章形式もまことに見事な傑作であり、しかもその上、ひとつのマニフェストとなっている、その点でもデュ・ベレーの『フランス語の擁護と顕彰のために』に比肩し得るものと述べました。デュ・ベレーは優越する外来文化を学びつつも自国語で創作することに意味を見出すという己れの存在理由（レゾン・デートル）の追求を試みた人です。十六世紀当時のフランス人として一面では文化的劣等感に悩みつつも、他面では文化的愛国主義を次のように唱えました（第一巻第一章）。

Ainsi donques toutes les choses que la Nature a créées, tous les arts et sciences, en toutes les quatre parties du monde, sont chascune endroit soy une mesme chose; mais, pource que les hommes sont de divers vouloir, ils en parlent et escrivent diversement. A ce propos, je ne puis assez blasmer la sotte arrogance et temerité d'aucuns de nostre nation qui n'estant riens moins que Grecs ou Latins, desprisent et rejettent d'un sourcil plis que stoïque, toutes choses escrites en françois; et ne me puis assez esmerveiller de l'estrange opinion d'aucuns sçavants, qui pensent que nostre vulgaire soit incapable de toutes bonnes lettres et erudition, comme si une invention, pour le langage seulement, devoit estre jugée bonne ou mauvaise.

……自然が造り出したすべてのもの、すべての学芸は、世界のいかなる所であろうとも、それ自身は同一のものである。しかし人間はそれぞれ考え方が違うから、それぞれ違った話し方や書き方をする。ところがこの点について、わが国民の中には自分自身はギリシャ人でもローマ人でもないくせに、眉をひそめてフランス語で書かれたものはすべて軽蔑して取るに足らぬとする者がいるが、その愚劣な傲岸不遜はいくら非難しても非難し足らぬものがある。学者の中にはフランス語口語で味わいのある文章も博識の表現も無理であると考える人がいるようだが、そのように考えることは、なにか一つの創造が単に何国語によって書かれたかによって良否が判断されているようなもので、珍説まさに噴飯物というべきである。

十六世紀のフランスでは、後代のフランスからは想像も及ばないことですが、フランス語は文化の言葉とは思われていなかった。現にデュ・ベレーの『フランス語の擁護と顕彰のために』はたいへん拙い混乱したフランス語で綴られています。[68] ではそれにもかかわらず、なぜ母語ないしは母国語で書くべきだという自己主張が詩論という形をとって世界各地で説かれたのでしょうか。それは詩とは心の底からの感情の叫びだからです。知的操作では語りえない。知性的な操作であるならば、自然科学の記号操作や数学の式のように、いざとなれば、言葉を離れて別種の言語で語ることも不可能ではありません。しかし感情のこもった表現は幼年時代から親しんだ言葉でなければ述べることは難しいのです。それだから人間は自分自身のもって生まれて習った言語以外の言葉の使用を強制される時、詩人的な気質の人は母語で自己表現することを望むのです。デュ・ベレーの友人のロンサールはそうした気持を次のように「フランス讃歌」に歌いました。

Le Grec vanteur la Grece vantera,
Et l'Espaignol l'Espaigne chantera,
L'Italien, les Itales fertiles,
Mais moy Françoys, la France aux belles villes
Et son sainct nom, dont le crieur nous sommes,
Ferons voler par les bouches des hommes(69)

ギリシャ人は自慢たらたらギリシャを自慢するだろう、
エスパニア人はエスパニアを謳うだろう、
イタリア人は豊饒なイタリアを謳うだろう、
だが俺は、フランス人、美しい町のあるフランスを
その聖なる名を、俺たちはその高らかな歌い手として
人々の口から口へと言い伝え語り伝えもさせるだろう。

感情表現は論理的思考と異なって、借りた言葉では概して困難なのです。

二正面作戦

しかしこの際、注意しなければならぬことは、ここでロンサールやデュ・ベレーなどプレイアッド派の詩人たちが主張したことは、覇権的な言語支配に対する抵抗と独立ではありましたが、だからといって、それは中心文化の言語を選ぶか周辺文化の母語を取るか、という二者択一ではなかった、ということです。文学史家ギュスターヴ・ランソン（一八五七－一九三四）は、彼らが置かれていた言語史的・文化史的立場を次のように定義しました。

Du Bellay et Ronsard ont à conquérir le terrain sur deux sortes d'ennemis: les ignorants et les humanistes. Contre ceux-ci, ils soutiennent qu'on ne peut égaler les anciens en leurs langues: il faut voir de quelle verve ils invectivent ces «reblanchisseurs de murailles», ces «latineurs» et «grécaniseurs» qui ont appris «en l'école à coups de verges» les langues anciennes, et croient avoir fait merveille d'«avoir recousu et rabobiné je ne sais quelles vieilles rapetasseries de Virgile et de Cicéron»: comme s'ils pouvaient faire autre chose que des «bouquets fanés». Avec des accents tout nouveaux, ils font des lettres une partie de l'honneur national et comme une province de la patrie.

Contre les ignorants, ils maintiennent la nécessité de l'étude, de l'art, du travail; que la nature toute seule ne fait pas des chefs-d'œuvre, et que les anciens seuls nous enseignent la façon des chefs-d'œuvre...

デュ・ベレーとロンサールは両面作戦に打ち勝たねばならなかった。片や無知無識の徒に対し、片や人文主義者に対してである。後者に対しては、二人は「古代作家に匹敵するには母国語で創作するよりほかに手はない」と主張する。無知無識の徒に対し彼らは学問の必要を主張する。天然自然のままでは偉大な傑作は生まれない。ギリシャ・ラテンの古代作家を学んでこそ傑作を生み出す秘訣を学び得る。[70]

このような先例から二十一世紀の我々が学ぶべきことは、共通言語や支配言語はあくまで学ばねばならないが、その覇権的支配に抗して、自国語で文芸制作を続けるという両面作戦を続けねばならぬということです。そのような文化間関係の中に私たち日本人は位置している。そのようなインターカルチュラル・リレーションズ intercultural relations の中に立たされているからこそ、以前にも増して複数の言語や文化に跨る研究も必要とされる、ということでしょう。私たちは以前にも増して両面作戦を強いられるのではないでしょうか。片や共通言語や支配言語としての英語文化を一方的に押し付けようとする覇権的な支配者に対して、片やそのような中心文化をかたくなに拒否する言語ナショナリストたちに対して。いいかえると片や日本人のアイデンティティーを無視して英語文化への統合を主張するグローバリストたちに対して、片やローカルな日本文化に立て籠もろうとする精神的鎖国主義者たちに対しての両面作戦を戦わねばならないのだと思います。

第七話　樹に霊はあるのか

――ハーンのマルティニーク体験と日本体験

ハーンのアニミズム発見

ラフカディオ・ハーンは西洋人で最初に日本の宗教文化、とくに神道に注目した作家です。日本人は富士山を霊峰（れいほう）として仰ぎますが、その富士山が日本人に対してもつ精神的意味をハーンほど鮮やかに描いた人はほかにいません。ハーンはまた祖先崇拝（故人崇拝）をはじめ日本人の霊の世界を共感的に理解しました。山陰の盆踊りの描写などはまことに印象的で、それ自体としても忘れ難い小品ですが、ハーンは、アイルランドのケルトの風俗が記憶に残っていたためか、お盆などの宗教風俗を通して日本人の生者と死者の関係についてもいちはやく類推するところがありました。ハーンがお地蔵様に示した深い愛着も、ダブリンで親に捨てられた混血児の心の傷を想いおこさせるだけに、私たちの心を動かさずにはおきません。

ハーンが来日してそのような共感的理解 sympathetic understanding ができた理由については、このような彼の生い立ちをはじめとしていろいろ説明する向きもありますが、来日以前にフランス領西インド諸島でクレオール語を習い、土地の男女と親しく交わり、黒人たちのフォークロアを調べ、民俗学にいうところの参与観察を身をもって行ない、かれらのアニミスティックな霊の世界に入り込むことがとくに大切だったと私は見ています。animate が「生気のある」という形容詞であること、「生命を吹き込む」という動詞であること、animal が「動物」をさす名詞であることは皆さまご存知です。アニマ anima は英語では「精神」や「生命」を意味し、イタリア語で同じ綴りのアーニマは「霊魂」を意味します。アニミズム animism とは万物に生命を感じる感覚です。火山にも命があり、風にも命があり、樹にも霊があると感じるような心性をさします。日本人は言葉にも魂があると思っていたから言霊などの表現が古代からありました。そうしたアニミズムはマルティニークの黒人たちの心性でもあったが日本人の心性にも底流していた、それが神道文化の発見に連なったというのが第七話の主題です。

カリブ海のクレオール文化

ではまずマルティニーク島のクレオール語とその文化について一瞥しましょう。

クレオール créole という言葉は、日本人にはいまだに耳馴れていませんが、それでも二十世紀の末年来、わが国でも耳にすることが次第に多くなってきました。これはカリブ海のクレオール文化が西洋本国でも注目を浴びるようになった関係で、それにつられて日本でも話題となったからでしょう。ここで話題とするのはこれから引用するマルティニークのクレオール語の歌からもわかるように、クレオール語の最初の記録者であるハーンとの関係においてです。そしてさらに大切な点は日本が置かれている文化史的な位置との関係においてなのですが、日本がなぜ良かれ悪しかれ Creole Japan と呼ばれるのか、そのような文化史的位置におかれている国の問題については詳しい説明が必要となるので、それについては第六話でも周辺文化国における詩的アイデンティティーの主張はどのような姿をとるか、という形で少しふれましたが、第八話と第九話で立ち入ってご説明いたします。

初めにマルティニーク島について概略を述べます。大西洋の中ほどフロリダ半島の南にキューバがあり、その東にハイチ、ドミニカ共和国、プエルト・リコ、そしてそこから南米のベネズエラに向かって東南方向へ弧を描いてアンティーユ諸島が張り出しています。たくさん島がありますが、中ほどに北から南へグワドループ、ドミニカ（これは元スペイン領だったドミニカ共和国とは別物で、元イギリス領です。近年話題の『サルガッソーの広い海』の作者ジーン・リース（Jean Rhys　一八九〇－一九七九）の出身地です）、そしてマルティニーク島、さらにはセント・ルシア島へと続きます。北緯十四度と十五度の間、西経六十一度に位置します。

このフランス領西インド諸島のマルティニーク島では、一六三五年以来、フランス人によってキリスト教化と植民地化が推進されました。日本が島原の乱に引き続き国を鎖したのは一六三九年ですが、英仏の世界大の進出はちょうどそのころ始まった。スペイン人やオランダ人が東南アジアに現われた時期です。フランス領西インド諸島では、植民地化の過程で黒人奴隷が西アフリカ各地から連れて来られました。奴隷の反乱を予防するために、意図的に異なる出身地から黒人が集められました。そのために奴隷たちは共通の言葉を持ち合わせません。彼らは白人支配者が話す言葉を耳から学ぶことで共通語としました。こうして黒人奴隷たちによって用いられるようになった被支配者階級の言葉が、フランス語が崩れたクレオール語です。そのクレオール語はその植民地で代々生まれ育った白人支配階級の少数派によってもまた用いられるようになりました。かつての局地的・歴史的なクレオール化とはどのような現象であったか。後で広義のクレオール化について第九話でお話しする前にこちらから説明しましょう。

『広辞苑』の「クレオール語」という項目には「旧植民地で、植民者の言語が先住民の言語と混ざって独自の言語となり、その土地の母語となったもの。フランス語系・英語系・スペイン語系・ポルトガル語系・オランダ語系のものがある」と出ています。いずれの場合も、クレオール語とはかつて植民地大国だった国の言語文化と先住民の言語文化が混淆現象を起こした結果生まれた言語であることが知られます。それだから世界には共通する一つの特定のクレオール語が存在するわけではなく、同じくフランス語系のクレオール語にもカリブ海のマルティニークのクレオール語、インド洋のレユニオン島のクレオール語など各地に異なるクレオール語が存在するので、その両者の間では言葉は必ずしも通じません。クレオール語はマルティニーク周辺のクレオール語を指す狭い意味での場合には固有名詞の感じが強いが、このように広い意味では混淆語という意味で、その共通の特色は文化的宗主国の言語が先住民の言語と混ざって変化し、その土地の母語となったということで、ある文化史的状況から生じた言語文化現象です。『広辞苑』には「クレオール語」の参考として「ピジン語」があげられており「(pidgin は英語の business の中国訛りという) 植民地などで先住民との交易に使われた混成語。特に中国・東南アジア・メラネシアなどイギリス旧植民地での混成英語をピジン - イングリッシュという。母語とする話者を持たず、文法が単純化され、語彙数が限定される傾向がある」と出ています。母語と化したか否かがクレオール語とピジン語を分かつ目安となっています。この定義はこれでよいのです。

しかし『広辞苑』の「クレオール créole (フランス)」という項目には「本国ではなく、中南米やカリブ海の植民地生れのヨーロッパ人、特にスペイン人の称。クリオーリョ」と出ています。この定義はかつてはこれでよかったが、今ではこれだけでは足りなくなりました。右にあげたクレオール語を話す人を、人種の別、支配者・被支配者の別なくクレオール人と呼ぶ言い方が、近年は黒人の側からのいわば所有権回復の自己主張 revendication として行なわれるようになってそれが定着しつつあるからです。

このようにして主としてアフリカ渡来の人々の発音体系にフランス語文法体系が単純化され接木されて各地で生まれたクレオール語は、フランス本国の人々から見ればいずれも腐ったフランス語、英語でいう corrupt French で、そのような言葉も、それにともなって生じた文化の雑種化——これを狭義のクレオリゼーション、クレオール化といいます――も、長いあいだ本土や内地の人々の注意を特に引かず、記録もされませんでした。それを最初に記録した一人がラフカディオ・ハーンなのです。

クレオール語詩の一例

ここでフランス語系のクレオール語の実例を、ハーンが採集した言葉を私が日本語に移した訳があるので、原のクレオール語とそのフランス語訳とともに紹介し実態にふれましょう。

天気がいいぞ、
海いいぞ、
魚が海から跳び出すぞ。
女は肩掛け羽織るがよい、
わたしと散歩に出るがよい。

なかなか威勢がよくて気風のいい男前の黒人の若者を髣髴させるではありませんか。ハーンはアメリカ南部のルイジアナ州の農場で働く黒人労働者のクレオール語の歌をすでに採集していましたが、フランス領西インド諸島のマルティニークでも島の住民からクレオール語を採集しました。いまの拙訳では詩のように訳しましたが、マルティニークの歌の歌詞なのでしょうか、俚諺なのでしょうか。土地の言葉、すなわちクレオール語ではこう言われました。

Li temps bel, bel, bel,
Lamé beau- Tout ti
pouesson ka fé lakilibite, Marie femme mette châle ou et a nou pouémémé.

一八八七年から八九年にかけてハーンはマルティニークに滞在しましたが、当時その島の黒人や混血人の住民の間ではこんな言葉が話されていました。フランス語らしからぬフランス語の変種でした。島の住民がみなこのような言葉を話すので、島に代々住み着いた白人植民者層の子弟も日常はこのような言葉を用いました。もとより良家ではそのクレオール語に価値を認めず、書きとどめようとした人はいません。白人の名家の子弟はボルドーやパリへ留学し、そこで標準フランス語を習うことになっていたからです。日本でも明治維新以後、地方の子弟は東京や京都へ出て勉学に励みました。そのころ地方の方言を書きとめてくれた人はけっして多くはなかった。それと同じことでしょう。当時はクレオールの言葉は話されるだけで書きとめられることはありませんでした。

いま掲げたクレオール語の引用は、ハーンというきわめて奇特な外来人がマルティニーク島の黒人の言語文化に関心を寄せ、民衆に立ち混じり、面白い言いまわしを集め、ノートに書きとめておいてくれたからこそ、今日まで伝わったのです。それだけではありません。ハーンがクレオール語を採取したサン・ピエールという当時のマルティニーク島の首都は、一九〇二年五月八日、プレー火山の大爆発にともなう火砕流にまき込まれ、牢屋にいて大火傷を負ったけれども生き延びたたった一人を除いて、全員死亡、全滅してしまいました。そのためハーンのノートは「ポンペイの遺蹟から原稿が出てきた」と同じくらいの価値があるという言い方もされるほどです。ただしここに引用されたクレオール語の綴りは、採取者ハーンが自分で工夫して書いた綴りですから、今日のクレオール語の表記法と同じではありません。またフランス語が達者であったとはいえ英語を母語とするハーンの表記がどこまで正確なトランスクリプションといえるか保証もありません。ハーンはこの種のノート類を数冊日本にまで持参しました。しかしハーンの生前、活字発表の機会はありませんでした（早稲田大学図書館にもまだ活字化されていないのが一冊、誰にも研究されないまま保存されています）。ノートの第一冊はハーンの死後、一九三九年にパリで出版されました。ほかにハーンの子孫の稲垣家に保存されているノートがあり、それの鑑定を私が稲垣明男氏に頼まれたのがきっかけで、第二冊は一九九八年、『比較文學研究』第七十二号に復刻され、平川が解説と一部日本語翻訳を付し、マルティニーク出身のルイ＝ソロ・マルティネル Louis Solo Martinel がフランス語訳をつけました。それはついで二〇〇一年、Lafcadio Hearn, *Contes Créoles (II)* として Paris: Ibis Rouge Editions から出版されました。序は私が書きました。その編者マルティネルの手になる右の歌のフランス語訳を引用します。

Quel beau temps! La mer est belle, les poissons font la culbute,
Marie, femme, mets ton châle et allons nous promener.

culbute は「とんぼ返り」と仏和辞書に出ています。フランス語知識のある人なら、日本人も、このフランス語訳を読んでからあらためてクレオール語を読むと、かなり中身の見当がつくのではないでしょうか（クレオール語には原フランス語の r の発音はなくなります。冠詞が略されます。現在・過去・未来の動詞変化が曖昧（あいまい）となります。引用の三行目の châle ou について説明すると、ou は vous の最初の子音が落ちた形で、二人称単数と二人称複数の区別はありません。敬語を示す「あなた」という表現と親密を示す「おまえ」という表現、いわゆる vouvoyer と tutoyer の区別はありません。代名詞の主語と所有形容詞の区別もはっきりしません。所有形容詞が名詞の後に置かれることもあります。châle ou は「おまえの肩掛け」votre châle すなわち ton châle の意味でしょう）。

マルティニーク体験と日本体験

オハイオ州のシンシナーティで河岸で働く黒人男女に関心を寄せてルポルタージュを書いたハーンが、南下してルイジアナ州でフランス系白人が経営するプランテーションで働く黒人男女の生活や崩れたフランス語に関心を寄せてそれを新聞に報じ、その体験のさらなる延長として今度はマルティニーク島でのクレオール語に興味を示し、ついに一冊のルポルタージュを書いたのは自然な成行きでした。そんなマルティニークまでの興味の発展の軌跡は容易に理解出来ましょう。

しかしそのような一連の連鎖反応に似た体験の先に、さらに日本体験も来るということに人々はなかなか思い至らなかった。世界に日本の生活を知らせたハーンの日本体験が、方法論的には、マルティニーク体験の反復であった、という理解は日本人はもとより外国人も長いあいだ思いつきませんでした。

もっともニューオーリーンズの朝の物売りを記述したハーンだからこそ松江の朝の物売りの声も記述したのだ、という紀行文作者としての目のつけどころの平行関係の指摘はすでにありました。(71) さらにマルティニークと日本の研究主題の平行関係についても共通性はジョン・アシュミードによって指摘されました。(72) すなわちハーンの『フランス領西インド諸島の二年間』（一八九〇）と『知られぬ日本の面影』（一八九四）とでは山の風景、樹木、印象主義的描写法、女の名前への関心、女たちの働きぶり、病気の流行と死のテーマ、ポー風な扱い、昆虫、蛇、百足、民謡、などアプローチがそっくりで、章の構成も共通性が認められる、a kind of montage of chapters も似ている、などです。

それからこれが大切な点ですが、次の点も似ています。マルティニーク島でハーンがもっとも嫌った歴史的存在は一六九三年から一七〇五年までこの島に住み、マルティニーク島を植民地として建設する基盤を築いたドミニコ会士のラバ神父（一六六三－一七三八）でした。ラバは精神的にも肉体的にも征服者として君臨し、黒人の呪術師を平然と火刑に処した。[73] ハーンは来日後も精神のコンキスタドールである宣教師を激しく嫌悪しました。この種の、ハーンはなにが嫌いであったかという来日前と来日後の共通性を確認することも大切です。キリスト教宣教は土地の土俗の宗教文化を破壊するものという認識がハーンにはもともとあったのです。

しかし、来日してそうした宣教師批判を広言するハーンは西洋側の多くの人から無信仰、無宗教の人間と目されました。ハーンは強いて分類すれば不可知論者 agnostic でしょう。キリスト教信者ではありません。しかし唯物論者でもなければ此岸主義者、現世主義者でもなく、素質的にはむしろ宗教的な、彼岸のことを思う人でした。瞼の母恋しさも手伝って、別れた人の住む世界、あの世というか霊の世界に心を惹かれました。日本で浦島の話に惹かれたのも内なる欲求と重なってのことです。キリスト教だけでなくいろいろな宗教や神話に関心を寄せ、英語・仏語で出た当時の仏教関係書はかなり徹底して読んでいます。

ハーンが ghostly Japan、いいかえると日本の神道的雰囲気を見事に捉えた最初の西洋人であることは確かではないでしょうか。私たち日本人が小泉八雲の山陰の盆踊りの記述に心動かされ、『怪談』を愛読し、『日本――一つの解明』の祖先崇拝の論に肯う節があるのは、そこにある真実を感じるからだと思います。それともそういう見方はハーンが明治の過去を美化して描いたために生じた感傷的錯誤でしょうか。皆さまはいかがお感じになりますか。

ハーンのアプローチ

ところでマルティニークに対するアプローチと日本に対するアプローチが似ているのは、『フランス領西インド諸島の二年間』のルポルタージュに成功し、名を成したハーンが同じ手法を日本に対しても応用しようとしたからで、その手法のことは来日以前、ハーンがハーパー社の美術部長パットン（Patten）へ宛てた一八八九年十一月二十八日付けの手紙に詳しく出ています。すなわち取りあげたい点として、(74)

第一印象、気候と風景、日本の自然の詩的分子
外国人にとっての都市生活
日常生活における美術、美術作品への外国の影響
新しい文明
娯楽
芸者と彼女らの職業
新教育制度——子供の生活——子供の遊び、等
家庭生活と一般家庭の宗教

公の祭祀(さいし)——寺社の儀式と信者のつとめ
伝説や迷信の珍奇なるもの
日本の婦人生活
古くから伝わる民衆の旋律や歌
芸術界における——日本の古い大家、生き残っている、あるいは記憶となって与えている影響感化の力、日本の生活と自然の反映するものとしての彼らの力ないしは価値
民衆の話し方の珍しい諸点、日常生活の用語法の特異点
社会組織——政治的、軍事的状況
居留地としての日本、外国分子の地位、等

そして自分の狙いは「「日本で暮らしている」「日本で生きている」という生き生きした実感を西洋人読者の脳裡(のうり)に創り出すことです。——すなわち、ただ単に外からの外人観察者として見るのではなく、日本の庶民の日常生活に私自身も加わって、日本の庶民の心を心として、書いてみたい……」と述べました。そして驚くべきことに、三十九歳になったハーンが書いたこの計画書の十余の項目は、ただ単に来日第一作の『知られぬ日本の面影』においてのみならず、それから十余年にわたって書かれる十余の書物においても多かれ少なかれ繰返されているということです。それはハーンが用いた民俗学的

アプローチの有効性と健全性を裏づけるものでもありましょう。

そしてさらに一歩を進めて言うならば、マルティニークのクレオール的文化状況と似た文化混淆の状況が、規模や質こそ違え、日本にも存在した。それゆえにハーンのアプローチが見事に機能したといえるのかもしれません。

先ほどクレオール語を蒐集したハーンの民俗学者としての功績にふれましたが、マルティニークに限らず日本でも明治時代、地方の子弟は東京や京都へ出て勉学に励んだが、そのころの地方の方言を書きとめてくれた人はけっして多くはなかった、と述べました。明治時代の松江という地方都市の生活をハーンほど見事に書きとめてくれた人は、実は日本人にはいませんでした。

Ghostly Martinique と Ghostly Japan：アニマの存在

ハーンがマルティニークで採集したクレオール語の俚諺にはこんなのもあります。

　神さまは、どこにもいます、風のよう、
　その御姿は見えないが、体にさわる、風のよう、
　時には海をくつがえす。

これの原語のクレオール語はこうです。ハーンは改行せずにノートに書き留めました。

Bon-Dié li comm vent vent tou-parout et nous pa save ouè li. Li ka touché nou — li ka bou'vessé la mè.

フランス語訳はこうです。

Le Bon Dieu est comme le vent. Le vent est partout et nous ne pouvons pas le voir. Il nous touche. Il bouleverse la mer.

ハーン自身がつけた英訳は次の通りです。

The Good-God is like the Wind: the Wind is everywhere, and we cannot see It; — It touches us — It tosses the sea.

カトリック宣教師は、Bon-Dié（すなわちBon Dieu、The Good God、良き神さま）が土人の口から歌われたのを聞いたとき、キリスト教への改宗に成功したと思ったでしょう。しかし島の現住民の黒人たちが風の中に感じているいきいきしたものはもしかしたらアニミスティックな感情なのかもしれません。Bon-Dié はもしかすると彼らが信じている

ghost なのかもしれません。[75] また黒人たちといっても、黒人一人一人によって何を感じているかは違うかもしれない。がとにかく風に霊的な何かを感じている。その霊的ななにかがキリスト教の神か土俗の霊か、その辺はわからない。現にハーンはこの歌を *Martinique Sketches* の中の "Ti Canotié" という短編に挿入しています。Ti canotié とは「小さなボート漕ぎ」というクレオール語で、フランス語では petits canotiers です。二人の子供がマルティニーク島とドミニカ島の間で遭難してしまった。その一人が「神様が風なら、お前さんお祈りして風に静かにしてくれるようお願いしてくれ」という。するともう一人が「神さまは風のよう」であって「神さまは風だ」というわけではない、と反論したりします。十九世紀の末年、ハーンはマルティニークでクレオール語の蒐集をしながらかつてアフリカから連れて来られた人々の神概念はキリスト教のそれなのか、それ以前のそれなのか、自問自答していた節がある。

日本神話でもスサノオは風がすさぶ嵐の擬人化というか擬神化でしょう。この風にも霊、アニマを感じるというのが神道的アニミズムです。西洋人は、いや日本人でも、キリスト教は高級でアニミズムは低級だと考えがちですが、実は西洋人の風に覚える感覚はきわめてアニミスティックなものではないかと私は思います。それというのは風を表わす動詞はほとんど主語を擬人化しているからです。わかりやすいようにハーンが熊本の第五高等中学校で教えた「風、嵐について話す場合の動詞の使い方」の英語の例文を選んで並べてみます。

The wind blows.	風は吹く。ときには
Sometimes it whistles.	口笛のようにヒューっと吹く。
Sometimes it wails.	むせび泣く。
Sometimes it whispers — as if telling secrets.	まるで秘密を語るかのように囁く。
Sometimes it murmurs.	つぶやきながら吹く。
Sometimes it roars.	吼えながら吹きまくる。
Sometimes it shrieks	悲鳴をあげる。

ときには口笛を吹いたり、むせび泣いたり、囁いたり、まるで風が霊のある生き者であるかのような吹き方をしているではありませんか[76]。これはただ単に非人称の主語という文法上の要請から生じた現象なのでしょうか。それともそうではなく西洋人も風に命を感じてきたからでしょうか。

一寸の虫にも五分の魂

ハーンが北米でもマルティニークでも日本でも関心を示したものに虫がいます。シンシナーティでは「蝶の幻想」、マルティニークでは「百足」bête-ni-pié、日本では「虫の音楽師」「蚕」「蟬」「蠅」「蛍」「蟻」という随筆も書いている。私は大学教師としては仏伊語の担当で、ハーンの英語は四十歳を過ぎてから教室でも教え出した者ですが、昭和四十八年ころの元旦、読書初めに「草ひばり」の英文を声をあげて読んだことがある。*Kottō* に収められていますが、心にしみる小品でした。その作品の枕にハーンは「一寸の虫にも五分の魂」を英訳も添えずにローマ字のトランスクリプションだけを掲げています。それも「小さく弱いものにもそれ相応の意地があるぞ」という日本人の解釈において引用するのではなく、「虫にも魂がある」という日本人の霊魂観に共鳴しての引用でした。

英語では soul of a man とはいえるが soul of an insect とはいえない。ましてや soul of a worm などといえば奇妙にひびく。しかしハーンは「一寸の虫にも五分の魂」という諺を聞いて日本人は虫にも魂を認めているのだと感動しました。そんなハーンではありますが、随筆 "Kusa-Hibari" を書いたときはこの蟋蟀よりも小さい虫について一度だけ soul を用いたが、後は soul を ghost の語で置き換えました。霊魂は人間のみに与えられると信じる米英読者の感受性を傷つけることをおそれたからでしょう。

しかし虫や樹や風にかぎらず自然界の万物に命がある、霊がある、アニマがある、という考え方、とくにこのような虫についてのアニミスティックな見方の方が、デカルト流の虫は一種の機械人形か自動人形、オートマトンであるとする見方よりも日本人にはすなおに受け入れられるのではないか、と感じますが、皆さまいかがですか。北米のホラーものの怪談は、サイエンス・フィクションであって私には面白くない。情趣に欠けます。機械仕掛けのSFもののお化けはどうもいただけない。アニマの存在の有無が東の怪談と西のホラーものの違いとなっているのではないでしょうか。

沙漠地帯で生まれた宗教は一神教で創造 creation をいう傾向が強い。ところが水田耕作地帯の宗教は自生というか発生 generation をいう傾向がある。それだからアニミズムを受け入れやすい。日本では梅雨の季節になると黴が生えてくる。命もそのように自然に発生する。それで日本のような湿潤な文化的土壌から生まれたものは、怪談であろうとおのずからアニミスティックになるのではないか、と思います。万物の自然発生を『古事記』の冒頭にあるように「萌え騰るものによりて成れるもの」と私たち日本人は感じている。実はそのような感覚の持主が日本人でクリスチャンといわれる人の中にも多いのではないか。創造主による天地創造、クリエーションを心底からは信じておられないのではないか。日本人のきわめて多くは万物自生というジェネレーション[77]を宗教的見地というよりも自然発生学的な見地から信じているらしい。

蛙に詩を感じる文化

そんな水田耕作の有無と関係することかどうか、西洋と日本とで受け取り方が違うのは蛙です。晩秋から冬のあいだは静かですが「春の目覚めとともに、沼地の声がいっせいによみがえる――沸々と湧き立つその無限の合唱は、よみがえる大地そのものの声かと思われる」とハーンは書きましたが、これこそ命の自然発生ではないでしょうか。

ハーンは「蛙」という随筆で日本で人々がおぼえる蛙とその鳴声に対する親近性を話題の中心にすえました。その説を裏付けるものとして紀貫之の『古今集』の仮名序の「花になくうぐひす、みづにすむかはづのこゑをきけば、いきとしいけるもの、いづれかうたをよまざりける」が英語に訳されてまず引用されます。ハーンはここで話題とされる「かはづ」とはいまの「かじか」だと説明しています。しかしそれは硬骨魚の「かじか」ではなく「かじかかえる」のことです。(78) 日本ではこのような生きものが身辺で親しく存在している、とハーンはいうのですが、さてよその国ではどうなのでしょう。

ハーンの随筆「蛙」の主眼はこうです。旅行した際に感覚印象のなにが記憶に親しく生き生きと残るかといって、野外での物音ほど異郷の地の記憶との連想裡にあざやかに残るものはない。旅する人だけが自然の声――森や川や平野の声――が熱帯や亜熱帯や温帯によっていかに変化するかを知っている。そしてここは故郷を遠く離れた異国の地だという感じを与え、記憶の中にしみこんでくるものは、まずまちがいなくその土地独特の特性を帯びたその物声のトーンや性質である。日本の蛙の歌声にも異国的なアクセントが認められる。もっとも蛙の声音が記憶に印象されて残っているのは、それがいたるところで聞こえるからで、日本では国中どこでも稲が作られ、水田があり、いたるところに蛙がいるからである。日本を旅した人で稲田の蛙の声の喧騒を忘れる者はいないだろう。――ハーンは何度か日本で夏を過ごすうちに蛙の声の魅力にとらわれ、その記憶が耳の奥に残ったのでそのような感想を述べました。(79)

ハーンは日本では蛙が八世紀の『万葉集』以来歌にうたわれてきた、詩心ある日本人は蛙の鳴く音を自然の自己表現というよりも楽しい音としてとらえてきた、と驚いています。これは日本人の蛙に対する気持が西洋人が蛙に接する態度と違うからで、そのことにも日本という土地は独自の詩情のある文化だとハーンは思ったようです。考えてみると、そもそも『古今集』でも漢文化の素養をもつ人々に向けて漢文で書かれた紀淑望の真名序には蛙は出ていません。蛙の代わりに蟬がとりあげられています。同じく東アジアでも蛙に対する親近感は中国北部と日本とでは違いがあったに相違ない。中国漢詩にあらわれた蛙、さらにはベトナムの詩にあらわれた蛙などについて調べたならば面白かろうと思います。

斎藤茂吉の『赤光』は「死にたまふ母」の一連の作で知られますが、その中に、

死に近き母に添寝のしんしんと遠田のかはづ天に聞ゆる

という歌がある。蛙の声が深い夜の背景となって交響し天にまでとどき満天には星が輝いているようです。茂吉が「かへる」といわず「かはづ」と書いたのは、その方が文芸語として上品と感じたからでしょう。しかし茂吉の歌を読んだ日本人は蛙が下品な両棲類などとは思わない。人間の生死が天地万物の営みの中にあることを思う、深い感動のこもった秀歌です。

蛙を嫌う文化

蛙の声を「楽しい音」pleasant soundと親近感をもって感じるどころか、むしろunpleasant noiseと感じる向きが西洋にはいる、というか「不快な騒音」と感じる方が普通のようです。バジル・ホール・チェンバレンはハーンが俳句紹介にとりかかると自分もまた俳句紹介を行ない、一九〇二年にBasil Hall Chamberlain, *Bashō and the Japanese Poetical Epigram*を発表しましたが、そこでは「ヨーロッパ的観点からすれば、蛙に言及するのは詩句を完全に駄目にしてしまう。西洋人は暗黙のうちに蛙というものを猿や驢馬と同類とみなし、この名を詩のなかに入れたりしたならば、ほぼ間違いなく詩を戯画に変えてしまう。そんな愚劣な生きものと考えているからだ」とコメントしています。

察するにキリスト教文化圏では蛙に対して違和感や嫌悪感が先立つことがどうも多いようです。前に「地獄の蛙たち」(80)という一文で、ダンテの『神曲』の地獄の詩やフランドルの画家ヒエロニムス・ボッスの地獄の図で蛙が悪者のたとえとして登場する様にふれ、ボッスの蛙のごときは『聖書』に出てくる夢魔に似た蛙のイメージに連なるものにちがいない、と述べました。「出エジプト記」第八章には次のような記述がありますが、かつてナイル河流域に蛙が大量発生したことでもあったのでしょう。

河に蛙むらがり上りきたりて汝の家にいり汝の寝室にいり汝の牀にのぼり……汝

の竈にのぼり汝の民と汝の臣下の上にのぼる蛙汝の身にのぼり汝の民と汝の臣下の上にのぼるべし。

なんだか皮膚がむずむずしてくる気味悪さです。そんな悪魔的な蛙とは違う日本の蛙の親近性をハーンは指摘したかったのでしょう。ハーンの文学講義が比較文学的示唆に富むように、ハーンの日本観察の文章は比較文化論の宝庫です。そういえば西洋のグリム童話に出てくる蛙は恐ろしい。迂闊な約束をしたためにお姫さまが蛙と結婚させられそうになる。それでもう厭でたまらない。姫は蛙を突き飛ばす。すると壁にぶち当たって潰れた蛙から美しい王子さまが現われた。——この「蛙の王子さま」という話は処女の初夜への恐れと男を知った後の喜びを示唆する話かと思いますが、世間知らずで育てられ性的なことに無知な清純無垢な令嬢の嫌悪感の象徴が蛙でしょう。「絹のベッドで一緒に寝かせてください」という蛙は不気味です。

ここで個人的回想をまじえさせていただくと、異国にいて蛙を親しく感じたことが私にもありました。それはマルティニークのホテルの夜分でのことで、食堂に降りるたびに蛙の声を耳にしました。戸外の別棟の食堂の張り出したベランダの下の茂みの中で小さな声で鳴いていたのです。姿はついぞ見かけませんでしたが、日本の蛙の鳴声とは違っていました。「蛙だ」といわれて最初「虫ではないのか」と問い返したほどでした。冬の一月でしたけれども北緯十四度だから昼間は海で泳ぎました。そのマルティニークの蛙がどんな鳴声であったかはもう忘れてしまいましたが、あの仏領西インド諸島の島では蛙は身近な存在だと感じたことはいまも覚えています。なおハーンは「薄明の認識」でマルティニーク滞在中、寝苦しい熱帯の夜、山の方から響く蛙の合唱の「嵐のごとき騒々しさ」に言及していますが、私は残念ながらその「轟き」は耳にしませんでした。

Ghostly Martinique と Ghostly Japan：怪談

ハーンがマルティニーク島で発見して後に日本でも繰返すこととなった発見には、いま述べた虫や蛙などの観察、さきに述べた民謡や俚諺の蒐集がありました。ハーンは日本では都々逸などもローマ字で記録して実に味わいのある英訳を添えています[81]。しかし民謡・俚諺の蒐集よりさらに有名なのは怪談や民話の蒐集です。小泉八雲は日本ではまずなによりも『怪談』の作者として愛されていますが、ハーンはマルティニークでもクレオールの民話や怪談を集め記録した人として愛されています。怪談もハーンがどこまで記録したのか、どこまで手を加えて再話したのか、よくわからないが、マルティニークで土地の言葉で聞いて英語で書きとめた「魔女」la Guiablesse などは非常な迫力があります。guiablesse とは diablesse のフランス語の語頭子音が変化したクレオールの言葉でしょう。こんな筋です。

見知らぬ女の話で、その女と連れ立って若い男が仲間が止めるのも聞かず山中に入っていった。その最終の第七節で女は突然本道を離れる。男は一瞬ためらって立ち止まり後ろを振り返ると、「太陽の巨大なオレンジ色の顔が沈んで行くのが見える。無気味な峰と峰の行列が葬式に立会うかのように黒い喪服を羽織りつつある。その背後は朱に燃え上がっていて恐ろしいような感じだ」。こうした印象主義的描写は word painter と呼ばれた若き日のハーン自身の筆になる一幅と思います。男は怯えて女の手につかまろうとすると、その手がつめたい。頂上に着いて女は「あなたこんなわたしが好き?」とクレオール語で繰返します。Ess ou ainmein moin? 「エス・ウ・アンマン・モワン?」それで「ウイ、ウイ」と答えるか答えぬうちに Atò, bò! 「アトー・ボー」さあキスして、と迫られた。その一瞬、相手の正体がわかった。[82] 女の変わり果てた形相に茫然自失した男は、そのとき足を踏み外して、二千フィートの谷底へ落下して惨死します。

Ghostly Martinique と Ghostly Japan：樹霊

以上はハーンがマルティニーク島で採集した怪談の一例ですが、さらに感銘深いのはこの作品の出だしの霊的存在としての森の描写です。怪しい霊的な、ghostly なものとしては怪談 ghost story がまず話題となりますが、森の樹にも霊が宿り ghost だか spirit だかが老樹に宿っている。ハーンは自分はこのようにして ghostly Martinique の一面に気づいたといっています。

　どこの国でも夜になるとなにか漠然とした幻影が浮かんできて空恐ろしい妄想が次々と湧くものである。だが熱帯の国、とくにマルティニークでは夜は格別に印象的で、ひときわまがまがしい印象をよびおこす。植物のある種の形は、太陽がその上に照りつけている昼間でさえ、人目をそばだたせる不気味さがあるが、日没後にはなんともいえぬ恐ろしい、グロテスクなものとなる。それはいわくありげで筆舌に尽くしがたい……　北国では樹は単なる樹にしか過ぎない。だが南国では樹は霊を帯びた人格で、その霊性がおのずと感じられる。樹には、そこはかとない人柄のようなものがあって、定義しがたい自我がある。それは個人であり存在である。大文字で始まる Individual であり、大文字で始まる Being である。

　ハーンは幼年時代、ダブリンの大叔母の家で育てられました。アイルランドの田舎から出て来た下女たちの中にはゲーリック語を話す者もいました。ケルトの伝説では樫の樹には霊が住んでいる。アイルランドでも御神木の枝に白い布をまいておく習慣が昔はあったのだそうです。イタリアのような早くからキリスト教化の進んだ地域にも「聖なる森」sacro bosco という表現がある以上、その種の聖なる森には特別のなにかがおわしましたのでしょう。霊的なるものへの畏敬の念はあったに相違ありません。そんな tree-spirit のことをハーンはアイルランドの幼年時代にあるいは感じたことがあったのかもしれないが、成人して忘れてしまったようです。ハーンは父親と不和でしたので、アイルランドのことはなにもかも思い出したくもなかった。北米にいたときも樹木に霊性を感じることはなかったらしいが、それがマルティニークに来たら違う感覚に襲われたというのです。

In the North a tree is a simply a tree; — here it is a personality that makes itself felt; it has a vague physiognomy, an indefinable Me: it is an Individual (with a capital I); it is a Being (with a capital B).

ところで日本にも御神木を尊び、樹に霊がひそむと感じる人は多い。その話をすれば長くなりますが、私は『夢幻能さくら』という脚本を書き、上演されたこともあるので、登場人物も小泉八雲ことラフカディオ・ハーン、世にヘルンさんとして知られた人ですから、巻末に掲げます。一木一草に神は宿る。樹にも霊がある。その霊はあるいは桜の花の精となりあるいは樹の霊となる。このような自然の命への畏敬は神道にかぎらず古今東西に通ずる。この尊ぶべき信仰をゆめないがしろにしてはならない、というのが主題です。

石にも霊はあるのであろう

その芝居を見に来てくれた友人和久本芳彦が突然こんな話をしてくれました。三十年ほど前、彼は本郷の家と土地を親から相続した。そのとき税金対策もあって一、二階を貸事務所にするために小さな庭を潰してしまった。たまたま母方の遠縁に郊外に家を新築してこれから庭作りをするという人がいたので、それほどつきあいがあったわけでもなかったけれども、庭の樹と石を譲ることにしました。そしてそれからまたずっと没交渉だったのが、先日その親戚に出会い、家に招かれました。

玄関を開けると、観音竹が置かれています。その緑を一目見てはっとさとりました。母が大事にしていたものです。「まだ元気でいましたか」と感無量です。庭へ案内されると、以前本郷の庭に三、四本あったヒマラヤ杉を原木としてこの郊外の庭で高く聳えています。そのうしろには藤棚があり、塀には薔薇があり、それぞれ思い出があります。「みんな頂いたものですが、今度は藤が咲くころに遊びにいらしてください。きれいですよ」

と主人がいいます。人の絆もこうして結ばれましたが、自分もまた両親の庭木とまた結ばれたような気がしました。さきほど感無量といったが、とうの昔になくなった父母の面影が浮かびます。それにしても樹木の永遠性とはなんでしょうか。

さらにこんなこともありました。その親戚の庭に佇んだとき、感銘深かったのは実は植物よりも鉱物——石でした。本郷の旧宅の小さな池の一部を形作っていた庭石は、医師だった父が近くの料亭の置石だったものを戦後、庭師に頼んで運ばせたものです。その石の齢がいくつかは知るに由ありませんが、しかしその石が郊外の親戚の家でところを得ている姿を見て、なんともいえぬ嬉しさを感じました。樹に霊があるなら石や岩にも霊がある、と心に深く印象されました。樹の霊にもまして身にしみました。かつて親が愛惜した庭を潰した際にどこかで心の咎めを覚えていたに相違ない。その庭石が落着いている風情を見て、安堵の情をおぼえたのでしょう。……

そんな思いもかけぬ感想を聞かされて、私はこんなことも考えました。

「さざれ石の巌となりて苔のむすまで」

「君が代」のこの言葉を非科学的だと嗤う人は多いようです。しかし庭石の話を聞くうちに「さざれ石の巌となりて」はいい言葉だ、という気がしだしました。そんな石の生き方も、君が代のあり方もあるような気がしてきました。そんな時間の進み方に詩が感じられます。

――この感想はいいねえ、と私は妻に言いました。おそらくそんな感じをもつ人には、石にも霊があるのでしょう。

ハーンの神道発見の旅

ハーンの日本における神道発見の旅については盆踊りにふれた第二話の註でも述べましたが、明治二十三年八月下旬、当時の新橋発の鉄道の終点の姫路から人力車で山陰へ向かったときに次々と気づくことがありました。その旅で見た中国山脈の風光がマルティニークの風光と重なって見えただけではありません。実り始めた稲穂の上に白羽の祈願の矢がささっているのを目にとめます。日本のこの地にも松や杉に樹霊があると感じます。老樹には注連縄が巻いてあります。御神木に御幣が飾ってあります。四手が垂れています。それを見たときハーンは大和島根の神々の世界へ近づきはじめました。美作街道を犬挟峠から鳥取県に下った模様ですが、出雲に近づくにつれて寺の数が少なくなり、お宮のたたずまいが次第に大きく立派なものになることに気づかされました。旧暦の十月を神無月といいますが出雲では八百万の神が集う神在月です。そうしたいいまわしを聞くだけでもハーンの心は躍りました。これが西洋人の神道発見の嚆矢でした。ハーンは日本へ外来の仏教がはいってきても、この神道的感覚が瀰漫している土地では仏教もおのずから神道化しているだろうと松江へ到着する前から予想していた節があります。「山川草木悉皆成仏」などというと日本人は仏教の言葉だと思いますが、しかしこのような仏典の一節が日本人によって特に好まれたということはアニミスティックな仏教解釈が広くゆきわたったからでした。ハーン自身がそうしたことを知るのは後のようですが、マルティニークにおけるキリスト教の変容からの類推で「日本人自身すら曾て知らない」外来宗教の変容[83]をいちはやく推理していたのだろうと思います。

日本における神道は仏教と習合しましたが、「徳川時代の初めに神道は仏教の影響を完全に払拭して儒教の影響を受け入れて儒教神道となり、ついで儒教の影響を払拭して国学の影響を受けて古学神道となり、また敗戦後は国家主義思想を払拭して」云々というのは石田一良が『カミと日本文化』(ぺりかん社、一九八三)で展開した論で「神道着せ替え人形論」などといわれました。宗教が他者の影響を受けて姿を変えるのは大なり小なり認められることですが、他者の影響を「完全に払拭して」などということはあり得ないことです。宗教思想が石田博士が述べるように図式的に発展するものでしょうか。しかしさまざまな影響を蒙りました。幕末から明治・大正・昭和と神道がナショナリズムという時代の大勢と結びついたことはまぎれもない事実です。

なおこのナショナリズムとの共振共鳴現象は、国学者の平田篤胤[84]がクリスチャニズムから神学理論的な刺戟を受けたというような個別的な場合とは同じ次元で論ずることはできません。

家制国家主義のイデオロギーとしての神道解釈

ここで天皇家の宗教としての神道、というか天皇家が日本人に対して持つ宗教的意味について考えてみましょう。

第一話や第三話で紹介した穂積陳重は法学者として日本における天皇を次のように説明しました。次の一節は大正天皇への御前講義で披瀝した考えです。

> 我皇国に於て、国家の構成分の最小単位たる個人は各家に属して其家祖を祭り、又国家の単位団体たる各家は遠祖神たる氏神を崇敬し、全国民は畏くも皇室を「おほやけ」と仰ぎ奉り、日本全国民が恰も一大家族として皇祖皇宗を崇敬せり。此皇

室の祭祀と国民の祭祀との合一、即ち皇室の祖先祭祀が各氏族各家族の祖先祭祀と相重畳し、其上にありて之を包括するが如きは、実に我全国民の精神が或崇高なる一点に集中する所以にして、此の如きは外国に其類例を見ざる所以なり。

穂積陳重は亡き祖先に対する愛と尊敬をもって祖先崇拝の本質と見做し、その「祖先崇拝を基礎として成立した法的形象」である「家」を基礎概念とした民法典を起草した学者で、御前講義でもその自説を強く主張しました。[85] フュステル・ド・クーランジュの古代地中海世界の歴史書から示唆を受けつつも自分たち独自の日本文化解釈を織りこんだ主張で、よく整理されているからすっきりとしてわかりやすい。しかしそれだけに逆に、この家族国家観がはたして我が国の史実と適合しているのか、少し話がうまく出来過ぎているのではないか、と疑われる方もおられましょう。弟の穂積八束は天皇は民族の家長であると主張しましたが、日本は家族国家であると決めてしまったことによって、神道をその家族国家主義のイデオロギーとしてしまいました。日本における国家神道に対する外国人の見方の推移については第九話でふれますが、しかしこの天皇国家のナショナリズムを支える神道解釈は、当然の事ながら戦後は否定されます。第二次世界大戦で敗北した日本は、政教分離が喧しく言われ、宮中の祭祀は天皇家のものとされ「皇室の祖先祭祀が各氏族各家族の祖先祭祀と相重畳」するとするような見方は斥けられました。

御神木と天皇家

私自身は天皇とはなにか、という意味を昭和天皇御不例の報道に接して、あらためて次のように感じました。人は個人として幸福を望んでいる。と同時に家族の仕合わせも願っている。家族の一員として家の繁栄と永生を願っているであろう。それと同じで大抵の日本人は民族の繁栄を願っている。国民の一人として日本の永生を祈っているであろう。連綿として続く天皇家は、現実政治を離れ、卑近な国政の外にあって、いわば「天壌無窮」に続くことによって、——いいかえるとその万世一系という生命の永続の象徴性によって、日本人の永生を願う心のひそかなよりどころになっている。そのような天皇家である以上、神道の宮中祭祀を天皇家の私的なものとして限定するのは、そのような宗教的特色の天皇家を日本国民の多数が敬愛する以上、自己矛盾であるかに思われます。

国の祝日は西洋ではキリスト教の祝祭日と重なり、それに世俗国家の祝日が加えられています。戦前は天皇誕生日といわず天長節といいました。私の少年時代には四大節には学校の講堂に整列し、「君が代」を歌いました。校長先生の訓辞は短ければ短いほどよかった。式次第がすむと「あとはこの日の残りを各自楽しく過ごすよう散会した」とハーンは明治二十三年十一月三日の天長節を叙していますが(86)、少年の日の私もその日は授業がなくて紅白の落雁(らくがん)を頂戴して、そこで解散となるので楽しかった。平成の日本もそのお国柄（くにがら）にふさわしく神道の由緒のある祭日に戻したい。戦後は祝祭日というよりは休日とされ、中にはサラリーマンだか旅行会社だかの都合にあわせて年により連休とするために日がふらふらと移動する。そんな扱いもぞんざいでいけません。名前も祝祭日としての厳かさと品格に欠けており遺憾です。

天皇の誕生と崩御（ほうぎょ）について神道の立場から見てみましょう。神道にはアニミズムの要素が強く、私どもは神社の境内（けいだい）などで御神木を目にして育ちました。昭和天皇が亡くなられたとき、御神木が倒れたと感じた日本人は多くいたのではないでしょうか。そのとき『文藝春秋』特別号に私は「御神木が倒れた日」[87]という一文を寄せ、連綿と続く天皇家を日本人が大切にするのは、私たちが御神木を大切にするのと同じ気持に由来する旨（むね）述べました。それは神道的感情であり、人間として、民族としての永生を願うからです。天皇は日本でまつりごとをされました。まつりごとは政事（まつりごと）という意味もありますが、祭事、神をまつるわざでもあるのです。天皇家は神道の大祭司、プリースト、の役目をはたされてきました。神道の神社は森を背にしています。日光の杉の木立にクローデルは神道的雰囲気を感じましたが、御神木のある森は神々の宿る森です。その命のとこしえに続くことを祈る気持を私たちの多くはわかちもっています。平成三年、昭和天皇の喪が明けてはじめてのお歌会始めに平成の天皇は次の歌をよまれました。

いにしへの人も守り来し日の本の森の栄えを共に願はむ

陛下がこのような機会に、古えの人も守って伝えてくれた大和島根の森の栄えを大事にしていきたいと言われたことの含意は、とりもなおさず陛下が、私どもの宗教文化を大切にしていきたいと願っておられることと、このお歌からお察し申します。緑の森につつまれた日本の国の栄えを私どもも謹みて祈る次第です。

西田幾多郎が解釈したハーンの霊の見方

西田幾多郎は日本人の生きる営みを哲学の対象の中にいれた哲学者でした。いいかえると、西洋哲学を頭脳の一部のコンパートメントに入れてその引き出しから哲学知識を適宜取り出して講義する哲学学者ではありませんでした。日本文化を知的にも情的にも考察した。そんな西田はハーンの愛読者でしかも優れた理解者でしたが、田部隆次が一九一四年に『小泉八雲』という伝記を出したとき「序」を寄せてハーンのそのアニミスティックな見方についてこう書いています。

ヘルン氏は万象の背後に心霊の活動を見るといふ様な一種深い神秘思想を抱いた文学者であつた。かれは我々の単純なる感覚や感情の奥に過去幾千年来の生の脈搏を感じたのみならず、肉体的表情の一々の上にも祖先以来幾世の霊の活動を見た。氏に従へば、我々の人格は我々の一代のものではなく、祖先以来幾代かの人格の復合体である、我々の肉の底には祖先以来の生命の流が波立つて居る、我々の肉体は無限の過去から現世に連るはてしなき心霊の柱のこなたの一端に過ぎない、……

この「過去幾千年来の生の脈搏を感じた」というのは「有機的記憶」などと訳されますが organic memory といい、「草ひばり」という短編に説明されています。そんなハーンの霊魂観は、部分的には近年の遺伝学的知識によって裏付けられてきた、という意味では意外に妥当性があるのかもしれません。生物のそれぞれの種(しゅ)は神によって個々に創造されたものではない、極めて簡単な原始生物から進化してきたのだとするダーウィンの進化論などの説は、それまでのキリスト教では当然自明の真理とされてきた霊魂観を真っ向から否定しましたが、仏教の霊魂観は人間の霊魂に特権的地位を与えていない。それだからダーウィン以後の遺伝学と正面衝突するようなことはない。ハーンの「我々の肉体は無限の過去から現世に連るはてしなき心霊の柱のこなたの一端に過ぎない」とする見方は進化論などとも共存し得る霊魂観を考えていたのではないでしょうか。西田はハーンのその種の霊魂観はハーンの怪談 ghost story の背後にも、ハーンの霊の日本 ghostly Japan の民俗の観察の背後にも、またハーンが自分で漢字で「神国」と題を書いた『日本——一つの解明』*Japan, an Attempt at Interpretation* という社会学的な日本研究にも通底している、と総合的に判断しました。西田はこう言います。

……氏は好んで幽霊談を書いた、併しそれは単純な幽霊談として感興を有ったのではなく、上述の如き幽遠深奥な背景の上に立つ所に興味を有ったのである。氏は此の如き見方を以て、我国の文化や種々の昔話を見た、而してそこに日本人自身すら曾て知らない深い魂を見出したのである。

この最後の「日本人自身すら曾て知らない」という評語は、ハーンが勝手に夢想したという皮肉ではないでしょう。日本人がそこはかとなく感じていながらかつて上手に言い表わすことのできなかったなにかにハーンが適切な言葉を与えてくれた、という意味だと私はとっています。西田はハーンの見方を説明して「物活論」と呼びましたが、それはアニミズム animism のことです。神道を説明するのに自然崇拝やアニミズムであると大づかみに把握すると、いや違うといわれる方もありましょう。われわれは神さまを拝んでいるのであって樹を拝んでいるのではない、という主張もありましょう。樹に人格があるとか霊があるとかいうのはおかしい、と反論なさる方もありましょう。しかし私は樹齢八百年の楠（くすのき）などの前に立つと神々しい気分を感じます。皆さまも樹木と木材は違うとお感じでしょう。「机は木で出来ている」と日本語でいっても a table is made of tree といったら奇妙です。ハーンは熊本で樹と材木の違いを高校生にそのようにして教えています。(88) 北米の樹とマルティニークの樹は違う、とハーンはカリブ海の島の森の中に入り込んで感じ始めました。マルティニークには住民が御神木として崇めている樹があり、そうした感受性に共感したからです。私もマルティニークで御神木といわれている樹の幹を両の掌（てのひら）で押してみたことがありました。

マルティニーク島と日本列島は、地理的にはたいへん遠く離れています。カリブ海の島だといってもどこにあるのか見当もつかない。ところがこのフランス領西インド諸島での経験があったからこそ、後の日本研究者ラフカディオ・ハーンもあり得たのです。来日以前にフランス領西インド諸島で、民俗学にいうところの参与観察を身をもって行ない、黒人たちのフォークロアを調べ、霊の世界に入り込むことを得、それに成功したことがとくに大切だったと私は見ていますが、間違いでしょうか。

第八話　宗教の混淆

——信仰は俗信の中にも生き続ける

中心文明と周辺文明の間で生じる混淆

第七話ではハーンのマルティニーク体験と日本体験について具体的な平行例に即してお話ししました。説明の第一点はハーンがこの二つの土地で同じようなアプローチをして意外に成功したということ、第二点はこの一見いかにも異なるフランス領西インド諸島と日本の出雲地方であるが、ともにアニミスティックな雰囲気に満ち、ghostly な土地という点では共通していたということ。それだから似たような民俗学的アプローチを試みると、霊にまつわる怪談 ghost story であるとか、虫の魂 ghost of an insect であるとか、樹霊 ghost of a tree[89] であるとかに着目すれば、両地域でともに研究成果をあげることができたということ。

それから第七話ではまだ詳しく述べませんでしたが、説明の第三点はマルティニークも日本もともに島であって、大文明から影響を受けやすい周辺地域としては共通しているということ。この文明地理的な位置から生じる問題があるということです。そのような地域では、実例に即していえば、本地垂迹説(ほんぢすいじゃくせつ)のような折衷主義的解釈が発生しやすい。

本地垂迹とは日本の神道の神々は本地である仏や菩薩が衆生救済のために姿を変えて迹を垂れたものだとする神仏同体説です。平安時代に始まりました。このような習合の現象は中心的な大宗教と周辺的な宗教の間でまま発生します。中心的な大文明と周辺的な小文明の間では宗教の混淆にともない迷信もまた生まれます。俗信も流行します。しかし信仰は俗信の中にも生き続けるのであり、その風俗をむげに斥けてはなりません。そうした文明の混淆というか宗教の習合の話題を第八話では西洋の場合も日本の場合も、ダンテやハーンやパウンドなども関係する、具体的な事例に沿ってお話しします。

第一話と第三話でフュステル・ド・クーランジュが描いた古代地中海世界をかいま見ました。そこは宗教的にはギリシャ・ローマ神話の神々の世界でした。ゼウスとかマルスとかが信じられていた。それらの神々はキリスト教が盛んになるに及んで異教の神と呼ばれ、キリスト教のゴッドが嫉妬する神で自分以外の神の崇拝を許さないところから、異教はギリシャ・ローマ系の神々の宗教であれ、ケルト系のドルイド教であれ崇拝者はいなくなりました。辺境地域には流竄の神々、いわゆる gods in exile がなお残っていたようですが、それもいつしか消滅しました。その意味では西洋は完全にキリスト教化されました。その後キリスト教にたてつく運動は起こりましたが、だからといってゼウスの神などへの信仰が蘇ることはありませんでした。ケルト文化復興 Celtic revival の運動はありましたが、だからといってドルイド教の神々が復活したこともありませんでした。[90]

軍神マルスと八幡様

そのようなヨーロッパでしたが、キリスト教化の際には宗教文化の混淆はやはり生じました。その名残(なごり)はキリスト教世界の中心であるイタリア半島でも、十四世紀初頭にもなお見られたのです。そのような事例は日本人にはほとんど知られていないのでここに紹介します。

ダンテ（一二六五―一三二一）の『神曲』地獄篇第十三歌の末尾には、フィレンツェの出身とまでは明かしますが自殺を恥じて名は名乗らない亡霊が登場します。ダンテが祖国フィレンツェの運命を気にしていることを察して、この男がたいへん意味深長なことを言います。

俺はフィレンツェの出だが、あの市(まち)は守り本尊を
〔軍神(マルス)から〕洗礼者ヨハネに変えた。それが祟(たた)って、
いつも戦火に市(まち)が荒れるのだ。
だからもしアルノの橋の上に〔軍神(マルス)の〕
絵姿を多少なりとも残しておかないと、
アッチラの手にかかって灰燼(かいじん)に帰したあの土地に
市(まち)を再建してみたところで、
その苦心は水の泡に帰するだろう。

（地獄篇第十三歌、一四三－一五〇行）

フィレンツェは古代は戦の神のマルスが守護神でした。それがいつ頃でしょうか、キリスト教化されるに及んで、洗礼者ヨハネが守護聖人となりました。フィレンツェ市の中心は昔も今も洗礼者ヨハネの洗礼堂です。この Battistero di San Giovanni はダンテの時代にすでに存在していました。ダンテもそこで洗礼を受けたし、天国篇第十五歌一三四行以下には、ダンテの祖父の祖父に当たる人も「おまえたちの古い洗礼堂でキリスト者の洗礼を受け　カッチャグイダと名を呼ばれた」と出ています。ダンテがそこの洗礼盤を一つ割ってしまったこともわかっています（地獄篇第十九歌、一九－二一行）。それに対して現在その向かいにあるドゥオーモの花のサンタ・マリーア寺 Santa Maria del Fiore はダンテの時代にはまだ存在しませんでした。

今日の西洋人は古代の異教の神々に対し畏怖の念は抱いていません。しかしながら地中海世界で排他的なキリスト教によって教化が進む過程ではゼウスの神とかマルスの神とかに畏敬の念を心中ひそかに抱いていた人は当然いたに相違ありません。日本では仏教によって教化が進む過程で、人々が神道の神々とか八幡様とかに畏敬の念を心中に抱いていた。そのことはわかっています。日本の大きなお寺へ行くと裏手に必ず祠があり、小さな鳥居があって、神様が祀ってある。神仏の棲み分けが行なわれているのです。

それではイタリアの場合はどうだったのか。歴史家ジョヴァンニ・ヴィルラーニ（一二七五頃－一三四八）の『年代記』第一巻四十二章によると、都市国家フィレンツェには軍神マルスに捧げられた立派な寺院があったが、キリスト教に改宗したのでその寺院が聖ヨハネに奉献された。マルスの像は馬に跨った姿だった由ですが、アルノ川畔の塔の中に安置された。フィレンツェ市が破壊されたとき、マルスの像は川の中に突き落とされた。シャルルマーニュ大帝の御代に市の再建が行なわれますが、そのとき街の古老たちがまずアルノ川からマルスの像を引き揚げない限り市の再建は不可能だと言い張った。そして川の底で見つかった像を現在のポンテ・ヴェッキオの橋の袂の柱の上に据えた（第三巻一章）。ボッカッチョによると、水と寒暖の気候でその像は腰から上がひどく浸蝕されて四肢の本体部分を除いては人も馬もなんとも見境がつかない、作者も下手な粗雑な職人の手になるもの、とあります。それがダンテの死後ですが、一三三三年の大洪水でマルスの像は再びアルノ川に落ちた（第十一巻一章）由です。

ダンテやその時代の人々はまだそんなキリスト教ならざる異教の神をも祀ることを気にかけていた。その証拠に天国篇第十六歌一四五－一四七行でもカッチャグイダの口を借りて、

しかし橋を守護するあの石像が欠けてしまっている以上、
その平和がついに絶えた時、フィオレンツァが
なにか犠牲を献げねばならなかったのは当然の事だ。

と繰返し作者ダンテがいわせています。ダンテは熱心なキリスト教徒でしたから、フィレンツェの人として市が守り本尊を軍神マルスから洗礼者ヨハネに変えたことをもちろん良しとしていたでしょう。しかし異教の神を蔑ろにしてはいけないと思ってもいました。それの祟りもおそれていました。フィレンツェが破壊されたのは本当はフン族のアッチラによってではなくトーチラ Totila の由で、この東ゴート族の王は六世紀前半にイタリアを支配しました。いつも戦火に市が荒れるのはマルスの神の御加護がないからだ、とダンテは繰返し言っています。「だからもしアルノの橋の上に〔軍神マルスの〕絵姿を多少なりとも残しておかないと」という台詞は私にはまことに印象深い。ところがこの条りを西洋人の先生も学生もさしたる関心も示さずに読み飛ばしている。しかし文化の混淆や宗教の習合の問題に注目する者には興味があります。武の神マルスはイタリア語ではマルテ Marte といい、練兵場はカンポ・ディ・マルテ Campo di Marte といいます。マルスの神は日本でいえば八幡様です。そういえば日本のお寺の一隅にある祠には、統計的に調べたわけではありませんが、八幡様が結構多いように思います。

ギリシャ・ローマ神話とキリスト教の習合

ダンテはキリスト教詩人の最高峰 somma poeta cristiano と呼びならわされていますが、『神曲』中でダンテは聖書に言及するのとほぼ同じくらいの頻度で古代ギリシャ・ローマの神話や古典に言及しています。そういう意味ではダンテはけっしてキリスト教一本槍ではありません。日本には神仏習合、本地垂迹説がありました。天照大神と大日如来は同体などとする説です。

実は『神曲』にもキリスト（あるいはゴッド）とゼウスを同一視する発言が飛び出すことがあるのです。煉獄篇第六歌一一八行には o sommo Giove と呼びかける箇所がある。寿岳文章訳には「至高のジョーヴェよ」と Giove がイタリア語のままに音で写されています。英訳にも O highest Jove (Laurence Binyon) と原語 Giove に近い固有名詞で訳されていますが、英語では Jove という表現はよく用いられるから何のことかわかります。野上素一訳には「おお至高のゼウスよ」とイタリア語のジョーヴェはギリシャ神話のゼウスであることがわかるように訳してあります。同様に至高の神のことをヘルツの独訳でも erhabener Zeus (Wilhelm Hertz) としてあります。ギリシャ神話のゼウスはローマ神話のユピテルと同じですから、ロンニョンは仏訳で Souverain Jupiter (Henri Longnon) と訳しています。これはフランス語では Zeus はあまり用いずもっぱら Jupiter を使うからです。しかしここでの「ジョーヴェ」は実はキリストを指しています。それは前後に「あゝいと尊きジョーヴェ、世にて我等の為に十字架にかゝり給へる者よ」（山川丙三郎訳）と出ていることを読めばわかります。

しかしキリストとかキリスト教の神をゼウスとかユピテルとか呼ぶことにためらいを覚えた西洋人ももちろんいました。十九世紀の初めにケアリーは O Almighty Power

(Francis Cary) と訳しました。中国語の『神曲』にも「上帝呀」と訳した人もいました（「呀」は「やー」「あー」という感動詞[91]）。奈良で東大寺の大仏様に向かって「天照大神」と呼びかける人がいれば、皆さんぎょっとなさるでしょう。私も『神曲』を読んでいて「おお、ジョーヴェ」という呼びかけにはぎょっとしました。このジョーヴェへの呼びかけは『神曲』中でこれが第三回目ですが、それに引き続く「十字架」云々の言葉によって、これがギリシャ神話と基督教の（神仏習合ならぬ）神基習合であることがきわめて明確です。今度確認のために私が半世紀前に買い求めぼろぼろになったダンテ学会本を開いて見たら、Gioveに赤いアンダーラインが引いてあった。昔初めて読んだときに事の意外に驚いたと見えます。ジョーヴェは第一回は地獄篇第十四歌五二行以下、第二回は地獄篇第三十一歌九一－九二行にも出てきますが、これらはギリシャ神話とキリスト教の習合とそれほど明確に断定できませんが、第三回の場合は明らかで、天照大神と大日如来（盧舎那仏）は同体とする本地垂迹説にも似たゼウスの神とキリスト（ないしはキリスト教の神）を同体とする見方が、十四世紀初頭のフィレンツェにはまだ名残を留めていたのです。であるとするとキリスト教着せ替え人形論という見方もできないわけではないので、問題は程度の差であって、日本における神仏習合だけを特殊で奇態なものと考えるのは間違いでしょう。

神道を仏教伝来や両者の対抗や習合の問題の中で扱った先覚には津田左右吉、柳田國男、チャールズ・エリオットなどがいるようです。津田は『日本の神道』の中で古くから伝えられてきた日本の民族的風習としての宗教を指して神道といい、そこに呪術（じゅじゅつ）も含めています。

ところで日本文学には物の怪（け）がしばしばあらわれますが、これも呪術的世界の存在です。というか宗教と呪術とはっきりと区別はされていなかった。ではこの物の怪は国文学史家によってどのような扱いを受けてきたか、それについても考えてみましょう。私自身は物の怪など存在しないと思う近代人ですが、それでいて物の怪に惹（ひ）かれている。その証拠に『源氏物語』でもお能の舞台でも何が印象深いかといって夕顔が物の怪に祟（たた）られる場面であるとか葵上（あおいのうえ）に六条の御息所（みやすどころ）の生霊（いきりょう）がとりつく場面であるとかに一番の緊張というかスリルを覚える一人です。あれほど迫力のある場面は少ない。合理主義者の私ですが、物の怪が登場すると息をのみ目をこらして見ています。能作者は『伊勢』『源氏』『平家』などの物語の印象的な話柄（わへい）を題材にして脚本を書く。「夕顔」「野宮」「葵上」などに物の怪が出てくる。それは『源氏物語』のその場面にもともと迫力があるから謡曲にも選ばれたのです。このように見てくるとわが国は物の怪が多い土地柄である。「物の怪の日本」、上品にいうと「霊の日本」、ハーンの[92]英語を借りると ghostly Japan こそが文学の尽きざる源泉だということがおわかりでしょう。リアリスティックな現在能よりもあの世とこの世に跨った夢幻能の方が断然観客をひきつけるのです。

物の怪というghostlyなるものの出現によって『源氏』も能舞台もにわかに活気を帯びます。能についてそのことにいちはやく気づいた外国人はエズラ・パウンド（Ezra Pound 一八八五－一九七二）でした。パウンドは複式夢幻能をNoh Play of Spiritsと呼びました。このspiritはghostと同じで「お化け」とも「霊」とも訳し得ます。そのような能にはghost psychology「亡霊の心理」が如実に出ている、というのがパウンドがフェノロサ訳を世に出す時に付した解説の言葉です。パウンドは能は仏教文学というよりも神道文学だとも指摘しました。能に「翁」とか「絵馬」とか神能物という、主題が神道の作品があるから神道だといっているのではありません。また切能物で鬼神・天狗・妖精・怪異が出現するからghost psychologyが描かれている、といっているのでもありません。六条の御息所の生霊がとりつく、そうした怨念がまざまざと出ているから、いいかえると怨霊や物の怪がいかにも迫力があるから、それにパウンドは感心したのです。物の怪は仏教ではありません。仏教伝教以前から日本にあり、それ以後にもある。神道とはもともとは仏教が伝来する以前の日本の宗教の総称で、その中には物の怪のようなものも含まれる。神道とは宗教の内容からの規定というよりは外来の仏教との相違によって自覚された土着の宗教的ななにかについての外からの規定です。だから、仏教以前から日本に伝わる物の怪を私はShintō ghostと呼びたい。

国文学者は宗教と文学の関係をどのように論じてきたか。明治以前は仏教的道徳観に基づいて作者の紫式部は地獄堕ちだと論難する人もいたようです。儒教倫理の立場から『源氏物語』の中の男女関係を批判する人もいました。江戸時代の漢学者は『源氏物語』を遠ざけて読まなかった。夏目漱石も、そんな漢学的雰囲気の中で育ったために、紫式部を読まなかった。明治になってからはキリスト教倫理の立場に立って『源氏物語』を批判した内村鑑三のような人もいた。しかしそのような倫理主義的批判ではなくて、平安朝以来の日本文学を宗教との関係で近年の国文学者はどのように見ているか。国文学者は『源氏物語』に色濃く影を落とした仏教の痕跡、仏教の影響について盛んに論じます。これはいってみれば西洋のダンテ学者が『神曲』に及ぼしたキリスト教の影響について盛んに論じるのと同じで不思議ではありません。

しかし私見では『源氏物語』や能の場合には仏教以前の宗教のことももっと考慮に入れる方がよくはないか。『神曲』の場合にも今日のダンテ学者たちは「キリスト教の最高の詩人」と呼んでいるが、キリスト教以前の土俗の宗教のこともいま少し考慮にいれてもよくはないか。ダンテ学者たちはウェルギリウスその他の古典詩人からの影響の痕跡はくまなく辿っています。この種の影響は書物を介しているから特定しやすい。しかし特定しがたいのはダンテ自身がどこまで自覚していたかはっきりしない彼の ghost psychology です。たいていのイタリア人はダンテが亡霊について抱いていた気持はキリスト教的なものと決めてかかっているようですが、はたしてキリスト教以前のghost psychologyが潜(ひそ)んでいなかったかどうか。イェイツ（W. B. Yeats 一八六五－一九三九）の『煉獄』（*Purgatory*、一九三九）について、『煉獄』という題そのものはいかにもキリスト教的です。しかし彼がこの最後の作品に描いたghost psychologyがキリスト教だけのものだ、という人はもはやいないでしょう。というのもこのドラマはケルトの霊の世界やその伝統につながっているからです。パウンドやウェイリーが訳した夢幻能に影響され、ヨネ・ノグチとの会話などにも刺戟(しげき)され、イェイツは自覚的にアイルランドの土地に根ざしたghostlyなるものを作品の中によみがえらせました。

『源氏物語の宗教的精神』

仏教と『源氏物語』、仏教と能について研究が多いのは、外来の宗教は経典など書籍や学僧を通して伝教されたから影響の痕跡が確認しやすい、ということも手伝っているのでしょう。ところが神道は教理よりも祭祀(さいし)や儀礼が重んじられてきた。それだから神道の教義の中身を日本人はよく自覚していない。ましてやShintō ghostとでも呼ぶべき物の怪などの正体は摑(つか)みどころがない。だが『源氏物語』の中でも能の中でも、仏教だけでなく仏教以前の日本の土着信仰も息づいている。

ここで私が問題にしたいのは、日本の国文学者たちは文学作品の中に現れるそのような宗教だか迷信だかの役割をどのように評価しているか、という点です。先ほども申しましたが『源氏物語』でも、夢幻能でも、物の怪が出て来る場面は非常な迫力がある。ところがその物の怪が国文学の世界ではまともに扱ってもらえなかった。たとえば、千九百七十年代まで日本の国文学界では岡崎義恵東北大学名誉教授はその方面の権威とみなされる学者でした。岡崎は日本古典文学における宿世(すくせ)など仏教的観念の重要性をしきりと強調しました。(93)それを重視した岡崎は神道的要素は軽視しました。「源氏物語の宗教的精神」と題する論文がありますが、そこで岡崎は物の怪についてはこう述べています。

宿世のほかに物怪の力も世界を動かすこともあるが、これは出現の度数も少なく、重大性にも乏しく、また仏教の力で退散させられることがあるので、仏教より低い位置にある。その上、今日から見れば余りに迷信的で、宗教的地盤も不確実であるから、到底宿世の思想の重大性には及ばない。(94)

ここで岡崎教授に代表されるこのような見方に対し、三点ほど反論したい。

啓蒙主義的誤謬

第一点。物の怪は取るに足らないのか。今日から見れば余りに迷信的だから重要性が少ないというのは本当か。六条の御息所の生霊とおぼしき物の怪に夕顔や葵上がとりつかれ絶命する場面は非常な迫力がある。『源氏物語』の英訳者のウェイリーもそうした場面は一度読めば二度と忘れることはできない、と述べている。私にとってそうした物の怪こそ取るに足る存在です。文芸的効果といい心理的迫力といい嫉妬の具象化した姿といい、世界文学の名場面でしょう。岡崎教授は何を根拠に「取るに足らない」といわれたのか。察するに「余りに迷信的」だからという見方です。儒教にも怪力乱神を語らずという合理主義的傾向がありましたが、明治以降はそれに啓蒙主義的風潮が加味されて、迷信などは切って捨てるべきもので論ずるに足りない、ということになったらしい。だがそうだとしたら、あまりに素朴な立論です。啓蒙主義的誤謬と呼んでもよい。西洋の歴史を見ても、啓蒙主義の立場に立ち、理性万能で説明してしまうと、それに続いて必ず反動が来ました。ドイツの場合は「疾風怒濤」Sturm und Drang がそれで、ゲーテのように「感情がすべてだ」Das Gefühl ist alles! と叫びだすようになる。フランスではヴォルテールが理性主義を唱えるとその次にルソーの「自然に帰れ」の運動が多数の人の共感を呼びました。そしてそれに引き続くロマン派の時代には怪談 contes fantastiques が仏・独・英で尊重されたので、ホフマンやポーなどの怪奇趣味もはやった。ハーンは文学史的にいえばそうした時代の申し子でもあったのです。

そのように大観すると、平安朝の物の怪について信仰的評価から迷信的で論ずるに足らずと難ずることはまだしも可能でしょうが、文学作品に登場して恐るべき力を発揮し、読者にも感銘を与える生霊などについて文芸的評価から「余りに迷信的で」として論評を避けることは間違いではないでしょうか。

Buddha ex machina

第二点。次に物の怪が仏教の力で退散させられることがあるので、物の怪は仏教より低い位置にあるというのは本当か。『源氏物語』でも病人が出たりするとすぐに高徳の坊様が招かれお経を読み、護摩を焚き、お勤めが行なわれます。能でも物の怪が悪さを働くとしまいにワキの僧が数珠を揉み、一生懸命に祈る。すると、悪霊も折伏されて退散します。それで「失セニケリ、失セニケリ」と能は終わります。たとえばお能の「葵上」は行者が出てきて鬼相の、すなわち般若面をつけた後シテの六条の御息所と争う。御息所は「いかに行者。はや帰り給へ。帰らで不覚し給ふなよ」というが、行者は「たとひ如何なる悪霊なりとも、行者の法力尽くべきか」と重ねて数珠を押し揉んで山伏が祈禱の文句を唱える。「なまくさ　まんだば　さらだ、せんだ　まかろしゃな、そわたやうんたら　たかんまん、聴我説者、得大智慧、知我心者、即身成仏」。すると「読誦の声を聞く時は、読誦の声を聞く時は、悪鬼心を和らげ」という風に御息所も成仏して得脱の「身となり行くぞ有難き、身となり行くぞ有難き」と終わります。一見すると、岡崎教授が述べるがごとく仏教の力の方が物の怪よりも強いかに見えます。

しかしこれはあくまで演劇上のコンヴェンション、すなわち一種の約束事で、観客の印象に強く残るのは怨霊の方です。物の怪が複式夢幻能の後場で正体をあらわしその怨念を語る。そして舞う。それが演劇としてのクライマックスで主役のシテは怨霊です。旅の僧侶は脇役でしかありません。だが、およそ演劇は最後に幕を引かねばならない。そのために西洋演劇では近代劇以前は神様 deus が現われて万事目出度く終わるようになっていました。その神様をラテン語で deus ex machina「機外神」と呼びました。元来は古代ギリシャ演劇で神様が機械仕掛けで突然舞台にあらわれ、それで結末をつけたからその呼び名は出来たのだそうです。信仰などは感じさせない演劇上の便宜的な処置としての神様です。いかにも急場凌ぎの解決だから胡散臭くさえあります（能の「谷行」でも子供が殺されそうになると、最後に突然伎楽鬼神が飛んで現われて子供を上に覆った土木磐石の下から無事に抱き上げる、それと同じような結末のつけ方です）。その急場凌ぎの解決法は能のワキの僧がしまいに唱えるお経とても同じことで、信仰の力で問題が解決するというのではなくて、ドラマに結末をつけるための取決めの一種です。西洋演劇では神様が超越的な力でもってもつれた事情を上手に解いてしまう。それで「デウス・エクス・マーキナ」と呼びますが、能では仏教僧侶が超越的なお経の力で怨霊を退散させる。だから「デウス・エクス・マーキナ」に対し、私はこの幕引きの仕方を「ブッダ・エクス・マーキナ」と呼びたい。それではそのような演劇上の約束事のために登場する坊様が宗教的に重要といえるかというと、私には疑問に思えてならない。迫力の点ではワキの僧はとてもシテの物の怪に及ぶべくもない。宗教的に物の怪の価値は低い、と岡崎教授は言われたのでしょうが、演劇的には価値は低いとは言えないのではないか。むしろプリミティヴな信仰の方が強い原初的な力を発揮することはあるのではないか。

宗教は迷信の念入りの物にすぎない

第三点。仏教はきちんとした地盤のある宗教でその思想は重要性を持つ、しかし物の怪は迷信で宗教的地盤も不確実である、と岡崎教授も指摘しましたが、両者の差異ははたしてそれほど明確か。たとえば光源氏は夕顔に死なれた後、重病におちいる。「いといたく苦しがりたまひて、むげに弱るやうにしたまふ」。すると帝も心配されて「御祈り、かたがたに隙なくののしる。祭、祓、修法など、言ひ尽くすべくもあらず」。このような病気平癒のための加持祈禱は仏教によってはいますが「宗教は迷信の念入りの物にすぎない」というハーンの指摘を思い起こさずにいられません。片方は普遍的宗教でありきちんとした地盤があるが、もう片方は日本土着の宗教であり迷信で宗教的地盤も不確実であると区別するのは結構ですが、その実態の差はどれほどなものか。物の怪は真言密教の僧侶の加持祈禱によって調伏された、といわれますが、そのメカニズムは、験者が護法などの使役霊を呪文によって発動させ、患者に憑いた悪霊である物の怪を駆逐して下級の女房や童のつとめる憑坐に憑依させ、その物の怪の姿をあらわし演じさせるとともに、さらに使役霊を駆使してこれを外界へと追い出して、病気を平癒させる、というものです[95]。それが平安朝の仏教でもあった。その程度の仏教を重要視して物の怪を軽視するのはいかがかと思います。

外来の宗教はおおむね土着の宗教と習合するものです。それで修験道なども仏教と日本の古来の山岳宗教が結びついたのでしょう。そうした修験道などは仏典を読んでも説明はつきません。宗教は教義によって理解するのも一つのアプローチではありますが、実際に村や町で生きている宗教を観察するのも大切なアプローチです。チャールズ・エリオット卿は「神道が仏教より受けた影響よりも、仏教が日本に来て神道から受けたものが大きい」と言い切っています。日本の大学では仏教学の教授も学生もおおむねお寺さんの出身で日本の仏教こそ真の仏教である、という主張をなさりがちです。それだから、日本では仏教も神道化している、という事実を認めての上でのご発言ではないのだろうと思います。しかしそれは言ってみれば「地中海地域でキリスト教は古代からの地母神崇拝の影響を受けた。マリヤ崇拝は聖書よりもそこから受けたものが大きい」と学者が言ったとしても、カトリック教会の関係者は聖母像を大切にするカトリシズムこそが真のキリスト教である、という主張をなさるようなものかと思います。

ラバ神父さま

宗教文化の混淆の際には西洋においてもゼウスをデウスと同一視するような高次元の神基（しんき）習合（ギリシャ・ローマ神話とキリスト教の習合）も生じましたが、低次元の習合も俗信ももちろん生じました。キリスト教宣教師の側からすれば、自分たちの信仰以外の信仰はすべて迷信と思っていたのが十七世紀でした。ところが宣教師がひろめたキリスト教も、日本におけるそれが隠れキリシタンとして生活するうちに神道的な祖先崇拝に変質してしまったように――そのために隠れキリシタンのかなりの部分は明治の開国後もカトリック教会のもとへは戻りませんでした――マルティニークでも一部は変質して俗信となりました。

西洋文明の周辺地域であるマルティニーク島でも、かつては中国文明の周辺地域であり、最近百五十年来は西洋文明の周辺地域となった日本でも、外来のエレメントと固有のエレメントとの混淆現象は避け難かった。それはまあ当然の結果でしょう。混淆の結果、いいものも生まれるかもしれないが、妙なものも生まれたかもしれない。カリブ海地域でキリスト教を弘め、文明開化をしようとして、迷信退治を一生懸命にしたつもりのキリスト教宣教師が、二百年経ってみると、なんのことはない、その人自身が迷信の対象になったりしていたのです。ハーンの「亡霊」Un Revenant という作品にはこんな話が記されています。

マルティニーク島でカトリック宣教師たちは黒人たちを全員キリスト教に改宗させたと豪語しました。ドミニコ会士のジャン＝バティスト・ラバ（一六六三‐一七三八）の記録を読むと、そのためにきわめて残虐な方法で迷信退治を行ないました。黒人祈禱師が病人に呼ばれて祈禱をしたという廉だけで鞭打ち刑に処せられたり、人形に予言を語らせたという廉で死罪に処せられたりしています。土地の旧来の民俗に関心を寄せるハーンは二百年前のラバの『マルティニーク紀行』を読んで、たといいかにプリミティヴな文化であろうとも、それを偏狭なキリスト教宣教師の尺度で裁断してはならない、という確信をつのらせたのでしょう。それにハーンがクレオール語を習って土地の民話を聞き出すと、島民全員キリスト教に改宗したどころか、島は依然として亡霊が棲む魑魅魍魎の世界でした（怪談「魔女」はその一例です）。ラバは迷信退治には容赦仮借のない神父でした。ところが、なんとラバ神父その人が二世紀後の十九世紀の末年には迷信の対象になっており、住民たちの迷信のおかげでその名前は後世に伝わっていたのです。ハーンは「亡霊」の第四節の終わりにこんな様を皮肉なタッチで書きました。

　ラバ神父が撲滅しようとして奮闘した魔術や呪術は、この島ではみな生き残り、いまを盛りともてはやされている。しかもラバ神父の名前が口の端に上るのはもっぱらその迷信との関係においてのみである。いやそれどころか迷信の力によってのみ、黒人たちの間にラバの名前は伝わったのである。ゾンビやら悪霊やらを信ずるからこそ伝わったのである。人々はクレオール語でいまなおこう言ってむずかる子をすかしている。
「こら、そんな悪さをすると、ラバ神父さまに来てもらって、お前を連れて行ってもらいますよ！」

ハーンがマルティニークで発見し、日本で再確認したことは、土地の固有の信仰は容易に根扱ぎできないものだということでした。ハーンは俗信も面白いと思う人だったのです。

マルティニーク島では黒人たちのアフリカ渡来の信仰というか迷信にキリスト教が習合して不思議な宗教習慣が生まれました。多くの家に神棚のようなシャペル chapelle と呼ばれる幅の広い張出し棚が壁に取り付けられていて、そこに十字架とか聖像とかお燈明の蠟燭などが置かれている。それがフェティーシュといいますか、物神崇拝の対象となっている。近くの壁には聖体拝領や堅信の証明書などが貼ってある。それはどうやら日本のお札のような効能があるものとして尊ばれたのでしょう。そんなものは迷信だと切って捨てる立場ももちろんあり得ます。現にロティは日光で「活字が印刷された赤や白のお札が地蔵の腹の上に無暗に貼ってある。参詣の時節にここへ来てお参りをしたりお願い事をした人々の名刺代りというべきお札だろう。秋の雨がその紙をぐしゃぐしゃに濡らしていた」と嫌悪感を洩らしました。ロティはロシュフォールのプロテスタントの家の出ですが信仰はなかった。それでもお札は汚いと感じそういった。東大で教えていたときに私がこの一節を説明して地蔵のことを「すこぶる醜い、小人のような地蔵たちである。なにか悪を働いているにちがいない」といったロティに対して批判的な感想を述べると、キリスト教信者の女子学生で「やはりお札は汚い」と激しい口調で私に反論した方がおりました。というか私のこのような相対主義的な立場にたって講義することそのことが腹に据えかねる、という感じでしたので私の方が驚きました。

聖クリストーフォロのお札

しかしキリスト教会にもお札のようなものはいくらでもあるのです。御絵と皆さん呼んでいるが、正確には御影ですか、マリヤ様とか聖母子像とか聖人様のお札のようなものが教会の入口にお賽銭箱と一緒に置いてあります。

私が好きなお守り札は聖クリストーフォロ、英語ではセイント・クリストファーです。マンゾーニの『いいなづけ』の第四章に出てくるクリストーフォロ修道士が私は好きでした。その生い立ちなどさながら講談のような語りです。それで『いいなづけ』の初めに出てくるその章は東大や東外大ではイタリア語で、東京女子大では英訳で、別のクラスでは仏訳でも読みました。そんな私であったからヨーロッパへ行くとおのずと同名の聖人の像が目にとまる。そのたびに絵はがきを買う。伝説では聖クリストーフォロは幼いイエスやヨハネを肩にのせて岸から岸へ水を渡って行った人です。――それだから二十世紀には車を運転する人の守護聖人とも目され、お守り札になっている。

政教分離の原則を楯に護衛艦に神棚を設けるのは違憲だと言い立てる人が日本にはおりますが、西洋の艦船にも祭壇はあります。その調子で文句をつけ出すとイタリア国鉄の運転室に聖クリストーフォロのお守りをぶらさげているのも政教分離のイタリア憲法違反になりかねません。しかしそうした風俗化したものまで咎めだてすべきことなのか。私が学んだフィレンツェは共産党が強くて市長も共産党、左翼教授も多かったが、同地の大学は国立であるにもかかわらず、建物が古いせいか十字架のキリストの像が教壇の黒板の上にありました[96]。

――ところが思いもかけぬ方からこのお札という由緒ある宗教風俗[97]を廃止する動きが出て来ました。ヨハネス二十三世が法王様のときに改革が次々と行なわれましたが、聖人様のお札についても否定的な意見が出ました。ほかならぬヴァチカン内部から出たのです。それで聖クリストーフォロのお守りもいけないといわれた。たしか一九六二年ごろでした。その新聞記事を読んだ時は私のような信仰のない部外者にとっても、それは意想外な改革で、なにか惜しいような気がしました。それに実際問題としてそのような民衆の信心は容易に根こそぎできるものではないのです。それだから半世紀経ったいまも運転席にクリストーフォロ聖人のお守りは、前より数は減ったかもしれないが、依然としてぶらさがっているようです。私の姪がローマで美術史を勉強しているのでヴァチカンの骨董屋で安物を探してもらいましたが、面白いのはその私に送られてきたクリストーフォロ聖人のお守りのお札の一つに、なんとお札は迷信だからやめにするといわれたヨハネス二十三世その人のお祈りの言葉が書き添えてあったことです。ここに訳出しますが、聖フランチェスコの「太陽讃歌」とどこか似ている。イタリアではジョヴァンニ二十三世として慕われた法王様のお祈りはさながら一篇の詩のようです。

主よ、私にしっかりとした手とはっきりとした目をお授けください、

Pregbiera dell'automobilista

Signore! Concedimi una mano ferma
e un occbio vigilante, affinché non
ferisca alcuno quando passo.
Tu bai dato la vita e io
Ti cbiedo cbe nessuna delle mie azioni sia
contro questo dono cbe viene da Te.

Insegnami ad usare la mia automobile
per i bisogni degli altri,
a non disprezzare,
per amore della velocità,
le bellezze del mondo cbe
Tu bai creato, affincbé possa
con gioia e cortesia
continuare la mia strada.
(Giovanni XXIII)

Printed in Italy

RCC 59 IT

イタリアの交通安全のお守り。クリストーフォロ聖人の画の裏面には、ヨハネス23世のお祈りの言葉がある。

私が走行するときに誰も傷つけないように。
主よ、あなたが命を与えられました。私の運転のいかなる動作も
あなたのこの贈物に害を与えることのないようお願いいたします。
また私の自動車を他人の必要のために使うことをお教えください。
スピードを愛するあまり、主よ、あなたが創り給うたこの世界の美しさを
私が見下げたりすることのないように。そして私が喜びと思いやりをもって
私の道を続けることのできますように。

この最後の「私の道」は車の道ですが、私の人生の道でもあるのでしょう。この法王様のお祈りの後半の言葉 Insegnami ad usare la mia automobile per i bisogni degli altri, a non disprezzare, per amore della velocità, le bellezze del mondo che Tu hai creato などいかにも身近で具体的で「ああ、ここには日常生活に宗教が生きている」と感じた次第です。私は神社で車の安全祈願のためにお祓いをしている図などなにか滑稽なことのように以前は感じていましたが、こうした些事に気をつけると、日本の神社もイタリアのカトリックの教会も同じようなことをしているのだなとほほえましい気持になりました。

毛沢東のお札

お守りについて別の身近な例を引きましょう。私が癌の手術を受けると聞いて台湾で

教えた学生が留学先の北海道からお守りのお札を送ってくれました。そんな気づかいはやはり有難い。私は理科系の家に育ったせいか、若い日に受けた特別科学組の教育が深く刻まれているせいか、合理主義的思考の強い人間で、人間関係に過度の気づかいを示さない者ですが、それでもその北海道神宮のお守りを捨てるというような罰当りな真似はしません。外出に持参する鞄の中にいまも入れてあります。その話をしたら、中国大陸は唯物論だからその地から来た留学生ならそんな迷信じみたものは送らないだろう、という人がいました。観念左翼の男がさかしらを言うと私は思いました。人間、共産党一党支配の下で育ったからといってそんな風に割り切れるものではない。現に私はこんなことを見聞しました。

一九九二年、北京に着いてタクシーに乗って私はぎょっとしました。フロント・グラスに毛沢東の写真がぶらさがって風に吹かれていたからです。一面は若いときのブロマイドでなかなかの美男子、もう一面は晩年の毛主席で額が禿げ上がっている。毛沢東崇拝の復活かと思い、中国の同僚に聞いたら「お守りですよ。車と車と衝突したとき、毛さんがいればこちらは大丈夫なんだ」と笑いました。私も北京の道ばたでお土産に買いました。最初は一枚五十円というのを値切って日本円で一枚十二円とし、三枚まとめて一元五毛で買いました。これで私が毛主席を高く買っていないことがおわかりでしょう。毛沢東が撲滅しようとして奮闘した宗教や迷信は、この大陸では改革開放の時代にはこうして形を変えて生き残り、毛その人が迷信の対象になっており、そんな住民の信心というか盲信のおかげでその名前は生前も死後も後光を帯びているのです。この場合、聖クリストーフォロのお守りと毛沢東のお守りとほとんど似たようなものではないでしょうか。もっとも衝突した場合、相手の車の方が潰れ自分の方は勝つ、自分だけは生き残るという露骨な効能は、聖クリストーフォロのお守りについては、聞きませんでしたが。

ハーンが集めたお札

お守りにすがる心理は古今東西にあります。私の話がお札に触れたために遠くフランスから反響が返ってきたこともありました。私は『破られた友情――ハーンとチェンバレンの日本理解』（新潮社、一九八七、一一三頁）でこの二人の関係について調べ、戦前の日本人がチェンバレンを讃えたのは「この西洋人が世界に知られることの少ない日本文化に対し真面目な関心を示してくれたからに相違ない」として『國語と國文學』第十二巻第四号に載った次の話を紹介しました。

――美術史家の秋山光夫は一九三〇年オクスフォード大学を訪ね、ピット・リヴァーズ博物館で箪笥の大引出三杯に満たされた日本のお札のコレクションを見た。その中にある三島神社、八坂神社、阿夫利神社、日枝神社のお札は自分がいま同じものを肌身につけている。信心篤い母が光夫が日本を鹿島立つ朝、心をこめて肌につけてくれたのである。故国を遠く離れて旅する秋山は、次から次へとこれらのお札を手にするにつけ、幼い頃の気持が湧然とわいて懐郷の情に堪えなかった。――秋山はこれらのお札はいずれもチェンバレンが蒐集したものと思いました。中には「東京、赤坂区、臺町拾九番地チヤンバレン君」と表記した封筒にはいったままのものもあったからです。そしてお札と共に明治二十年ごろ出雲大社で上梓頒布した一尺に二尺ほどの和紙に着色木版した「福神の図像」が出て来た。見れば像の上には出雲大社小宮司秋山光條と署名して「福神辨」の一文が記されている。秋山光條は光夫の父である。――その一文を読もうとして思わず眼は涙にくもった……

このオクスフォードのお札は実は出雲でハーンが集めて東京のチェンバレンへ送ったものを後者がピット・リヴァーズ博物館へ寄贈したものです。当初ハーンとチェンバレンの二人はたいへん親しく学問的に協力していた仲でした。

フランクが集めたお札

ハーンは先駆的な民俗学者の一人として来日してお札の蒐集を始めました。マルティニークでキリスト教信仰が土地の庶民信仰となっている様を目撃したハーンだったからこそ日本でもそんなお札に関心を示したのでしょう。いかにも民俗学者らしい関心といえると思います。仏典についての書籍的理解の力に欠けたハーンでしたが、「街の音が聞こえてくるような人々の生活に親密に結ばれた」具体的な姿の宗教への関心においては、ハーンはコレージュ・ド・フランスの初代日本学担当講座の教授となったベルナール・フランク（Bernard Frank　一九二七－一九九六）の先駆者でした。[98]ハーンが前にいたからこそベルナール・フランクも後にお札を集めて一大コレクションを作ったので、その経緯はフランクの死後、二〇〇六年に夫人の仏蘭久淳子訳でベルナール・フランク著『「お札」にみる日本仏教』（藤原書店）が出、二〇一一年にフランス語の *Ofuda, La collection Bernard Frank* が大冊で出るに及んでさらにはっきりしました。フランクはハーンについて美しい言葉でこう綴っています。淳子夫人の訳をここに引用しますが、著者は亡くなる前の年の一九九五年春、四十一年前の来日当時を回想してこう記しました。

　ラフカディオ・ハーンはその著作『知られぬ日本の面影』（*Glimpses of Unfamiliar Japan*）の中に、あきらという学生の案内で初めて鎌倉を訪れ、円応寺において、大仏師運慶作と伝えられる衝撃的な閻魔王の像を見た時の様子を語っている。ハーンは帰り際にこの閻魔像の姿絵があれば購入したい旨を伝えると、「寺の番人は〝聖なる文字〟が印された閻魔王の小版画を取り出し、私がそれを買い求めると、版画に寺印を捺印してくれた。その印は美しい漆の箱に納められ、柔らかい皮袋で包まれていた。細長い石に形象文字が朱色に浮き彫りになっている。寺の番人は朱墨でそれを濡らし、閻魔像の版画の片隅に押し、これで私の買物の正当性が成立したのであった」。ラフカディオ・ハーンが手に入れたこの版画は、本尊のお姿の肖像を刷った「お札」であったことは言うまでもない。時には「お姿」とも「御影」とも言われるものである。

私は常々、日本において崇拝されているすべての尊像に、本尊やそれを取巻く神仏も含めて、無数とも思われるヴァリエーションがあることに魅了されていた。それは日本の宗教史の古さ、宗派とその伝統の多彩さに由来すると共に、宗教に対する日本人の柔軟性、寛容性の証しであり、またその想像力の豊かさを示しているものであろう。日本は他のほとんどの国で失われてしまった豊富な仏教パンテオン〔「八百万（やおよろず）の神」や「諸尊」……〕をその豊かさのままで伝え得た稀有な国であった。

初めて日本に到着した一週間後、私の記録によれば一九五四年五月十六日の日曜日午後、当時駿河台にあった日仏会館から私は上野・不忍池に出かけた。不忍の弁天堂は惜しくも戦禍で破壊されて仮堂に過ぎなかったがそこに参詣した後、階段を登って清水堂という池に望んだ観音の寺に至り着いた時、寺務所の窓際に並べられてあったこの寺の本尊千手観音（せんじゅかんのん）の小版画を発見して感動した。明治の初めにハーンが買ったような版画ではないか、私もハーンの如く……、とそれを買ったのがその後に長く続くお札コレクションの最初の一枚だったのである。

このようなお札にまつわるエピソードは、日本の民衆の信仰を、それを批判する前に、内側からそれを理解しようとすることが大切で、その態度においてハーンからフランクへ学問的系譜がつながっていた、ということを示しているのではないでしょうか。(99)なお本の標題は『「お札」にみる日本仏教』となっていますが、同書の第五章「権現部」では本地が仏陀や菩薩で、日本の神として示現したとされる諸尊である三宝荒神、蔵王権現、愛宕権現、金毘羅様、お稲荷様、荼吉尼天、湯島天神、富士浅間大神、牛頭天王、鐘馗様、さらには天狗のお札までも集められています。日本のお札の世界でも仏教と神道とが習合していることが図像から見てもよくわかります。それもあって明治維新の直後に発生した廃仏毀釈運動の際には権現、天王、牛頭など仏教に由来する神名の使用は禁止されたこともありました。

以上、宗教的混淆の細かい事例を二、三具体的に述べました。

第九話　グロバリゼーションと表裏をなすクレオリゼーション

――ハーンの先駆的考察の今日的意味

標準語支配と母語喪失

　中心文明と、それに対するいわゆる粟散辺土(ぞくさんへんど)[100]の周辺文明の関係について、第六話ではとりあげ、漢文化の圧倒的な影響下に生じた日本人としての危機意識 identity crisis の問題をとりあげ、わが国における白楽天の受容というケース・スタディーを通して、文化上の危機の自覚がどのような形であらわれたかを見てみました。アイデンティティーの自覚の問題が生じたのは、母語とその文化が奪われるのではないか、という怖れの潜在意識が働いたためのようです。人間には母語で詩をうたいたい、母語で思いのたけを述べたいという気持がある。[101] 独立というと人間は政治的独立をまず念頭に浮かべるが、言語的独立を求める気持もある。自己の宗教文化的アイデンティティーを保持したい気持もある。

　ところでその種の言語文化的な自己主張の言い分は、世界文学史を通観すると、各地に自然発生的に見られます。[102] 覇権(はけん)的な大文明の影響下でいかにして本来の自己をうたいあげるか、という詩人としての主体性の強調と、それにともなう母語の擁護と顕彰です。それはただ単に詩論にとどまる芸術論ではありません。その主張が文化的アイデンティティーの維持を願う心の声でもあるところから、その母語という言語によって結ばれた集団の欲求であるがゆえに、詩論は意外にもナショナリズムと結びつきやすいのです。ネーションを決定する一番強い要素はどうやら言語的連帯であるらしい。

しかしこれから先の大問題は、その母語すらも維持できなくなるほど外部からグロバリゼーションの圧力がかかってくるときはどうすればよいのか、文明の混淆（こんこう）は不可避的に生じるのではないか、という臨界点を越える事態が発生した場合です。また母語喪失とまでは行かずとも小文明の側の混淆は不可避的でしょう。その際、特定の大宗教文化に圧迫される周辺地域の小宗教文化の運命はどうなるのか、という問題意識もまた生じます。今後地球社会の中で日本の神道文化はどのような地位を占めるのだろうか。それは別の言い方をすると、グロバリゼーションが進行するにつれそれと表裏（ひょうり）をなして進行するクレオリゼーションに日本人はどう対処すればよいのか、という問題意識でもあるのです。そのような新事態に対してただ単に対抗意識を燃やして拒否反応を呈すればよいのか、というとどうもそうではないらしい。新しいチャレンジにいかに対応するかというのがこの最終の第九話の話題です。

二十一世紀の今日（こんにち）は、表ではグロバリゼーションが進行し、裏ではクレオリゼーション creolization と呼ばれる文明混淆、さらには人種混淆が進む時代です。グローブが「地球」で、グロバリゼーションとは「地球化」という意味で、globalization はアメリカ起源の英語ですが、フランス語ではモンド le monde が「世界」で、グロバリゼーションはモンディアリザシオン mondialisation といいます。交通通信手段の進歩にともなって地球が金融経済など多くの面で一元化されつつある。するとアメリカ型の中心文明が全世界を支配するようになり、各地域ごとに存在したかつての小文明は大文明と混じり合って混淆現象をひき起こします。西洋人はグロバリゼーションの動きの中で自分たちがチャンピオンの主流派の方だから、非主流派のことがまだよくわかっていませんが、非主流のマイノリティーたちの側は覇権的な大文明が浸透してきて生活面、思想面、言語面、宗教面などほとんどあらゆる面で大文明の要素がはいってくる。それが混在、混合、混淆していきます。すなわち広義のクレオリゼーション、クレオール化が始まっているのです。

グロバリゼーションが進行しセントラルな文明の影響力が大きくなればなるほど、インターネットの普及の例でもわかるように、英語が世界の共通語として力を増してゆきます。そうなると少数言語の人々はその趨勢に呑み込まれて英語を習うことを余儀なくされる。(103) それのみか、悪くすると自分たちの言語を失うかもしれない。かつて近代以前にもイギリス諸島、ブリティッシュ・アイルズといわれていた地域では英語が支配的になったために、アイルランドのゲーリックとかウエールズのウェルシュとかいった言葉は使われなくなりました。使うとしてもおおむね英語と共用で、ゲーリックだけウェルシュだけという人はもはやほとんどおりません。それは日本列島についても似たことがいえます。アイヌの言葉だけを話す人はいなくなりました。

地球社会の田舎者としての日本

するとそれと同じ調子で、これから先、この地球社会の地方人である日本人は二十一世紀のうちにもグローバル・ソサイアティーの一員として日本語だけでなく下手な英語も話さざるを得なくなるかもしれません。明治維新の後に地方の人も「標準語」なるものを話さざるを得なくなった。それと同じような現象が地球規模で起こりつつあるのです。それだけならまだしもですが、そのうちに日本列島でも頭のいい人は英語を盛んに使って仕事をし生活するようになるでしょう。その人たちの方が給与も高くなるでしょう。日本列島に住む人々の過半数が英語を自由に使用するようになると、言語的に臨界点を越え、日本列島でも日本語は通用しにくくなるかもしれません。さきほど明治維新の後に地方の人も「標準語」なるものを話さざるを得なくなったと申しましたが、そうこうするうちに地方の方言は消滅し始めた。漱石の『坊つちゃん』に出てくる松山の方言は、今は松山でもそれを特別に習ったバスのガイドさんたちが観光客を楽しませるためにのみ話されているだけです。日本における中央集権国家の成立と似たような状況が地球規模で繰返されるとするならば、地球社会のローカルな言語である日本語は生きのびるか、(104)という懸念(けねん)が生じるのは当然でしょう。日本人が呑気(のんき)に構えているのは、日本が歴史的には海によって護(まも)られ外国に支配されたことのない大きな島で、日本語を話す人口がいまのところ多いからです。(105)日本には日本語文化が深く根づいている。それだからアメリカ軍の七年弱の本土占領によって日本人の言語が英語に変わるようなことはなかった。アメリカ軍の占領が二十数年続いた沖縄でも変わらなかった。それに反してアメリカの統治が四十年近く続いたフィリピンで英語が普及したのは、それ以前にフィリピンのタガログ語文化がそれほど全島あまねく深く根ざしていなかったからでしょう。

引用と翻訳の関係

ところで今日の平川の話の中でも西洋語の引用がありました。日仏会館での講演ですからフランス語も引用しましたが、グロバリゼーションが進むと英語が世界の共用語になりますから、英語の引用がこれから圧倒的に増えるでしょう。日仏会館ではフランス人はまだフランス語で講演していますが、日独文化研究所ではドイツ人はいまやもっぱら英語を用いて講演しています。そうした英語本位の世界になるにつれ、日本語文章の中に英語を引用するのは当たり前になるでしょう。英語の引用に一々日本語訳をつけなくなるかもしれません。それはいってみれば私の少年時代である昭和初期には日本語文章の中に漢語漢文が訓点もなしに、それでも当然読者に理解されるものとして、引用されていたようなものです。それに英語を片仮名綴りで引用するよりはアルファベットで引用する方が正確でいい。そうなると英語がおわかりの皆さまには問題はないかもしれませんが、英語の読解力に欠ける方には忌々しい感じもするかと思います。しかしこのような文化の混交はこれから先、良かれ悪しかれ、一層盛んになります。日本語の中に英語が混じりこんでくるのも実は今日お話ししたクレオリゼーションの一例です。それを皆さまは私たちの世界の拡大として歓迎なさるのか、それとも日本固有文化や日本語が汚染されたと反撥（はんぱつ）なさいますか。そのどちらでございますか。皆さまが愛する日本はそもそも和服の日本か、それとも洋服の日本か、そのような選択を迫られたとき、皆さまはどうお答えになりますか。洋服をお召しになっていながら「和服がいい」とおっしゃる方もまた出ようかと存じます。人間の強がりというか誇りというか反撥心はしばしば奇妙な姿をとるものでもあるからです。

日本には母語喪失の事態は起きませんでしたが、そうした母語喪失は十七世紀には大西洋の植民地の島では起こりました。その言語喪失を補うために生まれた言葉がクレオールでした。狭い意味でのクレオールとは何かについては第七話で説明しました。またなぜラフカディオ・ハーンがクレオール理解の先駆者となり得たのか。そのこともすでに説明しました。

ではそのこととハーンの日本という混淆文化（混交文化）の国、いいかえるとクレオール・ジャパン Creole Japan という解釈とはどのように関係するのか。その点について、まず歴史的背景からお話ししましょう。

Creole Japan が生じた歴史的背景

広い意味でのクレオール化とは、繰返して申しますが、中心文化と周辺文化の習合の謂いです。神仏習合などという時の習合の意味で、日本列島では外来の要素と固有の要素が宗教、思想、表現、風俗など多くの面で混淆現象を起こしていることが見られます。それは日本がかつては中国文化の世界にまきこまれ、フランス語でいうところのシニザシオン sinisation、すなわちシナ化[106]が起こったからです。このシナ化は物質面だけではない。精神面でも起こります。十八世紀、本居宣長は中国本位の見方に従う日本人漢学者の心性を「漢意」と呼びました。十九世紀中葉以後の日本は西洋文化の世界にまきこまれ、日本は西洋文化の吸収につとめました。その現象は日本の西洋化などと呼ばれました。その際も西洋本位の価値観を尊ぶ日本知識人が現われました。かつては中国本位の中華思想に染まりましたが、ついで別の「から心」――「から」とは中国に限らずひろく外国を指す称ですから――が流行りました。すでに安土桃山時代にはローマ本位のキリスト教、明治以来はフランス本位の普遍主義、大正以来はモスクワ本位のインターナショナリズム等々に染まった日本人も次々に出ました。日本の帝国大学がドイツ風の学問に支配された時期もありましたが、昨今のように外国語は英語一つしか習わない日本人がふえだすと、日本はそのうちに英語文化に内在する価値体系に従う「から心」の傾向を一層強めもするでしょう。そうした人は皇室の内部からも出るかもしれない――そしてそれに対する反撥もまた強まるでしょう。日本に反米感情があるのはグロバリゼーションが多分にアメリカニゼーションであり、その結果生じる心理的・物理的圧迫を鬱陶しいものに感じるからではないでしょうか。

日本は第一回の外来大文明との接触で中国化しました。漢字文化の渡来にともない漢訳仏典が日本に伝来し、宗教面では神仏習合とか本地垂迹説、言語面では漢字仮名混じり文とか音と訓を混ぜる読み方、漢文訓読体などの混じりあいが生じました。それは千五百年ほど昔からのことですが、百五十年ほど前からは西洋文化がはいってきて、生活面でも和食洋食、和服洋服、和洋折衷の建築などの混じりあい、いまでは畳のある家の方が数が少なくなるなど混淆現象は枚挙にいとまありません。形而下の物質面だけでなく形而上の精神面でも西洋の影響、とくにアメリカの影響は強まる一方です。近年の現象ではフェミニズムなどもプロテスタント米国など西洋起源の影響の一例かもしれません。外来の影響とは日本側に内在する欲求に火を点けるものでもあるのです。

日本語はかつては中国文化の影響で漢字仮名混じり、いまは西洋文化の影響でカタカナ混じりですが、しかしそうはいっても日本語の文法構造そのものは変化していません。その種の文化の基本構造には変化はなく、私たちはまだ日本語を使っています。しかしこれが異文化の力が圧倒的になり、臨界点を越えると多数住民の使う言葉が支配者の言葉となってしまい、発音だけが土地の言葉の名残を留めるようになったりいたします。そうなると外来文化の導入によって自己の固有と思われていた文化が変質を始めます。この変質には内発的な変質と外発的な変質の二つがあり、主として外発的に文化が混じることを広義のクレオール化、クレオリゼーションといいますが、どこまで外発的でどこまで内発的か明確に区別することは難しい。植民地の人が宗主国の言語を習うのは外部からの押し付けという面もあるが、その言語を習うとなにかと有利だという内発的な動機があったという面も見逃してはなりません。

混淆と混交

グローバル化の過程でメトロポリタンの主流文化の世界では――たとえば北米社会などでは――従来の英語言語文化や従来の西洋キリスト教文明を維持する度合が高いから、アイデンティティーの保持が比較的に容易ですが、周辺のマージナルな文化は時には従来の言語や宗教を失い、主流文明にまきこまれる度合が強くなります。

クレオール化 creolization ということがかつてのカリブ海地域のローカルな意味においてだけでなく、いまや世界史的な意味において話題となりつつあるのは、周辺の小文明が中心の大文明にまきこまれる、という意味におけるクレオール化がグローバル化 globalization と対（つい）になって発生しているからです。この両者は対になる概念なのではないでしょうか。グローバル化が光の当たる部分だとすれば、クレオール化はその影の部分です。前者がクローズ・アップされる割に後者が話題にのぼらないのは、陽光の部分は光り輝くからよく見えるが、陰影の部分は暗くてよく見えないからでしょう。ただしこのような両面をともに見るためにはクレオール化の概念をカリブ海の局地的・歴史的な固有名詞的な観念から解き放ってあらためて一般的な観念として再定義せねばなりません。

その定義の内容とはどのようなものでしょうか。文化的圧力が加えられ、クレオール語を生み出すような文化変動を「クレオール化」と呼びます。狭義には「言語を混交させること」ですが、言葉と文化は不可分だから広義には「文化を混交させること」の意味にも応用可能です。なお今日の日本では「混交」の「交」は交わるの「交」を用います。これは以前に用いられた「混淆」の漢字が複雑であるところから行なわれた単純化に相違ありませんが、「混淆」と「混交」ではニュアンスに違いがある。そのことにまず注目しましょう。諸橋轍次の『大漢和辞典』には「混淆」には「入りまじってはっきりしなくなる。ごつたまぜ。雑乱。渾殽」と出ています。この最後の「渾殽」も「混淆」「混交」と同じく歴史的仮名遣いではやはり「こんかう」、いまの仮名遣いでは「こんこう」と書きます。ただし『大漢和辞典』には「混交」はありません。「淆」の字は「みだす。みだれる。いりまじる」「淆、乱也、雑也」また「にごる。にごす」「淆、水濁也」などと説明されています。「淆」と「交」には違いがある。前者にはネガティヴなニュアンスが明確に出ています。ちょうど英語にも promiscuous と mixed には区別があり、前者が mingled indiscriminately と定義され、例として「性的乱交」promiscuous sexual union があげられているようなものです。

それでは異文化を積極的・能動的に受容すべきなのか。それとも異文化の影響に消極的・受動的に心身をさらすだけでそれで良いのか。文化の摂取は精神的な食物に似て、好きだから選んで摂取する、という場合もあれば、好き嫌いを問わず、外から押し付けられ、止むを得ず受容する、という場合もあります。このように異文化受容の形態は、内面的・自発的な場合もあれば、外面的・他発的・強制的な場合もあります。植民地支配下や軍事占領支配下で文化の接触や受容や同化が行なわれた場合などはその後者に属します(107)。その強制の度合を示す目安は、最悪の事態は他人種受容を性的に強制されることであり(プランテーションにおける支配者の性的支配、占領地におけるレイプ)、ついで文化受容を強制された人々が母語を喪失するか否かでしょう(108)。しかし実は後者のような「混交」というより「混淆」と呼ぶべき強制された受容の場合ですらも、知識人は能動的・主体的に受容に立ち向かうことによって事態を好転させ得るものなのです。植民地出身者に本国と植民地の双方の文化を身につけた知的巨人が出現したのはその例証でしょう(109)。というかアングロ・サクソン優位の北米大陸へ移住した非英語人たちの多くは、二世・三世となるに及んで、親たちの母語を喪失しました。米国人はその体験を目撃しているがゆえに地球一元化の過程で母語を喪失する人が出て来ようともそれをさほど悲劇としては捉えていないのではないでしょうか。なお西洋人は植民地化というと、北アメリカのコロナイゼーションなどを思い浮かべるせいか、自分たちの植民地化事業は「白人の重荷」(110)としてそれを引き受けたことをキリスト教化や文明開化の事業として肯定する傾向にあり、それに対して日本の植民地化事業は帝国主義的支配であるとして否定する傾向にあります。そのような西洋起源の見方に同調する日本人学者もいますが、これはやはり人種的偏見のある歴史判断と思います。

技術の進歩にともないグロバリゼーションは私たちが好むと好まざるとにかかわらず進行します。日本はもはや鎖国の世界に戻れない。グロバリゼーションの過程には大文明の側からする一元的で一方的なユニラテラルな価値の押し付けがともなう以上、これもまた外から強制される文化受容と呼べないことはありません。そうした場合にも、これに対し拒絶反応を呈して背を向けるのでない限り、そして新形式の文化が私たちをめざして受容を迫ってくる以上、私たちは好むと好まざるとにかかわらず、新しい文化を受け付け、さらには自発的に探し求めることとなります。(三) コミュニケーションの手段として墨や毛筆を捨ててパソコンのキーを叩くことへの移行に抵抗感を覚える人であろうとも、新時代の要求に応じないわけにはいかないのです。では人間は一体どこまでその外部からの圧力に同調し得るのか。その限界点はどこにあるのか。

傍流としての居心地の悪さ

第二次大戦後、先進国による植民地支配の体制は崩壊し、社会主義の実験も失敗に終わりました。日本はその過程で通商産業立国により経済的には再建に成功しました。今日、東アジアで島国の日本も台湾も繁栄しています。民主主義の実験にもかなり成功し、政権交代は国民の選挙によって行なわれ、一党専制の弊害は見られていない。しかし地理的にも、国際政治的にも、そして文化的にも、この地球世界では日本は相対的に小さい島国です。その証拠に日本語は日本以外の国では通用しません。グローバル化が進行する中で地球社会における傍流としての居心地の悪さも感じています。それは日本が主流となり得ないからでもあるのです。金融面をはじめとしてグローバル化が進行する際、グロバリゼーションの内容がなにであれ、この地球世界の主流は、政治的にも、文化的にも、経済的にも英語国を中心とする勢力のようです。アメリカの力は相対的には衰えつつあるとはいえグロバリゼーションの過程で中国語が世界の共通語になるとは思われません。中国が世界の基本通貨を米ドルでなくほかの貨幣にしたいと提案する日がかりに来るとしても、その提案そのものはやはり英語でなされるのではないでしょうか。

そのような地球社会で私たち東アジア人は英語を学ばなければなりませんが、西洋人は必ずしも日本語や中国語を学ばずとも済んでいます。そのような非対称的な関係が現実である以上、日本や台湾や韓国は国際社会において、けっして末流ではないが、あくまで傍流です。自分たちの意見を自国語で述べてその見方を外部世界に押し付けることはできません。せいぜい自分たちの意見をまわりの国々に聞いてもらえるよう英語などの外国語で発信できるように努力しなければならないのです。

そのような状況は、大きい小さいの差はあるが、実はかつてマルティニークの島の黒人が主人の言語であるフランス語を学び、クレオール語という下手なフランス語で会話せざるを得なくなった状況と相似しているので、その現実を直視しなければなりません。

クレオール性の再評価

ここで国家の独立と植民地化やクレオール化の問題について考えてみましょう。第二次世界大戦以後、旧植民地は次々と独立を獲得しました。その際、声高に弾劾されたのは植民地支配の旧悪でした。旧支配者は非難されました。旧支配者と協力した現地の人々も糾弾されました。かつての被支配者たちは自分たちの文化の復権を試みました。新大陸のアメリカやカリブ海の島々から自分たちのルーツを求めにアフリカへ行く黒人も現われたほどです。しかしそのルーツ探しがおおむね空しい試みに終わったこともあって、民族ナショナリズムや人種ナショナリズムをただ単に高唱するだけでは、正確な現在の文化史的実態の把握は行なえない、という自覚もやがて生まれました。それというのはカリブ海地域や西アジア地域出身の作家が、かつての宗主国の言語である英語やフランス語で自己表現をためらわないのみか、それらの作品が世界文壇の注目を浴びたりするようになったからです。その本人のいちばん得手な言葉も（それまでは強制的に習わされたといって非難したこともある）旧支配者の言語であるらしい。かつては負の遺産として非難された支配者の言語でもって書くことが公然と認知され、肯定されるように変わってきたのです。旧支配者の言語で書くのだから、その言葉と文化に含まれた価値観も当然部分的には継承することとなります。植民地支配を絶対悪として非難し否定しつつ、しかも植民地化に含まれていた文明開化の遺産継承を善とみなすこのような態度には矛盾はないのでしょうか。

なぜそのような現実主義的な見方が、世界的に勢を得てきたのか。その動きを結論的に要約する言葉が éloge de la créolité「クレオール性礼賛(らいさん)」です。同名の著書はジャン・ベルナベ(Jean Bernabé)、パトリック・シャモワゾー(Patrick Chamoiseau)、ラファエル・コンフィアン(Raphaël Confiant)の三人の手で、一九八九年にガリマール社から出版されました。この本は後に対訳本——といってもフランス語とクレオール語の対訳でなく、フランス語と英語の対訳——で一九九三年に同社から出ました。英訳のタイトルは *In Praise of Creoleness* といいます。「人間存在は多様性と異質性の中に花さく」とはブルターニュ出身のヴィクトール・セガレン(Victor Segalen、一八七八 - 一九一九)の言葉で、[12] 人間存在の高揚はクレオール化の中に認められることを示唆(しさ)しました。カリブ出身の黒人作家たちの「クレオール性礼賛」とは、マルティニーク島における過去の多様な文化の「混交」ないしは「混淆」の肯定です。それはもちろんフランス文化とは異質のものである。かつてはフランスとは異質であることをカリブの人々は劣等なるものとして恥じていたが、いまはそのようには考えない。そしてマルティニークにおけるそのようなクレオール性の肯定に大きな役割を果した人がほかならぬラフカディオ・ハーンなのでした。

コンフィアンのハーン評価

二十世紀中葉以後、マルティニークという旧植民地で、黒人作家によるかつての支配者批判に代わって、クレオール性の礼賛という植民地体験の肯定とはいわずとも植民地遺産の肯定が行なわれ、文化史的座標軸の転換が行なわれたのは千九百九十年代にはいってからのことですが、ハーン再評価はそれよりやや遅れました。黒人作家たちは小説『ユーマ』について直接言及する前に、ハーンの民俗学的な業績や紀行文をまず再評価しました。

ラファエル・コンフィアンの「素晴らしき旅人、ラフカディオ・ハーン」という一文は Hearn, *Two Years in the French West Indies* (Oxford, Signal Books) という新版に寄せられた「まえがき」で二〇〇一年に発表されました。私はその年の二月、マルティニークで開かれたハーン学会でコンフィアンが英語で読み上げるのを聞きました。この文章は拙著『ラフカディオ・ハーン——植民地化・キリスト教化・文明開化』(ミネルヴァ書房、二〇〇四) の「あとがき」に全文日本語に訳してあるので、ここではその要点のみをかいつまんで紹介します。

コンフィアンはハーンが熱帯の夕暮を描く自然描写の正確さにまず驚き、ついでハーンがマルティニークの霊能者の秘密の世界にはいりこんだことに驚き、ヨーロッパの画家が「冷たい色」として分類する灰、青、茶、菫(すみれ)、緑が熱帯の風景の中では悲哀や憂鬱(ゆううつ)を表現するものでないと気がついていることにさらに驚きます。そしてそのようなハーンの感受性の由来をハーンの混血児という背景に求めます。ハーンがなぜ世界の「多様性」に興味を示し、多種多様の言葉を習い、なぜクレオールの文化に飛びついたかを考えます。そしてハーンの言葉を引用します、「町の叫びは、甲高い、遠くまで通る、朗々たる調子のクレオール語だが、聞いていてなんとも心地よいさまざまなハーモニーをまざりあって作り出す」。そんなハーンの生活をコンフィアンは四部に分けました。第一部がギリシャのレフカス島やダブリンやロンドンでの幼少年時代、第二部がシンシナーティにおける新聞記者時代、第四部は日本での最後の十四年間。そして話題の中心の第三部ではハーンが黒人や混血の人とすぐ仲間になるという抑え難い傾向、特にそうした女たちの性的魅力に惹かれる傾向、そして混血女の讃歌、もちろんハーンは彼の時代の人種的偏見から完全に自由ではありえない人でしたが、しかしハーンの相手に対する愛情にみちた記述の仕方にコンフィアンも感じるところがありました。そしてこのハーンのアイデンティティーは一体何か、という質問を呈します。そして私たちが日本で提起したと同じようなこんな見方を提示しました。

ハーンは今日英米文学で無視されているが、私見では十九世紀後半の最も近代的な作家の一人である。それだけではない。ハーンは個人的なアイデンティティーの問題について幻想家的なヴィジョンを示した。彼は……普通でない混じりあった両親という背景を頼りにし得たばかりか、どこへ行こうがどこで仮住まいをしようが、新しい生活様式を採用し、自然と神について独自な見方をするようになった。ハーンは私たちが今日呼ぶところの「多重的なアイデンティティー」multiple identity

ないしは「クレオール性」creolenessを創り出した人なのである。この「クレオール性」とは人間が日常生活で、いたって平凡な行為行動の中で、種々さまざまの文化的・人種的・言語的・宗教的構成要素を自分の中に取り入れていることを指している。

マルティニーク島は大文明の周辺にあり、文化的・言語的にも混交状態になりました。ハーン自身ももともとクレオール性を有する育ちでしたから、クレオール文化のよき理解者となりました。Ghostly Martiniqueの把握に成功した人です。そして日本列島も大文明の周辺にあり、別の意味でのクレオール性があります。ハーンは文化の混交に際しての先住者の宗教的心性であるghostly Japanに関心を寄せ、その把握にやはり成功しました。

混血児ハーン

文明混淆、人種混淆の時代と申しましたが、皆さまの周辺にも国際結婚された方はおられ、次第にふえつつあるかと存じます。しかしこの国際結婚にはかつては方向性があって、日本女性が西洋の国籍を取ることはあっても、西洋の男性が日本に帰化することはあまりなかった。ハーンはそれに先がけること百十余年、白人でありながら白人以外の国へ帰化しました。そんな人でしたから、心理の振子(ふりこ)はたいへん激しく振れました。

そもそもハーンは彼自身が混血児で、マージナルな存在でした。中心文化へ向かうよりも周辺文化に関心が向かった。北アメリカでもニューヨークやボストンを志向するのではなく中西部や南部やカリブ海に向かった。この地球社会でも中心的地位を占める西洋の外へ出て日本に来た。日本に来ても西洋化する東京でなく裏日本の松江へ行った。仏教よりも古い神道やこの世ならぬ世界に関心を寄せた。仏領西インド諸島でクレオール語の怪談や口碑に着目したハーンであったからこそ、日本でも怪談や口承伝説を再話したのです。大宗教以前の霊的な世界、ghostly な世界に入り込んだ。

そのように文明の周辺地域がもつ面白さに着目したハーンは、旧文明が新文明に呑みこまれてしまうことを惜しみました。ハーンは逝きし日の面影を美しく書き留めた人です。それでは単なる過去追懐の過去主義者かというと、文明の混淆、人種の混淆が不可逆的に進行することも承知していました。そもそもハーン本人が文明の混淆の産物で、人種の混淆の結果生まれた混血児です。そしてそのハーン本人も日本人と結婚してまた別種の混血児を造りました。仏領西インド諸島時代はマルティニークの混血の女の美しさを絶賛しました。

そのようなハーンから近年の西インド諸島の黒人指導者が学んだことは文明の混淆や人種の混淆は肯定してよいことだ、という結論です。この混淆文化礼讃はフランス語では éloge de la créolité 英語では in praise of creoleness ということはすでに述べました。それではこのような見方を日本の場合にあてはめるとどうなるでしょうか。

混淆文化の両義性

周辺地域の自己主張には、十八世紀の島国日本の本居宣長の漢学批判の場合にも、二十世紀後半のマルティニークの知識人の場合にも、今日の一方的なグロバリゼーションに対する日本人の反撥にも、文化の宗主国中心の一方的な見方に対する苛立ち（いらだ）がその背景にあります。二十世紀後半には新興独立国の側からするナショナリスティックな植民地支配の旧悪非難もあれば、左翼の側からする帝国主義支配弾劾（だんがい）もありました。しかし新興独立国が排他的ナショナリズムでもって自国文化を狭く捉えようとすると、議論は不毛におちいります。それは実態から遊離したスローガンと化してしまうからです。戦後七十年にわたって似たり寄ったりの非難が過去の文化的支配に対し繰返し唱えられると、人々はむしろ空しさを覚えるようになります。過去のさまざまな体験を全否定するよりも、文化的植民地体験をも踏まえて、文化的混淆をも肯定する方がどうやら健全なようだと考えるようになるからです。異文化受容ということは、主体的に行なう場合でも異質のものを同化する努力である以上、その過程で異物を取り入れる主体もまた自ずと変容を迫られるのです。

私は歴史上の過去に理想の時代を描いて復古を夢みる人ではないので、現在の雑種文化としての日本、いいかえると広い意味でクレオール化している島国日本の歴史的実態をありのままに肯定して、混淆文化の両義性の中にプラスの要因を求めます。

日本はかつて中国文化の恩恵を受け、その後は西洋文化の恩恵を受けました。「恩恵を受けた」とは上品な言いまわしですが、文化的には隷属した、と置き換えて言えないこともありません。それを隷属と感じないのは、島国日本が政治的に中華帝国の版図に押し込められたことがなかったからでしょう。日本は物を取り入れた割には人を取り入れることをしませんでした。外来文化を自主的に摂取したという感覚があるので、文化的に征服されたという気持が極めて薄いのです。日本では義務教育で教える漢字の数を制限しましたが、それは過度の教育負担にたいする配慮から出た措置で、文化的ナショナリズムとは無関係でした。ところが朝鮮半島では北も南も漢字ハングル混じり文から漢字を排除しました。それだけナショナリズムが激しいからでしょう。(113)

和魂漢才から和魂洋才へ

日本人は外来の文明をどのようにして受容してきたか。和魂漢才という折衷主義の行き方にもそれなりの道理はありました。和魂洋才という日本近代化の標語にしてもそれなりの苦心はあったと思います。十九世紀の後半まで東アジアの国々は農業を基盤とする社会で、それぞれ貧しいなりに自給自足していた。それが西洋では英国を起源とする産業革命の結果、世界大の貿易が行なわれるようになるや、各国の鎖国体制は次々と破れ、西洋を中心とする植民地体制が形成されました。その際、日本は中国を中心とする華夷秩序からいちはやく脱却して西洋文化の受容に向かいました。その変化を示すものが日本人の第一外国語の変化で、日本人は漢籍を読むより英書を読むようになったのです。日本人は「脱漢入英」をしたのです。日本が中国よりも先に近代国家を建設し得たについてはいろいろ説明も可能でしょうが、中国中心的な世界でかつては「和魂漢才」という中心文化摂取の公式を自覚していたことが、十九世紀後半以後の西洋中心的な近代世界で「和魂洋才」という中心文化摂取の公式への転進を容易にしたのでしょう。しかしそのような日本はいずれの場合においても周辺的な地位に留まらざるを得ませんでした。

そんな歴史認識の私は、森鷗外にならって、東西両洋に二本足をおろすことを良しとする者です。そのような外来の文明の影響を受けて変容した日本、いいかえるとクレオール化した日本を良しとしている私です。私の日本人としてのアイデンティティーの中にも種々様々な構成要素は取り込まれています。さてそのような文化の雑種性や混淆性、フランス語でいえば créolité、英語でいえば creoleness を認めると、文化的植民地体験を否定しないポスト・コロニアリズムの有力な立場が確立されます。(114)

変動するアイデンティティー

最後にその変動するアイデンティティーという問題についても考えておきましょう。

漢字や片仮名の語彙(ごい)がふえても日本語の文法構造そのものはさして変わらないように、日本語人としての私の中に変わらない日本人としての骨格というか構造があることは認めます。私は一九三一年に生まれました。軍国主義の時代といわれますが、子供のころから楠山正雄訳『家なき子』をはじめたくさんの外国の児童文学作品を読むことで育ちました。その意味では小さいながら外来文化を受容していたわけですが、しかし日本語訳を通して読んでいた、という意味では日本語人だったのです。それだから大人となった私は、外国語でも多くの文章を書いてきたけれども、大半の著述は日本語でした。そのように本質的に日本語人であるから日本人としてのアイデンティティーを危機なしに維持し続けているのかと思います[115]。

人間のアイデンティティーは「三つ子の魂百まで」といわれるような基本部分はあるのでしょうが、しかし固定的なものではありません。他を取り入れることで変貌するものです。日本人は過去において大陸から漢文化を取り入れました。そのような過去の日本について「漢文明によって汚染された」と声高に非難する気が私にはないと同様、今日の日本について「西洋文明を排除せよ」と主張する気もありません。

西洋に住む一部のイスラム教徒の間には自分たちの文化的アイデンティティーを護ろうとしてヨーロッパ文化を拒否し、自分たちの「小さなイスラム世界」を自分たちが住む界隈に作ろうといたします。それは一部の人びとは「イスラム対西洋」という二項対立の思考に陥るからで、西洋を他者として捉え、ヨーロッパ的でないものとしてイスラムである自己を規定しようとするからです。それゆえ、男女平等、民主主義、文化多元主義などの「西洋的」価値を否定する度合が強ければ強いほどより純粋なイスラムと見

做されるという精神の蟻地獄ともいうべきものにはまり込みます。(116)

しかしこの種の危険な倒錯はわが国にも発生し得るものです。かつてプロテスタントによるキリスト教純化運動に似た廃仏毀釈の運動なども明治維新の直後には起こりました。日本の道統などを主張する方の中にも、より純粋な日本人を求めるうちに、そのようないびつな精神構造の中に嵌る人がいないともかぎりません。私は戦後レジームには欠点があることを率直に認めるもので「戦後の仕切り直し」を強く望みますが、しかしその「戦後の否定」がそのまま「戦前への復帰」であってはならないと思います。その点は注意しなければなりません。戦後日本の改革を否定する度合が強ければ強いほどより純正な日本人であるような考え方をするかぎりは、日本の文化や教育のすこやかな再生はあり得ないと思います。

アイデンティティーの囚人

私は日本の若い人が西洋に対しても東洋に対しても広く開かれることを希望する者です。しかしそれは日本人であるとともに世界市民であることが望ましいのであって、その両者を二項対立のように把握して、日本人として生まれたことに劣け目を感じたり、日本人であることを否定することが恰好がいいように思うのは滑稽です。その変身願望の延長線上の反日本人的インターナショナリストになるのはいかがなものか。国際主義を奉じて、日中友好だからといって、「チャイナ・スクール」と呼ばれるような中国側にすりよった見方で日本を判断する日本人、本居宣長のいわゆる漢意(からごころ)の持主の日本人については困った人だと私は思います。日本を西洋製の価値のフィルターを通してしか見ない、根無し草の人々についても、やはり困った人だとは思っています。モスクワ産の歴史観で自国の歴史を判断する人々も情けない者に思っています[117]。自国のテクスト、その古典の文章を読むことで先人の心を知ることの大切さは宣長のいう通りですが、相手も知り己れも知るというアプローチが大切なこと、三点測量の努力を絶えず行なわねばならぬことに変わりはありません。実は自分自身の宗教文化的アイデンティティーもそうした精神の往復運動の中からおのずから自覚されてくるなにかではないでしょうか。それは個人個人によって異なる自覚であって他からとやかくいわれるべきものではないのでしょう。日本人性を固定的に理想化し、それを日本の構成員に強制することは危険です。

私たちのアイデンティティーは絶えず変化します。それは人間が生きている限り続きます。それを無理に固定することは、私たちがアイデンティティーという擬制(ぎせい)の囚人となることを意味します。偏向した情報空間の中では人民のアイデンティティーを特定の方向に操作する者もいますが、それは精神的にアイデンティティーの制服を人民に着用させることです。

そのように日本人性に過度にこだわる人が一方にはいるが、他方には日本人性を捨てたいと思う人もいる。たいていの日本人はたとい日本人であることを止(や)めたくとも、日本語に代わる別の言語を自由に話せませんから、日本人のままでいます。しかし大文化と大文化の狭間や大文化の周辺に生きる人の中には、自己の文化的所属を変えることを余儀なくされる人もあります。人間はたとい同じ土地に暮らし続けていても、異文化体験を強いられ、別の言葉を話すことを強要されることはあるのです。

その際、その文化変動に呑み込まれて足をすくわれてしまわぬことが大切で、自己の同一性を安定的に守るためには、二本足を複数の文化におろしてバランスを取るより仕方がないのではないかと思います（その際、三本の足を異なる諸文化におろすことができるならば、自己の主体性を生かしてさらにたくみに変化に対応できるのでしょうが）。しかしその安定性を維持しえなくなるようなスピードでグロバリゼーションの圧力が加えられるときには、内外から必ずや連鎖反応的に反動が生じるに相違ないと思います。大量の難民や移民を日本列島に受け入れて、彼らがいつまでも日本語人とならずに人種別・言語別・宗教別のゲットーを形成するようになれば、日本列島内は不穏になる。そこに異質の国内国家が形成されるなら必ずや社会問題となりましょう。

それでは、グロバリゼーションが進行する二十一世紀の地球社会で日本の宗教文化、とくに神道は今後どのような運命をたどるのでしょうか、予測するのは難しいが、過去に照らして未来を考えてみたいと思います。それはいいかえると、日本人のアイデンティティーは今後どのように変容するか、という比較文化史的な問題予測でもあるのです。

神道国教化運動の有為転変

かつて大陸から渡来人が来日したときは、世代が二代三代と代わるうちに日本語人となり帰化人となりました。しかし日本側も影響を受け変化しました。仏教が伝わったときには神仏習合などの形もとりました。そのようにして今日にまで伝わってきた神道でした。明治維新に際しては一部に神道を国教の地位にまで高めようとする運動がありました。しかし「諸事神武創業ノ始ニ原ツキ」などと一部神道家が神道ファンダメンタリズムともいうべき「大義」を主張したにもかかわらず、明治維新はそうした熱狂者にとっては裏切られた革命に終わりました。明治の新政府は天皇を中心に中央集権国家を建設して「大ニ皇基ヲ振起」しようとしましたが、「智識ヲ世界ニ求メ」、「天地ノ公道ニ基クベシ」として西洋近代国家を模範とする近代日本を建設しようとしたからです。岩倉具視のような公卿出身の維新の元勲であろうとも、日本に国教を掲げる宗教国家を創ろうとはしなかった。一八六八（明治元）年には、政体書により日本の最高官庁として設置された太政官と並ぶ位置にあった神祇官は、明治三年には大教宣布がありながら、明治四年にははやくも神祇省として太政官の一省に格下げされ、以後後退を続けます。神道教義布教を目指して始まった組織的運動は明治八年、大教院廃止により挫折します。

その前年の明治七年二月、横浜で開かれた当時の第一級の西洋人日本研究者が開いた「神道シンポジウム」の結論が神道の将来についてあれほど悲観的であったのは、一旦は盛り上がったかに見えた神道の勢力がすでにその時もう退潮していたことの傍証といえましょう。島崎藤村の父は熱心な復古神道家でしたが、文明開化の新時代の風潮に取り残されたファナティックな人でした。『夜明け前』には、いまや新時代の落伍者となってしまった神道ファンダメンタリストたちの鬱屈や不満の様が如実に描かれています。しかしそれでも神道は息を吹き返します。明治も半ばになると、神社制度の方は次第に再編されました。政府の側でもチェンバレン以下の神道非宗教説を追認する形となり、そのような解釈の結果として、学校の児童生徒が教師に引率されて神社に参拝することは政教分離の明治憲法に抵触しないということになりました。そのように解釈されたのは明治三十三年に内務省に宗教局とともに神社局が設置され、大正十五年に神社法が制定されて、一部の識者の強い反対にもかかわらず、神道は宗教ではない、と定義されたことと関係していたといわれます。しかし大多数の国民にとってそのような区別はさほど大事ではなかったらしく、仏教徒も神社に参拝すると同じように、日本人キリスト教徒もご先祖様の墓に詣で、宮城に遥拝していた場合が多かったようです。海老名弾正などの明治のキリスト教界の有力者は教会での説教に『教育勅語』を使用するようすすめていたほどです。考えてみると、徳島はじめ盆踊りなどの祭りには人びとは宗教信条の如何を問わず参加しますが、神社やお寺の境内で踊るからには参加しないなどといいはるような潔癖なキリスト教徒はよほど少なかったでしょう。

神道への敵視から神道への敬意へ

しかし明治の後半から日本では天皇教とでもいうべき天皇崇拝が盛んとなった。その愛国教ともいうべき精神支配を演出した人は誰だったのでしょうか。いかなる勢いだったのでしょうか。人為的な勢いか、それとも日清・日露の戦争に引き続く時の勢いか、それとも実は帝国主義列強の中で孤立する日本国民の不安感の反映か、私にはよくわかりません。それやこれやで外国人の目には日本の過剰な愛国主義の信念が、日本人が新宗教を発明し、神道を国教としたかのように言われ出しました。"The Invention of a New Religion"すなわち『新宗教の発明』というチェンバレンの論文は一九一二年、ロンドンの The Rationalist Press Association により発表されたものです。それはかつて神道非宗教説を唱え、神道の消滅を予言したチェンバレンが、神道が勢力を減じない明治末年の日本の現状を目のあたりにして、自己のかつての観察の誤りを認めたくなかったがゆえに、新宗教の発明という側面を強調して辻褄をあわせたような気がしてならないのですが、しかしこれまた私にははっきりしたことはいえません。チェンバレンが日本における天皇教といおうか皇国教ともいうべきものを批判したのは日本暦の大正元年のことで、チェンバレンはあわせて新渡戸稲造の『武士道』なども悪しざまに批判しました。日本人の耳には聞き慣れない国家神道 State Shintō という言葉が外国で次第にいわれるようになったのはその十年後、一九二二年にD・C・ホルトムが「日本の国家宗教の研究」という副題を添えて『近代神道の政治哲学』を出したころからでした。クローデル駐日フランス大使もホルトム論文に目を通しましたが、しかしクローデルの神道観や天皇観がどのようなものであったかは第四話、第五話で見た通りです。

さらに第二次世界大戦に際しては日本国民は天皇を崇拝することで国家として一致団結し、米英を相手に三年八カ月にわたり死闘を演じました。戦争末期の神風特別攻撃隊などは天皇を神として信ずるその神道的ファナティシズムのあらわれとして連合国側では説明されました。軍事目標の攻撃に的を絞った「神風」と民間人の殺傷を狙った自爆テロとは質的に異なる。それだけに日本戦没学生の手記である『きけ　わだつみのこえ』のフランス語訳の帯に「ファナティック」の語が記されていたとき、若い留学生の私はそのような西洋側の日本解釈に非常な違和感を覚えました。しかし連合国側は日本ナショナリズムをそのような宗教的熱狂として捉えたから、そのような日本人の精神的支柱をへし折り、諸悪の根源を叩きのめすべく一九四五年四月十四日、米国空軍は意図的に明治神宮に集中的に焼夷弾を投下して、本殿以下を焼き払いました。代々木に住んでいた私は敵の大編隊が去ったあと、防空壕の外へ出てその火炎が天に沖するのを見ていました。

そのような西洋側の理解であったから、昭和天皇や宮中の努力もあって日本は和平を回復したにもかかわらず、その天皇を「現人神」として崇める宗教としての神道は、連合国側からも日本国内左翼からもひとしく危険視されました。日本の国家主義と結びついたこの日本固有の宗教についての戦後は長いあいだ表立って語ることすら許されない雰囲気があったのです。キリスト教牧師や地方の共産党の議員は慰霊祭や地鎮祭などに神道行事が行なわれると訴訟を起こしたものです。タブーは数十年にわたって続きました。佐伯彰一教授が一九八九年に『神道のこころ——見えざる神を索めて』を日本教文社から出版されたときは思い切ったことをなさる、という印象を年下の同僚の私は受けました。この書物は神道家の出身で戦争中アメリカ文学を学び、その博識で見事な文明史的洞察を次々に示した佐伯先生の名著の一冊で非常に多くを教えてくれます。

しかし時の経過とともに神道そのものを敵視する見方は減じつつあるかに思われます。米国が過去の行為を行き過ぎと認めていることは、近年、アメリカ大統領が訪日する際には明治神宮に参拝することからもわかるでしょう。二〇〇九年、明治神宮参拝に先立ち御祓（おはらい）を受けたヒラリー・クリントン国務長官は参拝理由を問いただす外国人記者に答えて「日本の文化と歴史に対して敬意を表するため」と明確に答えました。このような明治神宮にたいする態度の変遷（へんせん）は、かつての神道アレルギーとでも呼ぶべき内外の神道批判が薄れたことを証するものといえましょう。神道文化はその内容を十分吟味（ぎんみ）されることもないまま一旦は否定的に見られた。そんな占領期に出来上がった思想的枠組というかタブーに似たなにかが根強く残っているのはむしろ日本内部、それも一部ジャーナリズムにおいてなのではないでしょうか。そうした敵対的な雰囲気の中で敗戦後、疑惑の目で見られたのがハーンの日本の宗教文化に対する解釈です。そのような否定的な見方のみを続けていてよいのでしょうか。私は日本の善男善女が元旦に初詣（はつもうで）に行き参拝したいという単純素朴な意味での神道を大切にしたいと願っています。

マルティニークにおけるハーン評価の変遷

ハーンは反動的な過去主義の作家でしょうか。頭から彼の神道解釈をも含む日本解釈を、その内容を吟味せずに全面的に否定するのは間違いであると私は思います。その点で参考になるのはマルティニークにおけるハーン評価の変遷です。ハーンが「クレオール性礼賛」の先駆者としてマルティニークの黒人作家たちによって見直されたという話はすでに述べましたが、それにいたるまでには有為転変があり、その評価の振幅が日本におけるハーン評価の変遷ときわめて似通っている点が興味深いので、(118) それにもふれたいと思います。

明治の地方の生活をハーンほど見事に書いた人はいません。それもあって日本人は小泉八雲の『知られぬ日本の面影』を愛読します。それと同じで両大戦間にハーンの著書『仏領西インド諸島の二年間』の仏訳が出るや、マルティニークの白人は自分たちの先祖の過去を正確に書き留めてくれたハーンを愛読しました。ハーンが住んだサン・ピエールは一九〇二年、プレー山噴火の際、一人を除いて全員死亡しました。そんな昔の首都の日常の声を伝えるハーンの文章はそれだけ懐かしいのです。頭に荷を載せた女たち、語り部、白人の子供を育ててくれた黒人の乳母、そうした人々が愛着をこめて書かれている。そんなハーンは白人植民者たちからまず愛されました。彼の民俗学的証言が貴重なことは明らかでした。

それでは黒人たちのハーン評価はどうであったか。第二次大戦後、黒人たちは次第に発言権を得ました。人口の九割を占める彼らの間から独立運動が起こると、ハーンは混血の女を偏愛したエロチックな志向の強い異国趣味の白人作家だと非難されました。ジャック・コルザニ(Jacques Corzani)ボルドー大学教授が反植民地主義の立場からハーンを論難した当時はハーンを表立って弁護する人はいなかったほどです。

とくに問題とされたのはマルティニークに取材したハーンの小説『ユーマ』の同名の女主人公の態度です。ユーマはフランス人名家の黒人の乳母です。この奴隷女はマイヨットという白人の娘を育てています。ユーマと乳姉妹の間柄であったエメーが亡くなるとき、当家の一人娘マイヨットの養育をユーマに託したからでした。エメーとユーマとは子供のときから一緒に育てられた仲だったのです。そんなダーと呼ばれた内働きの乳母だけに、ユーマは外働きの黒人奴隷からも特別の目で見られています。やがて一八四八年、奴隷解放の暴動が起こり、白人の家が次々と焼かれます。ユーマには黒人の男友達がいてその家が襲われたとき青年はユーマに向かい「白人の子は家に置いて、お前だけ窓から飛び降りて逃げろ」と叫びますが、乳母は肯んじない。ユーマは女の子のマイヨットを抱いて白人一家とともに火の中で滅びました。——これは革命や黒人種の連帯を主張する側から見れば、人種的裏切りです。しかしユーマは白人の主家に忠実という以上に人間としての信念を貫いた乳母でした。それが尊いので、そのことは黒人にもよくわかっていました。日本の旧植民地でも敗戦後、襲われた日本人家族は少なくなかったでしょう。その際、幼児を庇った現地人の阿媽もいたでしょう。だがいまの東アジアでは民族主義を強調する擬似左翼が強過ぎて、自由な言論空間はきわめて限られている。それだからそうした現地女性の「親日的」な行為はいまだに口に出すことができません。中国大陸でも朝鮮半島でも日本批判を言う分にはいくらでも言えるが、その逆はなかなか言えません。そんな雰囲気だから、そういう土地では小泉八雲などをうっかり紹介すると「親日派」というレッテルを将来貼られるかもしれない。慎重な人はそれくらい後難をおそれます。そして事実そのような危険性があることは韓国におけるラフカディオ・ハーンたらんとした柳宗悦に対する韓国人の評価[119]の揺れからも察せられます。

ハーンに対しても非難しようと思えばいくらでも非難できます。私自身もマルティニークへ行く前にその土地出身の人からハーンを話題にする際は気をつけるようにいわれました。しかし二〇〇二年、二回目にマルティニークへ出かけたときは、当方も多少気が弛んでおり、商工会議所の宴席に招かれた際は場所柄ごく気楽に臨みました。そうしたらこんな目に遭った。会場に集まった皆さんは濃淡の差こそあれ黒人の血が混じっている人たちでしたが裕福な土地の有力者、上流階級の紳士や夫人たちです。ところが挨拶がすむかすまぬかのうちに私に向かって「あなたはラフカディオ・ハーンを研究しているとのことだが、ハーンはこの島へ来て島の女と次々と関係したらしい。この土地にはハーンの子孫が本人はそれと知らずにいまも暮らしているのかもしれない。あなたはそうしたことについて何とお考えになるか」という質問を浴びせてきたのです。私は「ハーンは日本で暮らした際は男女関係にきちんと責任をとって、自分の子供を産んだ小泉節子と正式に結婚した。ハーンは自分の父親のようにギリシャ人の妻を見捨てて子供を不幸にするようなことはしなかった」と多少論点をずらして答えました。問題点をはぐらかしたのかもしれませんが、とにもかくにもフランス語でそう言い繕いました。ハーンに対する土地の人の批判的な気持がどのようなものか、かいま見られたやりとりでした。

ただマルティニークで嬉しかったことはユーマについての評価の変遷を確認できたことです。ユーマの人種を超えた愛の行為を良しとする黒人の声がいまやはっきり聞かれるようになりました。私はハーンが泳いだ世界各地の海で泳ぐのを趣味とする男で、二〇〇一年にマルティニークへ行ったとき、二月でしたがある黒人夫妻の家で水着に着換えさせてもらいました。そのときおかみさんのお腹が大きかった。翌二〇〇二年五月、マルティニークを再訪したときそのおかみさんにばったり会った。女の子が生まれた、というから、「名前は」と聞いたら「ユーマ」とのことでした。おかみさんはハーンの小説は読んでいませんでしたが、口碑として伝わるユーマの人間像を肯定していればこそ、その名前をつけたのです。その黒人夫婦が娘にユーマと名づけたと聞いたとき、このマルティニークの島でもハーン評価は落着くべきところに落着いた、そうした日が来たと、嬉しく思った次第です。——そしてそれと同じように、マルティニークだけでなく私たちの国やその近隣諸国においても、日本の宗教文化の観察者としてのハーンについて、また神道そのものについて、いつかよりバランスのとれた判断が下される日が来るのではないか、と希望的な期待を抱いた次第です。

第十話　神道の行方

——英語化する地球社会の中で

日本語という壁

グロバリゼーションが進むとともにクレオリゼーションも必然的に進みます。交通通信手段の発達による地球一元化の動きは不可逆的です。そうなれば国外から流入する異質のエレメントが日本国内で次第に大きな割合を占めるでしょう。そのことは当然予想されます。しかしだからといってわが国はもはや江戸時代の昔へ回帰することは不可能です。二度と鎖国することはかないません。その地球化する過程で日本社会の中で英語文化をはじめ、覇権的な文化の要素が占める割合は増大します。日本人全部がということはあり得ませんが、上層部の人々は日本語と英語とのバイリンガルになる人が確実に増えるでしょう。日本も遅ればせながら大学や公務員の受験資格としてトーフルという英語能力試験のよい成績を求めるようになりました。英語が出来る、出来ないで給料差がつく社会にもなるでしょう。ではそのような英語化する日本で、その土地やその言葉と密接に結びついて存在してきた宗教文化の将来は一体どうなるのでしょうか。神道の行方が本書のこの結びの第十話での話題です。読者の中には懸念を抱かれる方もおありでしょう。

このような世界英語化の時代に英語が不得意な国民が損をするのは確かですが、英語が達者な国民がすべて得をするか、というと必ずしもそうではありません。英語を母語とする英語人たちは外国とも英語で交渉することができるために、その土地の言葉を習わなくなるから、非英語人の気持がよく理解できない憾(うら)みがある。米国の失敗はしばしばこれに起因します。これが逆にハンディキャップになることに世間は存外気がついていません。

また英語人ではないがオランダ人やスウェーデン人などは、自分たちの母語が言語的に英語に近い関係で、別に頭がよくなくとも簡単に英語を習えて、英語を気楽に話せます。かれらは英語人としても活動しやすいから有能な国際人にもなり得ます。そうなると彼らの言語生活はどうなるか、学者はおおむね英語で執筆するようになります。これは母語の読者人口が限られているからそうなるのですが、一般市民も日常生活で英語の本を読むようになります。地方都市の本屋は別ですが、アムステルダムやストックホルムなどオランダや北欧の大都市の書店にはそれだから英語の書物がずらりと並んでいます。

アジアではシンガポールなどは英語が国語です。東アジアでも中国語の文法構造や発音は日本語よりも英語に近い。しかも中国大陸では生活面ではいつも自己主張しないと敗者になります。小さい時から激しい生存競争に揉(も)まれると大陸の中国人は身構えというか話構えがおっとりとした台湾人とだいぶ違います。都市部の中国人は英語もどんどん話すようになるでしょう。そのうちに地球上で英語を話す人口の多い国は英国や米国でなく中国になるかもしれません。韓国でも金持ちは子供をインターナショナル・スクールへ通わせます。その学校は英語でインテンシヴな授業をしていますが、韓国の大都市で international school といっても生徒の過半数は実は外国人ではなく韓国人の子弟で、それが英語で授業を受けているのが実状です。

そのような国際的な競争の中で日本人はどちらかといえばのほほんとしていた。なにしろ飛び級や落第を認めない、悪平等主義の偽善的な日本です。飛び級反対、落第反対を口先では言い、それがあたかも正義であるかのようにおっしゃる文科省の役人も組合の指導者も、それでいて自分の子供は能力別で編成される塾に通わせている。そんな非能率な裏表のある教育システムで日本人が英語上手になるはずはない。それだから日本が英語文化に同化するはずもない。またそれだから日本語文化の行末は安泰だ、日本語が目に見えない壁となっていつまでも日本人を外国人から隔ててくれる、という皮肉な見方もあります。日本人は英語下手だから、その内なる壁に護られて日本語は末永く生き残り、日本の宗教文化も日本人のアイデンティティーも維持される、よって「大和島根の惟神の道は御安泰なり」というのではあまりにも退嬰的です。これほど保守的で旧弊な文化には魅力は少ないのではないでしょうか。しかし一方にそんな英語嫌いで日本至上の日本人がおられるのも事実です。若いときに英語を習っても年をとって英語の本を読まない人は多い。

他方、外国至上の日本人もおられます。がそれも実態が怪しい。知識人をはじめ日本人が自己の日本人性に自信を持てないのは、外国語は理解できるが反論はできないという大多数の日本人の言語能力とも関係します。外国語を理解して日本国内向けに教授として得々と説くことはできても、外国語を用いて外国人を論破するのは容易でない。日本の著名な論壇人がフランスから来た反体制哲学者を相手に「御説ご尤も」「ウイ、ウイ、セサ」を連発することはできました。しかしそんな学者評論家ばかりを笑ってもいられない。日本外務省のチャイナ・スクールにしても相手に位負けして「御説ご尤も」「対、対」といいがちになる。となるとこれは国益上もはや笑い事ではすまされません。

神道の清らかさ

しかしかくいう私も外国に着き立てのころは自信はありませんでした。それでも「神道美学でフランス・ルネサンスの詩人の自然観を分析してみたい。バシュラールがギリシャの四大のエレメントで西洋詩歌を説明したように」などとパリ第七大学で教えていたときに言い出したこともありました。そんな発想をするようだから多少変わり者だったのでしょう。三十数年前にはそのような提案は突拍子もないことのように見做され却下されましたが、しかし今度のフランス語の書物にはその論も活字にしました。別にそうしたからといって、もはや「神がかり」とか「右翼」とか「超国家主義者」といって非難されることはなさそうです。大学教授のキャリアを人より遅れて始めた私でしたが、いつか各国の学者に伍して引け目を感じない日本の学者となっており、各国の諸大学にたびたび招かれた。説明に筋が通っていて話がわかりやすいからでしょう。しかしいつも進んで外国語講演に応じた私だからといって自分の日本人性に確信が持てているわけではありません。が、神道にも普遍的な価値はあり、神道的な気分は外国にも感化を及ぼしうるなにかではないかとひそかに感じている程度です。それでその一例として「クローデルの神道観」からまだ説明していない見方をこの最終章でおぎないますが、そこで話題となる清らかさの感覚は西洋人の気持にも入り込むだけの普遍性をもっていると私は観察しています。そしてその点について結びに千年前の日本の古典『源氏物語』からも補足させていただきます。

拙著『西欧の衝撃と日本』（講談社、一九七四）に書きましたが、クローデルは一八九五年、二十六歳の末から一九〇六年、四十一歳まで中国に勤務した人です。実際は延べ十一年九カ月余、福州とか天津とかに勤務しました。そうしたシナ体験のある人だから同じく東アジアといっても中国と日本の違いがよくわかりました。西洋人はもとより普通の日本人も、いや今日(こんにち)でも日中の多くの知識人はその差をよく認識していませんが、中国になくて日本にある要素が神道であるとクローデルは感じました。彼は駐日大使として一九二一年から足掛け六年間東京に勤務し、離日の予定が迫っていましたが、一九二六（大正十五）年十二月二十五日、大正天皇が崩御(ほうぎょ)され、それで引き続きフランス特派大使として御大喪儀に参列するよう命ぜられました。崩御されてから四十五日の一九二七（昭和二）年二月七日午後六時、四頭の牛にひかれた輀車は宮城と呼ばれた皇居を出、沿道を埋めた百数十万人の官民に送られて、大篝火の光に映える中を、大きな車輪をきしらせつつ、午後八時半、新宿御苑に設けられた葬場殿へ着きました。クローデル大使はその葬場殿での夜の儀式の模様を「大正天皇御大葬」にこう記述しています。

> 「死」の御使いが長い距りを置いて一人また一人と高い白木造りの鳥居の方へ進んでくる。その最後の鳥居の中に月が見える。大きな輀車は四匹の夜の獣によってひかれている。輀車の哀しい轣音がきしると、その音をながびかせて続けるように神道の神官の笛の音が鳴る。時々大胴の鼓の音が深々と響く。笏を手にした三人の死の御使いの後に、大篝火が明々と続く。いかにも明るくて雪が燃えているかと思うばかりである。そしてあの夜の大きな輀車が祭壇の奥へ着御する。

クローデルはそこで参列の祭官たちによって海の幸、山の幸が神去りましし帝に捧げられ、また同じ礼式によってその海の幸、山の幸が祭壇から取りさげられることに非常な感銘を覚えました。「ここにも世代から世代へと命が引き継がれてゆくことのシンボルを見るべきだろうか？　死者と生者とのコミュニオンをみるべきだろうか？」

天皇陛下、若槻総理大臣、一木宮内大臣が御誄を奏し終えると、凍てついた夜を静寂が支配します。喇叭の響きが冬の夜空をつんざき、皆が深々と頭を垂れます。騎兵隊の奏楽が起こり、やがてかすかに遠くで大砲の響きが聞こえます。そして葬場殿の御儀は終了しました。クローデルはいいます。

要約して言えば清らかさと寒さというのが私の印象だ。
私は前に「日本人の心を訪れる目」で日本人のこころの特徴は畏敬の念だと書いたが、それに清らかさという特徴も加えるべきであった。神道の道義の感覚は清らかさに由来する。日本国民ほど清らかさを尊ぶ国民はほかにないと思う。死そのものが最高の清めのようだ。それだから、帝をおさめまいらするのに、凍てついた冬の夜――大地は雪にとざされ大空は星に輝く、凍てついた冬の夜にまさる御衣はないように思える。

クローデルは日本が国をあげて「死」の前に頭を垂れ、神去ります大君に御挨拶する様に感銘を受けました。「これ以上に美しくまた荘厳な印象はあり得なかったであろう」と大使は『東京朝日新聞』に寄せた記事をしめくくりました。この清らかさの雰囲気の有る無しが日本と中国の違いで、クローデルはそのことを感じました。そして自分はそれを感得した数少ない西洋人だという自信をもちました。彼は最晩年になっても「私は日本で多くの外国人が理解し得ないところのもの――宗教的雰囲気を呼吸しました」

（山内義雄教授宛、一九四九年九月九日付）と述べています。

清潔と衛生とともにあるもの

私自身が日中両国のそんな違いに気づいたのはたいへん遅かった。個人的な話をして恐縮ですが、昭和の末年、大学を定年で去るころから私は中国語を習い出しました。「六十の手習い」とはよくいったもので一向に上達しません。そのとき習った方は当時は東大大学院生、二〇一三年現在は中華人民共和国の駐日大使夫人の汪婉さんです。「中国から来て日本の第一印象は何でしたか」と聞いたら「チンジエ」qīngjié、すなわち「清潔」といいました。私はそのあと数回にわたって大陸でも台湾でも長期にわたり教えました。中国大陸と台湾で違うのは、後者の厠所が清潔であることです。日本の女性観光客はひとしくそのことを口にしました。台湾の人はそれは日本の植民地統治の遺産の衛生観念の普及のおかげだと申しました。台北の地下鉄のトイレなど清潔です。私は最初はそれはお世辞であろう、またそれが事実としても、それは生活習慣の問題で宗教とは関係ないと思っていました。

なぜ宗教を話題にするかというと、御承知のように、西洋列強は植民地化とはキリスト教化でありそれが文明開化だと考える傾向が強かったからです。それに対し明治の日本人は台湾に宗教を広めて死後の命を救おうとはせず、衛生を広めて生前の命を救おうとしました。そのおかげで台湾は大陸に比べて清潔なので、それはおそらくその通りなのでしょう。すると後藤新平のそのような開明的な植民政策に対して、矢内原忠雄は『帝国主義下の台湾』（岩波書店、一九二九）で日本人は西洋の植民地に見られるようなミッション活動をしなかったと批判しました。そんなでしたから、衛生と宗教とは関係ないと私がずっと思っていたのは当然でしょう。しかしよく考えてみると、宗教的感化というのはなにも僧侶、神官、宣教師といった宗教者によってのみ行なわれるものではありません。[120] 清らかさを尊ぶのは神道の特色ですが、台湾統治者としての日本人のそのような清らかさを重んずる生活態度が感化を及ぼして衛生の普及となり、それが今日の清潔な台湾を造るのに貢献したというのなら、それもまた広い意味での宗教的感化なのではないでしょうか。宣教という宗教的意図なしにひろまった感化はかえって尊いものに思われます。私がそのことに気がついたのはだいぶ遅くなってからですが、それともそこに清らかさを尊ぶ神道の影を認めるのは、これは平川の身贔屓（みびいき）に類した解釈とお感じになりますか。

正月気分

神道的気分の有る無しを人間いつ感じるものでしょうか。

外地で暮らして寂しかったのは一月一日です。西洋でキリスト教の宗教的気分が強く感じられるのがクリスマスならば、日本で神道の気分が強く感じられるのは正月です。しかし外地で新年を迎えた日本人の皆さまは身に覚えもおありでしょう、西洋ではクリスマスの祭りの宴のあとだけに、また大晦日のどんちゃん騒ぎのあとだけに、一月一日は索然として侘しいものです。森鷗外は「〔ドイツは〕今も除夜に眠らず、元旦に眠るが習なれば、萬戸寂然たり」とベルリンの明治二十一年元日の様を『舞姫』に記しました。

それではキリスト教でない東洋のほかの国ではどうでしょうか。新暦を採用した中国、台湾、韓国ですが、春節にかぎり旧暦に従って祝います。それだから一月一日は仕事も学校も一日だけ休むが、お祭り気分はまったくありません。私は外国で十回元日を過ごした者ですが、そのたびにいつも無聊を感じました。年が明けた、めでたい、万事新しくなったという感じがおよそしない。そこから逆に正月気分が門ごとに感じられる日本の元旦は真に格別で、あれが神道の気分なのだ、あれが終わりなき世のめでたさを寿ぐ宗教的気分なのだと年をとるにつれて自覚が強くなりました。

夏目漱石は宗教は禅に関心のあった知識人ですが、本人は無自覚でしょうが神道的気分の俳人でもありました。『吾輩は猫である』を読むと正月気分が実に見事に活写されています。――年賀状が舞い込みます。第一の賀状には猫が描いてある。第二の賀状は活版で舶来の猫が四五匹いる。書物を開いて勉強する猫、躍る猫もいて、右側に「書を読むや躍るや猫の春一日」という俳句もしたためられています。それでも苦沙弥先生はなんのことか気づかず「はてな今年は猫の年かな」と独り言を言ったりします。漱石は『吾輩は猫である』の第二回の連載のこの冒頭で、自作が世間で評判となり、自分の家の猫も有名になったことをこのように伝えているのです。いかにもめでたい。だが驚くべきことはこの天下泰平の正月が日露戦争の真っ最中の明治三十八年の一月一日の描写だということです。

夏目金之助は旧暦でいうと慶応三年一月五日に生まれました。

正月の男といはれ拙に處す

金之助は正月生まれのめでたい男です。めでたいのは結構だが、あの人はおめでたいといわれるとこれは悪口で、お人よしで思慮が足りない、馬鹿正直である、人間こすからくない、こすからくないから他人にしてやられる、処世術の心得がない、お上手がいえない、お上手の反対がこの句の「拙」でありまして、自分は世に処してそれしか出来ない男だから「拙に処す」と年頭にあたり漱石は自分の人生観を披瀝したのです。「拙」というのは漱石のキー・ワードの一つではないでしょうか。おべんちゃらをいう夏目漱石を想像することは難しいでしょう。おべんちゃらが上手な作家は誰でしょうか。政治的にたちまわりの上手な、文壇的におべんちゃらを言う人は大勢います。鷗外も漱石もおべんちゃらからほど遠い実力本位の人物ですが、しかしその二人には違いがあります。鷗外は「拙」に処す、とか処さないとかそんな個人的な余計な事はあまり口にしない。——そんな比較論はさておいて、漱石の曲がったことはいわない、曲がったことはしたくない、というきっぱりした態度は、儒教倫理から来ている面もありましょうが、漱石は侍の子ではない。この江戸っ子気質なるものはそれ以上に江戸の名主階級もわかちもっていた神道的気分なのではないでしょうか。清らかさを尊ぶ気持は美的感情にも反映しますが、士道を含む倫理的感情にも投影されて、それが日本の男の行動の美学ともなっているのだと思います。

もっとも作中の苦沙弥先生は天下の遊民で、面倒くさがりで、元旦も「早くから外出でもすればよいのに夫程の勇気も無い」と猫に批評されています。この「勇気も無い」は単に気力もない、という意味でしょう。しかし庶民の多くは神社に初詣に出かけます。すでに明治九年の元旦に明治天皇はこう詠まれました。

新しき年を迎へてふじのねの高きすがたをあふぎみるかな

ここにうたわれているのは今年もまた清らかに生きていきたいという祈りの気持です。そしてそれは元旦に神社に参拝する日本人の多くがわかちもつ気持でもあるのです。除夜の鐘が聞こえるころから、明治神宮の参道を進む人の気配が代々木の私の家にまで伝わってきます。すると私も孫と連れ立って参拝に出かけます。

これが旧暦元旦を迎える中国や台湾であると、除夜は一晩中を通して爆竹の音が鳴り響きます。私自身は台湾で玉山の御来光を拝む機会に恵まれた者ですが、しかし土地の人々の関心はそんな粛々とした初詣よりも「爆竹声々ただちに明に到る」（袁枚）という騒然たる祭りの方でした。人民中国では一旦禁止された爆竹も近年は解禁されました。この爆竹で慶事を祝する伝統は真に大したもので、一五九九年に南京で正月の祭りに消費された硝石と火薬の量は、当時のヨーロッパで二、三年間ぶっ続けに行なわれる戦争で消耗される火薬の量にほぼ匹敵する、とマッテオ・リッチはイタリア語の報告書で報じました(121)。

初音

日本の正月気分が西洋とも違うが中国とも違う、ということがこれでおわかりでしょう。それではその日本の神道のすがすがしい気分はこれから先も生きて続くのか。外国にも理解されるのか。外国でも生きて伝わるというのは、外国語にもその様子が描き伝えられて、その情景が気韻生動するか、ということでしょう。神代のことはいざ知らず、日本には千年も昔から正月気分があったことは確かです。万物に精気がよみがえる新春を見事に描いた作品の一つに西暦一〇〇〇年頃に書かれた『源氏物語』があります。私は数年前の元日の読み初めに「初音」の巻を紫式部の原文とアーサー・ウェイリー Arthur Waley の英訳 The First Song of the Year をあわせて読みました。そして心うごかされました。『源氏物語』には仏教の影響が顕著であると国文学者は申しますが、どうして神道的感覚が深く底流しています。そのことが英文からも感じられたので、この正月気分は英語世界にも鮮やかに伝わると思いました。博文館本の原文の「初音」のはじめは次の通りです。ウェイリーはこれに依拠して英訳しました。

年たちかへる朝の空の気色、名残なく曇らぬうら、かげさには、数ならぬ垣根の中だに雪間の草わかやかに色づきそめ、いつしかと気色だつ霞に木の芽もうちけぶり、自ら人の心ものびらかにぞ見ゆるかし。ましていとゞ玉をしける御前は、庭より初め見どころおほく、みがきまし給へる御かた〴〵のありさま、まねびたてむも言の葉たるまじくなむ。

円地文子の現代語訳は次の通りです。

一片の雲も見えず晴れわたった元旦の空のうららかさには、何の見どころもない垣根のうちさえも、斑消えの雪間に若草が緑の色を見せ始め、はやくも春の気配を仄見せる霞に木の芽も萌え出でて、自ずから人の心ものびのびするように思われる。まして玉を敷き並べたかと輝きわたる六条の院では、お庭をはじめとして何もかも結構ずくめで、ひときわ美しく化粧し装いを凝らしていらっしゃる女君たちの御様子は、一々言い立てるにも言葉の足りないほどである。

アーサー・ウェイリーの英語訳は次の通りです。

With the morning of the New Year's Day began a spell of the most delightful weather. Soft air, bright sunshine, and not a cloud to be seen in the whole sky. In every garden, on the humblest piece of waste ground, young shoots that formed each day a clearer patch of green were pushing up amid the snow; while over the trees hung a mist, stretched there, so it seemed, on purpose that the wonders it was hiding might later come as a surprise. Nor was this pleasant change confined to garden and wood; for men and women also, without knowing why, suddenly felt good-humoured and hopeful. It may be imagined then what an enchantment these first spring days, everywhere so delightful, cast upon the gardens of Genji's palace, with their paths of jade-dust, their groves and lakes. It would be impossible here to describe in any way that would not be both tedious and inadequate the beauties of the four domains which Genji had allotted to his favourites.

ウェイリーの英訳文は見ておわかりの通り長い。ということは訳者による補筆があるということです。何が英文で書き加えられたのか。「年たちかへる朝の空の気色」をウェイリーは「元旦の朝とともにこの上もなくうららかな天気の魔法がかかり始めた」とspellという原文にない語を用いました。spellはある時間の長さを示す単語ですが、「魔力」「魅力」「呪縛」などの意味もある名詞でもあるのです。正月気分というのはある種のおまじないにかかったようなものだからこのような語を用いると別種の趣が錯覚として生じます。「数ならぬ垣根の中」をウェイリーは荒地 waste land として、そこにも「雪間の草わかやかに色づきそめ」と荒地と命の対照を強調しました。ウェイリーはさらに次の一節「いつしかと気色だつ霞に木の芽もうちけぶり」を「木々の上に霞がかかっているのはわざとそうしているので、霞が隠している不可思議の数々がのちに不意にあらわれて人々を驚かすためであるかに思われた」などとパラフレーズしました。「気色だつ」という動詞から、霞が意志ある主体であるかのように、それがなにかサプライズをひそかに用意しているかのごとくに叙したのです。そうなると庭や林にかぎらず「自ら人の心ものびらかにぞ見ゆるかし」「なぜか知らないが、男も女も、にわかに気持がうきうきとして、みんなめでたい気分になってくる」。「世間一般いたるところでこの様だから、三日のめでたい気分で源氏の邸の庭になんともいえぬ魔法の魅力がかけられたかは想像もつくだろう。源氏の六条の院のお庭には小道に玉の破片が敷かれ、小森や池が設らえられていた。源氏の君が寵愛する女君たちに割り当てた四つの御殿の美しさはどのようにして書き記したところで冗長になるばかりだ、とても筆の及ぶところではない」

魔法の王国

想像力を駆使した再創作 imaginative recreation というべき英訳かもしれません。ウェイリーの英語文章があまりにもすばらしいから、魔法の世界にはいったような気分で私は陶然となりました。カルチャー・センターでたいへん英語のおできになる方が「先生、ぜひこの一節はわたくしにあてて読ませてください」ととくに志望されて朗読されました。その夫人は「英訳文に spell-bound された。魅了された」と申しました。

もっとも読者の中にはウェイリーは勝手に書き換えていると怪訝の念を抱かれる方もおありでしょう。実は意図的であるにせよ、ないにせよ、訳に書き換えはつきものです。円地文子は「みがきまし給へる御かた〳〵のありさま、まねびたてむも言の葉たるまじくなむ」の「御かた〳〵」を紫の上以下の女君と解釈し「ひときわ美しく化粧し装いを凝らしていらっしゃる女君たちの御様子」と訳しましたが、これは「ひときわ美しくみがきあげた女君たちの御殿の御様子」が正解で、その点はウェイリー解釈の方が正しいようです。それではウェイリー訳のなにがこれほど見事なのか。

マリアン・ユーリー（Marian Ury）はかつてウェイリーの翻訳世界を「魔法の王国」Magical Kingdom と呼びました。[122] 原文が魔法をかけられ新しい魅力をもって英文としてよみがえる、と評したのです。ウェイリー訳を読むと年の初めのめでたさが如実に感じられます。そしてそこには実際に spell とか wonders とか surprise とか enchantment などの魔法にまつわる語彙も用いられました。訳者ウェイリー自身が新春の魅力を身にしみて感じたからこそこのような訳文と化したのではないでしょうか。

このように読んでくると、神道気分は外国にも伝わるだろうことがおわかりでしょう。

このように神道の正月気分が英語でもめでたくよみがえるということは、これからのグローバル化する地球世界でも神道は生きて伝わるという可能性があることを示唆しているのではないでしょうか。

一九七七年の大晦日をワシントン郊外の国務省のフィンさんのお宅で私は楽しく過ごしました。その席ではサイデンステッカー氏も同席しました。楽しい一夕で真夜中の十二時に隣のご婦人の頰にキスしたりもしたものです。そんなことも思い出しながら、今回、念のためにサイデンステッカー訳『源氏物語』の「初音」The First Warbler を読んでみましたが、これは「最初の鶯」という題からして「初音」という表現の言外にこめられた「新年」へのほのめかしがありません。サイデンステッカーの英訳は註(123)に掲げますが、記述がきわめて即物的で、いささか詩情に欠ける憾みがあります。訳者によってこれほどまでに後味が違ってしまうものか、と思いました。——それで反射的に詩人ウエイリーということを強く感じた次第です。ウェイリーは旧姓をシュロス Schloss といい、祖父の代にドイツから渡英したユダヤ人の金融業者の家系でした。本人はシナゴーグへも行かないがキリスト教会へも行きません。不可知論者とみなされていました。しかしユダヤ系でしたから、クリスマスを祝わない人でした。そんな人であったから、それだけに、これまた非キリスト教文明である日本の元旦の気分にもさとく反応したのか、などと勝手な勘繰りをする次第です。

言葉の細かいニュアンスにふれた分析を行ない、煩わしくお感じになられた方もおられるかと存じます。お許しください。しかし神は細部に宿る、と申すではございませんか。外国にも神道に共感的理解を持ち得る人もいれば持ち得ない人もいます。いや、日本人とても同じでしょう。神道に反感を示す日本人もいれば、共感を示す日本人もいます。また神道には共感しても天皇制には反対だといわれる方もおられましょう。

世間は万世一系の皇室の宗教的意味に必ずしも気づかず、ややもすれば皇室外交などという面に目を奪われがちですが、天皇家のなによりも大切なおつとめは、先祖を敬うわが国の神道文化の体現者であることでしょう。ドイツのカイザーやロシアのツァーとの類推で日本の天皇を理解しようとした人もいましたが、そのような政治的性格を付与することが誤解であることはすでに大正年間にクローデルも指摘しました。そしてそのような見地から、同じく「まつりごと」と申しても、政事よりは祭事を重んずる、いいかえると政治を超越した天皇家が末永くご安泰で、日本民族の永生の象徴として、いくひさしく続くこと——それがわが家の仕合わせとともにこの国の平和を祈る私の初詣でございました。[124]

結びにこんな小さな願いも読者の皆さまに向けてあわせて述べさせていただきます。

外地で暮らして日本人である私は元日が侘しかった、と申しました。が、ちょうどそれと裏腹に、来日留学生は年始の休みが淋しいらしい。元日はお店も閉まり、自分たちは日本人の正月の祭りからのけ者にされたようで疎外感を覚えた、寂寞という気分であった、といわれたことがありました。そうした日であればこそ、皆さま、外国の人を自宅に招いてお屠蘇（とそ）をくみかわし、よみがえる春の目出度（めでた）さをわかちあおうではございませんか。日本の元日は世界に向かって広く開かれた神道の祝日でございます。

最後に本書をご通読くださいました内外の読者諸賢の弥栄（いやさか）をお祈り申し上げます。

付録　『夢幻能さくら』

この作品[125]は序の場と三場から成る。序の場は道行である。第一場と第三場は普通の演劇仕立て、第二場のみを能仕立てとする。第一場で明治の学生として登場する岩木三四郎は、第二場では室町時代の侍 岩木三四郎友忠として、第三場では日露戦争の出征兵士の岩木三四郎として登場する。この岩木をワキとするならば、主人公のシテは桜の精で、第一場では茶屋の娘に化身して登場し花の精の舞をまう。第二場ではシテのさくらとして登場する。第一場と第二場の間に息抜きのために中入があり、第一場でも合理主義的立場からしきりと批判めいた言葉を洩らしていた西洋化青年がアイとなって登場する。

主題　一木一草に神は宿る。樹にも霊がある。その霊はあるいは桜の花の精となりあるいは樹の霊となる。このような自然の命への畏敬は神道にかぎらず古今東西に通ずる。この尊ぶべき信仰をゆめないがしろにしてはならない。

素材一　小泉八雲『怪談』中の「青柳の話」「十六桜」「乳母桜」の話

素材二　小泉八雲の英文学講義「文学にうたわれた樹の精について」ほか

素材三　『大和物語』の葉守の神の歌

素材四　ロンサールのガチーヌの森の歌

素材五　ミュッセの墓碑銘の詩（柳を桜にかえる）

序の場

道行　緞帳なし　紗幕の前　紗幕の後ろに第一場以降の舞台設営

登場人物

小泉八雲ことヘルン　帽子をかぶり旅行鞄を持つ

赤星典太　第五高等学校生徒、明治の学生の詰襟制服姿

地謡

囃子方　板付き

次第（まだ幕は開かず、幕の前でまず次第の謡が聞こえる）

葉守の神のましけるを
葉守の神のましけるを
知らでぞ
人は歌ふらむ。

（照明が入る。紗幕の前にヘルン先生はフェルトの帽子をかぶり旅行鞄を持って登場。赤星も通訳兼案内として同行する）

ヘルン（名乗り）

これはラフカヂオ・ヘルン。元々は新聞記者でした。太平洋の彼方に新天地を求め、文学上のコロンブスたらんと、日本に向かいます。

道行（地謡）

父はヘルン、
ヘロンの鷺は渡り鳥、
渡り鳥かは知らねども、渡りて稼ぐ渡り鳥、
身は定めなきヘルンかな。
桜咲く富士美しき春なれど
霞たなびく我が身かな。

ヘルン（息を呑みながら）

どうして日本では桜の樹がこんなにすばらしいのだろう。
この神々の国では樹々もまた人になれ親しみ
樹々は我が子のように大事に育てられ、
一本々々の樹に魂が宿っている。

（英語は録音テープから流してもよい）

Why should the trees be so lovely in Japan?

Here it is a miracle of beauty so bewildering
that the spectacle strikes you dumb.
Is it that the trees have been so long domesticated
and caressed by man in this land of Gods,
that they have acquired souls,
and strive to show their gratitude?

赤星（いたって寛いだ身軽な風で）
私はミスター・ヘルンの通訳です。
ヘルン先生は物書きですが、
霞たなびく日本で
霞を食って生きるわけにも参らず
英語教師の職を求め山陰へ下ることとなりました。
明治二十三年、一八九〇年のことで
私がお伴して参ります。

道行（地謡）（ここで横浜港、姫路の白鷺城、大山、宍道湖、松江、出雲大社などの映像をスクリーンに）
　花にかすめる横浜に
　身を横たへる浜もなし。
　桜木町を後にして
　山陽道は姫路まで蒸気で下る渡り鳥、
　鷺は鷺でも白鷺の
　城を後ろに俥にて
　みまかる先は美作の
　神代求むる旅姿、
　犬挟峠の坂くだり、
　遠くに望む大山は、
　目にやはらかき夕日かな、
　社の数は大社、小社、
　八百万の
　神在る国の神あそび、
　われもまた櫛名田姫の手をとらん、
　心地すがしき松江かな

地謡
　八雲立つ出雲八重垣
　妻籠みに八重垣作る
　その八重垣を

ヘルン（明るい、ややはしゃいだ調子で）
初めよければすべてよし、

All's well that begins well

地謡（陽気に）

All's well that begins well
櫛名田姫の手をとりて
堅木の櫛の木を引きて
堅気の節の気を引きて、
君といつしか妻籠みの
一年過ごし……

ヘルン

島根の一年は幸ふかい
家庭に恵まれた日々でした。

赤星

Yes, You have home.

地謡

番し君と
八雲立つ
松江の都朝立ちて、
昼なほ暗き松と杉、
宍道を過ぎて
川ばかり闇は流れて蛍かな
八雲立つ
出雲の国を立ち去りて
西国の城下の
町に着きにけり。
城下の町に着きにけり。（ここで幕が開く）

第一場

場所　熊本水前寺成趣園　下手奥に茶屋　赤い毛氈　満開の桜　上手に能舞台　橋掛なし

能舞台は闇

背景の一部　ハーンが描いた鉛筆画「森」（池田美術館収蔵、『小泉八雲事典』四一四頁）のスケッチを照明で幕に写す　第二場・第三場ともにこの同じ背景でよい。ほかに適宜工夫してもよい。たとえばHenry Moore, Tree with Ivy (Oak and Ivy) Charcoal on watercoloured blotting paper, 1978、長谷川潔の版画「一樹(A Tree, Elm)」1941、Odilon Redon, Deux Arbres, 1870なども樹霊を強く感じさせるスケッチである。

登場人物

赤星　五高生　明治の学生の詰襟制服姿

ヘルン　フェルト帽、モノクル、紐製のネクタイ　風呂敷包の書物

前田　五高生　英語が喋りたくてたまらないモダーン・ボーイ　髪に油をつけている

岩木三四郎　明治の古風な学生の袴姿　頭は剃っている

茶屋の娘さくら（化身）　品がありただものではない

英国の若い男女　輪舞する　台詞なし

地謡

囃子方　板付き

赤星

昨日は門司より七時間四十五分をかけての長旅、お疲れになられたでしょう。

ヘルン

時間はかかりましたが、それだけ九州の景色を楽しみました。熊本は春日駅に到着、嘉納治五郎校長先生のお出迎えには恐縮しました。

赤星

不知火旅館の食事はお口にあいましたか。

ヘルン

気遣って洋食を準備するとのことでしたが、ご辞退して和食を注文いたしました。皆さま驚かれましたが。

ヘルン（ここで「さて」とともに発声法が一変し）

さて本日は水前寺の庭に遊び候。
昼なほ暗き境内に江津湖さして水流る。
鬱蒼と繁るは松、杉、椎、檜、根もとには熊笹、茨、やぶからし、おんばこ、みづひきさう。
そこなる古今伝授の間にて一服いたし候。
今日の肥後は日本晴れと寿ぎ奉り候。

赤星

この水は阿蘇に降った雨が地下水となって湧き出した。湧き水は江津湖にながれ、そこでまた

湧き水を集めて有明海に注ぎます。（赤星の同級生の岩木三四郎と前田があらわれる。赤星はヘルン先生になおも説明しようとするが）

岩木

もしそれなるは

前田

Are you Mr. Hearn?

岩木

『九州日日新聞』にて御来熊との御一報、ヘルン先生にてはござらぬか？

ヘルン

いかにもヘルンにて候、御来遊とのご挨拶恐れ入り候。（神妙に決り文句で挨拶したが、口調がくだけ）ただ遊びに来たわけではない。

I have not come here just for pleasure.

前田　（頓珍漢に、日本人に向かっても英語を使い）

It is my pleasure to make your acquaintance, Sir.

岩木　（前田にかまわず、ヘルン先生に向かい）

お目にかかれて嬉しく候。

私儀、身は堅物、余っ程度胸無き者にて遊ぶつもりはさらさらござなく候。

そもそも御来熊とは熊本に来るとの意味、来て遊ぶ「いう」とは「ゆう」が違いまする。

前田　（その「ゆう」を受け）

Yes, *you* is wrong.

ヘルン

……？

岩木

私は元浪人にてこのたび細川の殿様のお眼鏡にかなひ御下賜金を賜はり、第五高等中学校に学ぶ学生にて候。

名前は岩木三四郎、英語ではRocky Treeと申す。

お見捨てなきやうお願ひ申上げ候。

赤星

私は赤星、Red Star と申す。

ヘルン

ヘルンとは英語では鷺と申す。
私は渡り鳥の Heron にて候。宜しくお見知りおきくだされ候。

前田
いやいや、ヘロンとヘルンは違う、
コウノトリ目のサギ科でも熱帯産の黒い鷺は羽は小さく
（とハーンの黒い顔と小柄な体軀を目で測る）
留鳥、これは土地に留りで渡りはしない。
ヘルンをヘロンといい、鷺を鴉というは、黒を白というもの、……

ヘルン（前田の傍白を耳さとく聞きとがめ）
いやいや、それは言葉遊び、
ヘルンの鷺は渡り鳥、
たとひ羽振りはきかずとも
渡りて稼ぐ渡り鳥、
身は定めなきヘルンかな。
私は遊び人ではない。

前田（前田の日本式英語はゆっくりとわかりやすく発音する）
You are not a playboy,
but a playboy of words indeed.

ヘルン
I am indeed a cousin of Synge, the author of the Playboy of the Western World,
But I am not a playboy though I play on words from time to time.

岩木
身は定めなき渡り鳥と仰せでござるが、
失礼ながら先生は今までどちらを渡って
どこどこでお泊りなされましたか？
道行が滅相長うございましたが。

地謡
遊び人との誤解なきやう、
渡り鳥、道すがら
止まりし樹々の数々、
かぞへあげばやと存じ候。

岩木と赤星と前田
是非止まりし樹々の数々をお聞かせくださいませ。

ヘルン

それでは樹が、いや気が変わらぬうちに
このヘルンがどこどこの樹に留まってきたかを
お話ししましょう。
記憶に残る最初の樹はアイルランドの樫（かし）、oak tree
枝に白い布がまいてあった。
しかしイギリスにいたときも北アメリカにいたときも
樹に人格があるとはついぞ思わなかった。

前田

樹に人格？
Do you really think that a tree has a personality?

ヘルン

Oh, yes. It is a personality that makes itself felt.
左様、樹にはそれぞれ御面相（ごめんそう） physiognomy もある。
四年前、カリブ海のマルティニーク島に渡って
夜、林の中に入った。
樹は霊を帯びた人格で、その霊がおのずと感じられるとそのとき思った。
老樹は個性のある存在です。生き物です。
Yes. It is an Individual, a Being.

地謡

どこの国でも夜になると
なにか漠然とした幻（まぼろし）が浮かんできて、
空恐ろしい妄想が次々と湧くものだが、
熱帯の国、とくにマルティニークでは
夜は格別に印象的で、
ひときわ不吉な雰囲気をかもしだす。

ヘルン

武蔵野の森の中には
どんなに晴れ渡った暑い天気であろうとも
依然として暗い村がある。
常緑樹の厚く茂ったほかには何も見えない。
そして夜になると……

地謡

そこはかとなき人相（にんそう）の
そこはかとなき人相の
樹々には霊の宿るなり。

ヘルン
樹々は日本では霊を帯びた人格、
いや時には神の霊を帯びている。
御神木とは楠の

地謡
老樹は太き注連を巻き、
御幣を飾り四手を垂れ……

ヘルン（ヘルンは水前寺の庭の樹をうっとりと眺めている）
老若男女が樹の前で立ち止まり
頭を垂れてお詣りしている。
楠の大樹を見あげると命が延びる気がする。
西洋でも南洋でも日本でも
緑の樹のある土地は心がほっと休まる。
しかし（とヘルンは学生たちの方を見て）
熊本の市中は西南戦争で焼け、樹蔭が無く、

前田
日蔭が無い。残暑は厳しい、夏は暑かった。

赤星
いふまいと思へど今日の暑さかな

前田（剽軽に）
You might think today's hot fish.

ヘルン
いや、夏は暑いのが良い。
松江では、冬が寒くて良くない。

赤星
熊本にては、日ざかりは煮立つ蟬の林かな

ヘルン
楠も動くやうなり蟬の声
Even the camphor-tree seems to quake with the clamor of sémi!

前田
先生、動くに move でなく quake を使うのは誤訳ではありませんか。

ヘルン（前田の発言を無視する）
ルイジアナにても、蟬や蛙の声が喧しいから、
森までが腹を立てて轟々と喚き出した夏の日ざかりがありました。
（蟬時雨が聞こえる。間）

ヘルン

森には森の神宿り、
泉のほとりにニンフ舞ふ、
地謡
　森には森の神宿り、
　一木一草神宿る。
ヘルン
樹の霊の力は強いが、その命は樹の命に左右される。樹が伐(たお)されれば樹の霊も死ぬ。
赤星（しんみりと殊勝に願い出る）
先生、古代ギリシャの人は樹木の精を尊び、シェイクスピアも真夏の夜の夢に妖精の世界を描いたと聞きますが、
西洋の詩にうたわれた樹について
教えてくださいませんか。
岩木（いままで茶屋の娘と親しげにしていたが、また元の仲間に戻り、身を乗り出すように熱心に）
樹木の精についてお教えくださいませ。
茶屋の娘（縁台に腰掛けるヘルンたちに茶を差し出し、「花は桜木、人は武士」と謡曲風にうたいながら退く）
ヘルン（茶屋の娘にみとれていたが、「樹木の精」と聞いてはっと元の仲間に戻り、身を乗り出すように熱心に）
A very good topic. なんぼよき考え、Trees in Western literature.
（それでは、と学生たちの方を向き）
Then, please teach me Flowers in Japanese Dance and Hokku.
それでは皆さんは日本の花の舞と花の発句をまず私に教えてくだされ。
岩木、赤星
畏(かしこ)まりました。
前田
ではそこなる岩木三四郎が
朝日ににほふ桜花の舞をおめにかけます。
（すると岩木は扇子を開き、かつ茶屋の娘を手招きする。娘は殊勝にうなずく。そして岩木の朗詠にあわせて臆(おく)するところなく岩木と共に舞う）

岩木
卒爾ながら私、まず日本の心をうたった山桜花の歌を謡って進ぜましょう。
（ヘルン先生神妙にフェルト帽を脱ぐ）

岩木
　敷島の大和心を人とはば
　朝日ににほふ山桜かな

（水前寺の舞台暗転　謡いおわらぬうちに　笛　箏　三味線　板付き演奏を始める　能舞台のみ次第に明るくなる　松羽目の代わりに満開の桜が映写幕にうつる）

舞
（岩木が舞を終えた後も娘はなお舞い続ける。舞の終わりが近づくにつれ能舞台は暗くなり、水前寺の場が明るくなる。ヘルンは眺めいっている）。

ヘルン
桜の花の精もかくやと（とヘルン先生息を呑む。娘は舞い終えて一礼し茶屋に戻る）。

地謡
　敷島の大和心を人とはば
　朝日ににほふ山桜かな

前田（みんなに聞かれぬように悪態をつく）
どこの国でも其国の魂が国の臭気なのだ。It stinks:
（やや語気を強めて観客に向かい）
　敷島の大和心のなんのかの
　うろんな事を又さくら花

（やや気まずい沈黙。具合の悪くなった前田がヘルン先生に話す番だと催促する身振り）

ヘルン（あらたまって、いかにも教壇に立つヘルン先生らしく）
樹木の詩——

赤星（勢いよく）
Trees in Poetry

ヘルン
　英国の桜の心を詩に問はば、
（といって朗読する）

地謡とヘルン

白い、野生の桜の樹、
大地に根を張る桜の樹、
白い乳首の桜花、
胸はときめくイギリスの、
心ときめく処女子（をとめご）よ、
樹から生まれた魂よ。

（ヘルンが赤星に朗読するよう書物を渡す）

赤星　（書物を英語で朗読する）
The forest's white virgin;
She, the white wild cherry, a tree,
Earth-rooted, tangibly wood,
Yet a presence throbbing alive;

地謡と赤星と岩木と前田とヘルン
林の白い処女子（をとめご）よ、
白い乳首の桜花、
胸はときめく桜の樹、
心ときめく処女子よ、
桜の精が花咲くよ。

岩木
すばらしい。妖精の詩。

ヘルン
樹にまつわる神話的な詩的価値は人がどのような感情を樹に寄せるかで決ります。

赤星
A fairy poem by

ヘルン
George Meredith の詩です。
西洋には花にまつわる詩は多いが、樹にまつわる詩は多くない。林檎（りんご）の樹はイングランドに多いが、桜の樹は少ない。

赤星
僕は道後（どうご）でこんな俳句を聞きました、
うそのやうな十六日（いざよひ）桜咲きにけり
稚拙（ちせつ）ですが、正岡常規（つねのり）という男の句で、十六日（いざよひ）とは十六日（じゅうろくにち）という意味です。

前田
ふ、ふ、ふ。人間が桜の樹の身代（みがわ）りとなり花を咲かせたという
ridiculous とも ludicrous　世にも荒唐（こうとう）とも無稽（むけい）

ともいうべき話です。

岩木 いや、あわれ深い話です。

ヘルン Please tell me the story of Jiu-Roku-Zakura.

岩木 お話しいたしましょう。

俳句は稚拙だが、十六桜の話は幼稚ではない。

岩木と前田と地謡 そう呼ばれるのは陰暦の正月十六日になるとその桜に花が咲くからで、

しかもその大寒の日にしか咲かない。

それも自分の命の力で咲くのではない。

他人さまの命で咲く。

ヘルン 誰さまの命で咲くのですか?

岩木 老人は伊予の侍でした。

子供のころから桜の樹下で遊んだ。

花見時になれば、父母も、父母のまたその父母も、

短冊を枝に吊るし花を讃えた。

和歌もあれば漢詩もあった。

だがその桜の老樹がある年、枯れて死んでしまった。

身寄りの無い老人は歎き悲しみ、正月十六日、

ひとり庭へ出ると

枯れた樹の前で一礼し、

「お願いです。いま一度花を咲かせてください。

私が身代りになって死にます」

といい、桜の下に白い布をひろげ、正坐すると

武家の作法にのっとって腹を切った。

地謡 不思議やな

侍の霊はのりうつり

桜の老樹にのりうつり、

たちまち花を咲かせたり。

岩木 うそのやうな十六桜 咲きにけり

それからというもの、毎年、まだ雪の季節とい

うのに、正月十六日、その桜はいまも花が咲く

前田　と『文藝倶楽部』第七巻第三号には出ています。

ヘルン　なんぼ良き話。

地謡
　実に草木さえも心ありて
　その情に感ぜしならん。

（するとここで茶屋の娘が縁台に座ったヘルンたちにまた茶を差し出す。誰に頼まれもせぬのに娘は桜の精の舞を一分間ほどまう。岩木は凝視、ヘルンも目で追う）

岩木
　不思議やな
　桜の霊はのりうつり
　たちまち舞をまひにけり。

前田　これは人が桜の身代りに立った話ですが、迷信じみていませんか。

赤星　乳母がお嬢様の身代りに立った話もあります。乳母桜の話もいたしましょう。やはり伊予の国に徳兵衛というたいそうなお金持の長者がいた。（前田は英語を使って説明したくてたまらない）

前田
In most matters Tokubei was fortunate; but he
reached the age of forty
without knowing the happiness of becoming a
father.

赤星
西法寺に詣でて不動明王に願をかけ、ついに娘
に恵まれ、露と名づけた。
母親に乳が足らずお乳母のお袖が雇われた。
露はすくすく育ったが、
十五の歳に病にかかり、
とても助かるまいと医者たちも匙を投げた。

前田
In that time the nurse O-Sodé,
who loved O-Tsuyu with a real mother's love,

went to the temple Saihōji, and fervently prayed to Fudō-sama on behalf of the girl.

赤星

乳母のお袖が二十一日の間、一日も欠かさずに
お不動様にお祈りした。
その満願の日に、突然
お露の病気はめでたく平癒した。

前田

Then there was great rejoicing in the house of Tokubei;
and he gave a feast to all his friends in celebration of the happy event.
But on the night of the feast the nurse O-Sodé was suddenly taken ill

赤星

その夜お袖は発病し

地謡

その夜お袖は発病し、
本復いまは難しく
お袖は徳兵衛夫妻に申すやう
お袖は露の身代りにならせてくれと願かけて
この願かなひ死ぬゆゑに悲しむことのなにかある

前田（お袖になりかわって話す）

I besought Fudō-sama that I might be permitted to die in the place of O-Tsuyu;
and this great favor has been granted me.
Therefore you must not grieve about my death.

地謡

悲しむことのなにかある

赤星（お袖になりかわって話す）

お嬢様のご病気ご全快の折にはお寺の境内に桜の樹を一本奉納すると不動様にお約束いたしました。

前田

Now I shall not be able myself to plant the tree there.

赤星

わたくしに代ってこの誓いを果してくださいませ。

わたくしはお露さまのために死ぬのが嬉しうございます。

地謡
二月十六日の命日に
西法寺の境内に桜は今も咲く、
(するとここで茶屋の娘が誰に頼まれもせぬのに桜の精の舞をまう)
薄紅(うすくれない)の花びらは
女の乳首さながらに
お袖の乳首さながらに、
乳に湿れる乳首かな、
乳母桜
今年の春も咲きにけり
今年の春も咲きにけり

ヘルン
身代りに立つ乳母桜。
なんば良き Milk-Nurse の心かな、
胸にしみいる乳母の乳。
(ついで録音された英語でメレディスの詩が流される間に橋がかりでは声を立てずに若い英国男女がゆっくりと輪舞する。それは服装のみ英国の田舎(いなか)仕立て)
The forest's white virgin;
She, the white wild cherry, a tree,
Earth-rooted, tangibly wood,
Yet a presence throbbing alive;
Nor she in our language dumb:
A spirit born of a tree;
Because earth-rooted alive.

地謡
葉守の神のましけるを
葉守の神のましけるを
知らでぞ
人は踊るらむ。
(輪舞の英国男女が舞台上から消える。すると茶屋の娘がここで能による舞をまう)

ヘルン（やや講義風の口調で）
日本の皆さまはどうお考えになりますか。
樹に神さまが宿るというケルトの人の考え方はキリスト教の考え方に背(そむ)きました。

前田（大きな声だが、独り言をいうように）
それは背くに決っているさ。神さまが樹に宿るなんて、気がふれているよ。おかしいよ、そんな考え方は文明開化以前だ。合理的でない以上（と言って一瞬次の言葉を躊躇する）キリスト教に背くのは当然だよ。（キリスト教も必ずしも合理的ではないと一瞬自覚するが、とにかく日本の神道は小馬鹿にする）

前田（大きな声で）
Trees, at least Japanese trees have souls! What a nonsensical belief!
Trees are things created for the use of man.

ヘルン（ヘルンは前田の独り言には耳を貸さず）
フランスのシャルトルにはヨーロッパでいちばん美しいゴチックの大聖堂が丘の上に聳えています。あの大聖堂はケルト族のドルイド教の寺を壊して、その廃墟の上にキリスト教の征服のシンボルとして建てました。キリスト教を宣布するために異教徒たちの寺を次々と壊した。征服されたドルイド教徒たちはあきらめて見ていたが、ご神木である松の樹をキリスト教徒が伐り倒そうとしたときは、激しく抗議した。（斧の音を示す笛の音）

赤星
『日本書紀』にも似たことが出ています。
「孝徳天皇仏法を尊び、
　神道を軽りたまふ。
生国魂神社の樹を斮りたまふ類、
是なり」（斧の音を示す笛の音）

岩木
（樹々の話を語りつ聞ききつするうちに斧の音に堪えきれなくなったように袖で顔を覆う）

ヘルン
フランス・ルネサンスの詩人ロンサールも
樹に霊が宿るのを感じ、
ギリシャの神々の名前にことよせて自分自身の気持を生き生きと歌いました。（本を開いて）
ピエール・ド・ロンサール、
ガチーヌの森に寄せて歌える――

おまえの緑の蔭に寝て、
ガチーヌの森よ、
俺はおまえを謳うよ、
おまえは、おまえの森の樹蔭にひそんで
魂を奪うほど俺を恍惚とさせるよ。
おまえは、いつもいつも詩神が
俺に応えてくれるようにしてくれるよ。
おまえの木立が恋する仲間たちや
半獣神や森の精や
また川の女神の畏れに
いつもいつもみちみち、
おまえのなかにこれからは
詩神たちは集ってずっと住み、
そしておまえの森を冒瀆するような
火の立つようなことのないようくれぐれも俺は祈るよ。

ヘルン（本を閉じ）
だが世が乱れ、そのガチーヌの森を伐採する者が出て来た。ロンサールは激怒した。
樹の中には神さまが宿っている（とまた熱をこめて本を読み出す）
おい、樵夫、すこし手を止めろ、（斧の音を示す笛の音）
お前が地面に打ち倒しているのは樹ではないぞ、
お前見えないのか、血が滴っているのが
厚い樹の皮の下に生きていた女の血が？
神を畏れぬ人殺しめ、たかのしれた品をくすねた
泥棒が首をくくられるくらいなら、
一体、手前は、神さまを弑した極悪人、
火責、水責、鋸、鉋、極刑、
万死に値するぞ。
（樹々の話を聞くうちに茶屋の娘と岩木は同じように激しく泣く。ヘルンは繰返す）
おい、樵夫、すこし手を止めろ、（斧の音を示す笛の音）
お前が地面に打ち倒しているのは樹ではないぞ、
Écoute, Bûcheron, arrête un peu le bras,

Ce ne sont pas des bois que tu jettes à bas.
（エクート、ビュシュロン、アレート　アンプール　ブラ、（斧の音を示す笛の音）
ス　ヌ　ソン　パ　デ　ボワ　ク　チュ　ジエット　ア　バ）

前田（フランス語がわからずいらいらして、傍白）
おい、外人教師、すこし口を止めろ、
お前が話しているのはフランス語ではないか。
英文学ではないぞ、
この授業をなんと心得る。

ヘルン（前田の不満気な傍白を耳さとく聞きとがめ）
ダレデスカ、ソンナコトヲ話シスルノハ？
（ついで茶屋の娘と岩木が同じように泣きじゃくる声に気づいて）
ダレデスカ、泣キ声ヲ立テテ私ニ話シカケルノハ？
Who is it that is speaking to me?
（泣き声が止む。ヘルン先生間を置いて、また朗読する）
おい、樵夫、すこし手を止めろ、（斧の音を示す笛の音）
お前が地面に打ち倒しているのは樹ではないぞ、

地謡（突然高々と朗誦する）
かしは木に葉守の神のましけるを知らでぞ折りし祟りなさるな

ヘルン
ダレデスカ、ソンナコトヲ話シスルノハ？
Who is it that is speaking to me?
（ヘルン先生すこしく興奮気味。ようやく気を静めて、また朗読する）
おい、樵夫、すこし手を止めろ、

岩木
先生、本当にすこし手を止めてくださいませんか。（斧の音を示す笛の音）

ヘルン
不思議やな
しげしげ見れば（モノクルの眼鏡を落として

驚く）

三四郎は地べたの上にひれ伏して
茶屋の娘の手をとりて
ひたすらわれに
頼むなり

岩木（激しく泣き伏す）
先生、本当にすこし手を止めてくださいませんか。
いま地面に打ち倒しているのは樹ではありません。

地謡（ふたたび声高々と朗誦する。それが木霊のように響きわたる）
かしは木に葉守の神のましけるを知らでぞ折りし祟りなさるな。（斧の音を示す笛の音）

ヘルン
What a weird day! 今日は不思議なことが次々と起きる。
ここで中休みにして、私は小峯墓地のあたりをひとまわり散歩して気分を鎮めましょう。
（ヘルンは舞台をまわって着座、片手で顔を伏せている。茶屋の娘、岩木、赤星は退場）

中入

アイ（前田と同じ人物）
私は今、宣教師ヒューズ夫人の通訳だ。
ヘルン先生は眼が悪くて学生の顔の見分けがつかない。それをいいことに、
ヒューズ夫人も後ろの席で聴いていた。
彼女もフランス語はわからないと苦情をいっている。
そもそも英語の時間にフランス語の朗読をするのはルール違反だ。
そう私が注意したらヘルン先生また怒った。

ヘルン（これはアイがヘルンの口真似をする）
無断で他人のクラスを覗くとは、他人のクラスを覗くとは。
出て行きなさい。お前たち。

アイ
樹木に神が宿るという幼稚な考えは、木魂が響くから樹に魂があると考えるのと同じで、未開

野蛮な、プリミティヴな発想だ、
神道など宗教の名に値しない、
そうやりこめたら、ヘルン先生ついに怒って教室から出て行った。（と自慢気である）

第二場

場所　小峯墓地（小峯墓地、暗い）
背景の一部　ハーンが描いた鉛筆画『森』（池田記念美術館収蔵、『小泉八雲事典』四一四頁）のスケッチ
山桜の大樹の照明が次第に明るくなる
登場人物
岩木三四郎友忠、若侍
ヘルン　第一幕と同じいでたち、ただし書物を包んだ風呂敷包は持たない。切株に腰掛け、片手で顔を伏せて、半分まどろんでいる。
さくら（第一場の茶屋の女が化身であったので、実は同一人物で同じ役者が演ずるが、第一場の作中人物と混同せぬよう第二場ではさくらと記す）　面をつけて登場する　若い女　美しい淡い桜色の薄い着物、髪飾り
龍田に住む古老
地謡
囃子方　板付き

古老（登場して山桜の大樹を見上げ手を合わせる）

ヘルン（暑さに樹蔭でうとうとしていたが、その後姿に目をやり）
見事な山桜、
老樹は太き注連を巻き、
御幣を飾り四手を垂れ……
もうし、あなた様が手を合わせておられたのは、いかなる神様でございますか。

古老
これは、これは、この山桜の樹の神様の身元をお訊ねか。（と古老はこちらを振り向きざまに蓑の雨具をさっと脱ぎ捨てる。正面には若侍が凛々しいいでたちで立っている。ヘルンははっと目をさます）

岩木三四郎友忠

これは細川政元公の縁者能登の国の大名 畠山義統殿に仕える岩木三四郎友忠と申す若侍にて候。このたび主君の命を受け、細川様の御元へ急ぎ候。

ヘルン（立ち上がり、フェルトの帽子を取り侍に会釈する）

不思議やな。あなたはさては

岩木三四郎友忠

岩木三四郎の前世の姿、友忠にて候。真冬、高千穂から阿蘇へ抜ける途次、吹雪にあひ、熊本の近くまでは参りしが、寒風膚を刺し、夜道は暗し、馬は進まず、丘の頂きの桜の蔭に藁葺きの小屋を見かけ、老夫婦に一夜の宿を乞ひ、親切なるもてなしを受け候。その家の一人娘のさくらに心惹かれ、たがひに歌をよみかはし、

地謡

たがひに歌をよみかはし、

岩木三四郎友忠

翌朝老夫婦の許しを得、さくらを嫁にもらひ受け候ひしが、畠山の殿御のお許しを乞はず、よその国の女を勝手に娶りしゆゑに御不興を蒙り、家禄は没収、浪人の身となる。紆余曲折の後に

地謡

公子王孫後塵を逐ひ

ヘルン

Closely, closely the youthful prince now follows after the gem-bright maid

地謡

細川の若殿様がさくらに横恋慕する一幕も

岩木三四郎友忠

あるにはあったが、そこは寛仁大度のおめでたいお大名のお家柄

（そこでさくらが登場しワキの友忠と二人楽しげに舞台を舞ってまわる。なおさくらははじめのうちは口を利かず友忠のいうままにその所作を演ずる）

並々ならぬ御厚誼を賜り、浪人の身より細川様のご家人に召抱えられ

能登の畠山殿に代り、晴れて御前で祝言をあげ

てくださいました。めでたくも

さくら
それから五年、わたしどもはこの白川のほとりで
一緒に暮らしました。（と桜の小枝をかざす）

地謡
青い、野生の桜の樹、
風にゆらめく処女子よ、
桜の精は妖しくも
流れは清き白川のほとりに
君は妻となり
流れは清き白川のほとりに
髪をなびかせり。

岩木三四郎友忠
夫婦偕老同穴の
かたらひいよいよ深くして

さくら
八千代をこめむと思ひしに

岩木三四郎友忠
ある朝、さくらは、

（突然、斧の音を示す笛の音）

さくら（自分で自分の身の上を三人称で語りつつ演ずる）
いきなり苦しげな悲鳴をあげ、顔面蒼白、やがてものも言わなくなりました。しばらくして辛うじて口を開き、

さくら
命こよひに究まりぬ（斧の音を示す笛の音）

地謡
命こよひに究まりぬ

さくら
友忠様、あまりに苦しかったものですから取乱し悲鳴をあげました。
友忠様、二人が結ばれたのもきっと前世のご縁でございましょう。
幸せでございました。
またきっと生まれ変わってご一緒になりましょう。
しかし今生の御縁はもうこれまでございます。

お別れせねばなりませぬ。
お願いでございます、
わたくしのために念仏を唱えてくださいませ。
わたしはいま死にまする。

岩木三四郎友忠

なにを愚かなことをいふ。

地謡

なにを愚かなことをいふ、
夫は驚き訝み、
言葉をかけて励ませど、

さくら

いえ、いえ、わたしはいま死にまする。
気のせいではございません。
わかっております……（斧の音を示す笛の音）
こうなりましたら
もう本当の事をあなた様にお隠し申すことなど
ございません。
わたくしは実は人間ではございません。
樹の魂がわたくしの魂、
樹の心がわたくしの心、
樹の命がわたくしの命でございます。

地謡

樹の魂が女の魂、
樹の心が女の心、
樹の命が女の命……

岩木三四郎友忠

誰かが、いま無慙にも、
桜の命の樹を伐り倒さんとする。

さくら

だから死なねばなりませぬ。

岩木三四郎友忠

おい、樵夫、手を止めろ、（斧の音を示す笛の音）

地謡

おい、樵夫、手を止めろ、（斧の音を示す笛の音）
お前が地面に打ち倒しているのは樹ではないぞ、

さくら

……もう泣こうにもその力すらありませぬ。
早く、早く、お念仏を唱えてくださいませ。

早く……ああ。

（いま一たび苦痛の叫びを発すると、女は顔をそむけた。そしてその美しい顔を袖の蔭に隠そうとした。だがそのとき女の体全体が奇妙に崩れて下へ下へとついに床まで沈んだ。友忠はあわてて妻を支えようとはせよるが、支えようにも妻の体はもうどこにもない。畳の上には美しいさくらのもぬけの殻となった着物と髪に挿してあった飾りだけが落ちていた。さくらは失せてしまったのである）

（暗闇の中、さくらも目立たぬようにさがる。岩木はいつのまにか古老の服をまとい）

古老　さくらを亡くした友忠は髪を剃り、仏門に帰依しました。諸国を行脚し、各地の霊場に詣でては供養の念仏を唱え、また小峯の墓所で念仏三昧に過ごしました。もう五百年以前の文明年間のことです。友忠様が亡くなり、亡骸を葬ったあたりから山桜が芽吹きました。それが友忠桜と呼ばれて当地の御神木となっております。

（古老は桜の老樹に手を合わせる）

（遠くで第五高等学校の午後の授業の始まりを告げる鐘が鳴る。辺りが途端に明るくなり、ヘルン先生は白昼夢からはっと目を覚ます。岩木三四郎友忠やさくらの姿はおろか古老の姿も見あたらない。ただ友忠桜だけが目の前にしげっている）

第三場

場所　熊本郊外、花岡山の山腹　古い墓碑　桜の大きい切株が二、若い切株が一

人物

岩木三四郎（出征兵士の凜々しい姿　陸軍の制帽をかぶっているが後で墓参するときにわかるが頭は剃っている　手に数珠と桜の枝）

ヘルン　第一場、第二場と同じいでたち

地謡

囃子方　板付き

岩木三四郎（挙手の礼をし）

ヘルン先生、私はこのたび出征することになりました。
今日、熊本駅から出発し門司で乗船いたします。
——二年前に先生に初めてお目にかかりましたとき
自分でも自分を抑えきれず、
悲鳴をあげ、御講義の最中に取り乱して
まことに失礼いたしました。あの時は
なかば夢うつつでした。
でも先生、お願いがあります。
（としばらく遠慮がちに沈黙）
覚悟はできておりますが、
私には身寄りが一人もおりません。
万一の節は桜の若木を私のために植えてくださいませんか。
私はほかの学生よりひとまわりも年を食っていた。
長年浪人もし、その間に妻も娶り
幸せに暮らしました。
しかしある朝妻は袂をかざしたかと思うと、
ふっと死んでしまいました。
あの茶屋の娘が花の精の舞をまうた時、
そんな死んだ家内のことを思い出して
無我夢中で叫んでしまいました、
お許しください。
しかし花は桜木、人は武士、
今はもう思い残すことはありません。

ヘルン

君が数珠を手にし、
頭を剃っているのは
奥様にご不幸があってそれで
仏門に帰依したのですか。

岩木三四郎

いえ、もとはお寺の出なのです。
ただ能登の田舎の古寺の住職になるのがいやで、
細川家から奨学金を頂戴し、卒業したら熊本で
英語教師になるつもりでした。
郷里の檀家の人には内緒で、
学生の分際で当地で妻帯しました。
水前寺の庭で馴れ初めましたが、

自分からいうのもおかしいが、優しい女でした。
四年前に亡くなりましたが、
家内の里は農家でした。
いまはもう跡形もありませんが、
以前は花岡山の中腹に妻の両親の家が建っていた。
家のありかを指し示すものとして
大きな桜の樹が二本、若い桜が一本生えており
汽車の窓からも見えました。
今は樹もすっかり伐採されてしまいました。
諸行無常です。
顔見知りは今はもう誰もおりません。
出征に先立ち墓参に参ったのです。

（二人は舞台をまわり、丘にのぼる。別次元にはいった感じで照明が変わる）

ヘルン おや、ここに三本の切株がある。
二本の老樹と一本の若い桜の切株だが、
伐られてもう随分と歳月が経っている。
そこに苔むした墓もある。
墓碑も古び、字は「佐」のほかは読めない。
裏に（としばしモノクルで凝視して）文明十年
……

岩木三四郎（姿は出征兵士岩木三四郎だが、声はいつのまにか若侍岩木三四郎友忠となっている）
左様。文明年間といふからには
西洋の暦で申せば一四六九年から一四八七年にかけてのこと。
佐久良ぎに葉守の神のましけるを（斧の音を示す笛の音）

地謡
知らでぞ折りしそのかみの
これぞ昔の物語

（ヘルン先生はフェルト帽をとり、膝を屈め、
しばし桜の切株と墓碑を見つめてから、立ち上がり両手をあわせて故人の冥福を祈る）

ヘルン先生手をあわせ、
故人のために祈るなり。

（ヘルンは後ろに一歩さがり、続いて岩木兵士

の手を強く握りしめる）

地謡

ヘルン先生手を握り
武運長久祈るなり

地謡

親しき友よ
われ死なば
桜を植えよ
わが墓に

（この歌に衝動的に動かされたヘルンは三四郎の手から桜の若木を取り墓標のすぐ後ろに植える。そして自分もその歌を口ずさむ）

ヘルン

親しき友よ
われ死なば
桜を植えよ
わが墓に

岩木（墓碑の前に跪いて数珠を繰り、熱烈に念仏を唱える）

南無阿弥陀仏
南無阿弥陀仏、
山川草木悉皆成仏（さんせんそうもくしっかいじょうぶつ）
山川草木悉皆成仏。
南無阿弥陀仏
南無阿弥陀仏。

地謡

南無阿弥陀仏
南無阿弥陀仏、
山川草木悉皆成仏
山川草木悉皆成仏。
南無阿弥陀仏
南無阿弥陀仏

（ヘルン、岩木三四郎静々と退場。地謡の声はなお続く）

（汽笛が遠くから響きやがて轟と音がして蒸気機関車が山の麓を通る音が聞こえる）

緞帳

註

日本語版のはじめに

(1) 日本とはいかなる宗教社会なのかを話題とする本書は、日本とはいかなる言語社会なのか、について論じた前著、平川祐弘『日本語は生きのびるか——米中日の文化史的三角関係』(河出ブックス、二〇一〇)の姉妹編とお考えください。

(2) この「明治七年の神道シンポジウム」を見事に紹介した論文は遠田勝「小泉八雲——神道発見の旅」で平川祐弘編『小泉八雲　回想と研究』(講談社学術文庫、一九九二)に収められています。本書第三話参照。

(3) その種の定義の曖昧(あいまい)さは次のような例でも示すことができます。和魂漢才といったときの和魂の内容は、シナ文化の影響を受ける以前の日本人の精神である——そういうことは可能でしょう。しかし幕末以降に和魂洋才といったときの和魂の内容は、儒教道徳などを摂取して変化した後の日本人の精神をさしている。それは当時の人が東洋精神と呼んだもので、その際の和魂は佐久間象山が「東洋道徳西洋芸術」(芸術はこの場合はテクノロジーの意味)といったときの東洋道徳に相当する。その際の和魂は和魂漢才の和魂だけでなく、橋本左内の「器機芸術は彼(西洋)に採り、仁義忠孝は我に存す」といった表現の「我」についての儒教的価値意識からも理解されるように、むしろ漢文化を取り入れた後の和魂、すなわちかつての和魂漢才の総体に相当します。和魂はそのように時代に応じて内容の変化するもので、外国起源の価値であることを意識させないほど我が物として同化された精神内容は、すべて和魂のうちにおさめられているのです。それだから言葉の語呂の悪さもあって和漢魂洋才などとはあまりいいませんでした。

(4) ポルトガル人は安土桃山時代には日本の固有の宗教を「シントー」Xintoと呼びましたが、幕末維新以来は英米人はShintoやShintoism、フランス人はShinntoïsmeと呼びました。フランス人はその後nを一つ減らし、さらにはShintoの語も使うようになりました。母音をのばすマクロンの記号をつける人もつけない人もいるようです。

話の前に

(5) パリ時代の私はG. B. Sansom, *The Western World and Japan* (London: Cresset, 1950) を読んで学問的に刺戟を受け、後にこのサンソム『西欧世界と日本』を東大史料編纂所の金井円氏らと共訳して筑摩書房から出しますが、その中で仏独両国に学び外国でも名を揚げた明治初期の法学者たちから感銘を受けたことも私が留学に留学を重ねるきっかけとなりました。

(6) この「明治七年の神道シンポジウム」を紹介した論文は遠田勝「小泉八雲——神道発見の旅」で、平川祐弘編『小泉八雲　回想と研究』(講談社学術文庫、一九九二) に収められているほか、Masaru Toda, "The Western Approach to Shinto: Lafcadio Hearn, Bruno Taut and André Malraux," in Sukehiro Hirakawa ed., *Rediscovering Lafcadio Hearn* (Folkestone, U.K.: Global Oriental, 1997) pp.223-241 に収められています。

第一話

（7）栗本鋤雲『暁窓追録』、日本史籍協会編『抱庵遺稿』（続日本史籍協会叢書、第四巻）（東京大学出版会、一九七五）二四頁。巻頭の片言云々は『論語』第六巻第十二顔淵篇からの引用である。
（8）「フランス民法をもって日本民法となさんとす」、穂積陳重『法窓夜話』（岩波書店、一九八〇）二一〇 - 二一三頁。
（9）大久保泰甫『日本近代法の父　ボワソナアド』（岩波新書、一九七七）。
（10）Fustel de Coulanges, *La Cité Antique*, Flammarion, 1984, p.16.
（11）『平田篤胤全集』第六巻（平田篤胤全集刊行会、一九七七）五五三頁。
（12）*La Cité Antique*, p.35.
（13）*Ibid.*, p.9.
（14）*Ibid.*, p.10.
（15）*Ibid.*, p.35.
（16）穂積八束「民法出デテ忠孝亡ブ」、『法学新報』第五号（明治二十四年八月）。穂積八束についての研究に Richard Minear, *Japanese Tradition and Western Law: Emperor, State, and Law in the Thought of Hozumi Yatsuka* (Cambridge, Mass.: Harvard University Press, 1970) がありますが、マイニアはフランス語の能力を全く欠いているため明治のフランス語をよくした日本の法学者たちが依拠したフュステル・ド・クーランジュ『古代都市』などへの理解を欠いています。もっともそのような教養の不足は昭和・平成の日本の民法学者ともても同様であるかもしれません。

（17）明治には民法典の採用の是非を問う白熱した大論争があったことそれ自体が比較文化論的に見てもきわめて興味深い事件でした。その点はG・B・サンソムが『西欧世界と日本』（筑摩書房、一九六六）第十五章「明治初期・西洋の影響（続）」の一節と二節で指摘する通りです。明治の帝大法学部教授と昭和の東大法学部教授を比べると、人間的力量の差はおのずと感じられます。和漢の学はもとより英語やフランス語やドイツ語の力ももちろん明治の穂積陳重、梅謙次郎教授らの方が比べものにならぬほど上でした。このような法学者の外国語の実力の差は以前から感ぜられ、そのことは大学内ではかなり言われてもいましたが、しかし昭和の法学教授は法律技術屋としての力量には自負心を持っておられたようです。敗戦後の日本で活動した法学部の教授たちがこのところあいついで死去したので、率直にその辺の事も明言できるようになりました。

（18）フランス側で神道について学者的アプローチをした最初の人はミシェル・ルヴォン（Michel Revon　一八六七－一九四七）で、一八九三年に来日し帝国大学法科大学の外国教師として一八九九年までつとめました。*Le Shintoïsme* (Paris: Ernest Leroux, 1905, 1907) があります。これは四〇〇頁の第一巻のみが出、クローデルも読んだのではないかと思われますが、しかしクローデルがしきりと言及するのはルヴォンの『日本文芸選』*l'Anthologie de la littérature japonaise* (Paris: Delagrave, 1910) の方です。

第二話

（19）平川の私見では、tam-tam は擬声音からできた名詞で中国の太鼓をさすときは「銅鑼（どら）」と訳していいでしょうがアフリカの太鼓をさすときはこの漢字をあてては誤訳と思います。この場合はアフリカの黒人が手で叩く「太鼓（タムタム）」です。

(20) 以下の『盆踊り』からの引用は小泉八雲『神々の国の首都』（講談社学術文庫、一九九〇）所収の仙北谷晃一訳。

(21) ここでハーンの松江赴任の旅にふれますと、ハーンはチェンバレン宛には「鉄道で神戸に行きました。そこから人力車で山また山を越え、稲田の谷間を抜けて日本を横断しました。四日間の旅でした」と書いています。横浜から船でなく汽車で行った、とわざわざ報じたのは東京－神戸間の鉄道が全通したのが明治二十二年七月一日、船旅よりこの鉄道の方がニュース性があったからでしょう。といっても貧乏なハーンでした。通訳同行の人力車は、いまなら差し詰めハイヤーの旅行で、高くつきます。当時鉄道が通じていた最西端の姫路から人力車で中国山脈を越え松江に向かったと推定します。明治二十三年九月七日『山陰新聞』には「予（松江中学校雇教師ヘルン氏）が東京より陸路当県に来りしとき道すがら瞥見する所にてハ当県に近づくほど神社の多くして仏閣の減ずるが如き観ありし……」「途中にて盆踊を一見せしに中々面白しなど咄し居れり……」と出ています。ハーンの「盆踊り」は筆が旅の感動にふるえています。二〇〇四年九月三十日にはハーン没後百年の国際会議に集う内外の人々のために小型バスでハーンの中国山脈越えの道を辿る旅行も計画しました。ハーンが兵庫や岡山のどこを通ったかはわかりませんが、美作(みまさか)街道を犬挟峠(いぬばさり)から鳥取県に下ったようです。中山町の西山繁雄氏の考証によると、ハーンが天狗の面を見たのは関金町山口の矢送神社のようです。百十一の石段があります。ハーンのローマ字に誤りもあります。Yu-Asaki-jinja とは大栄町妻波の岩崎神社のことらしい。旅に出て三日目でしょうか、上市に泊りました。通訳の真鍋晃が誤って Kami-Ichi と教えましたが正しくはウワイチで、いまの中山町です。そこの妙元寺の境内で見た盆踊りの様をハーンは描きました。このお寺はさらに細かいことをいえば上市ではなく下市です。昔は若い人も踊ったのでしょうが、いまは土地のやや年配の熱心家がハーンがローマ字で書きとめてくれた歌詞もまぜてうたいながら踊ってくれます。ハーンがいう「死者たちの祭り」や精霊送りの盆踊りとはやや違う踊りとなっているのかもしれません。太鼓も新しくなっていました。庭の一隅でじっと見守ってくださるお地蔵様も手が欠けていませんでした。後年の寄進で新しいお地蔵様でした。このようなハーン先生を偲ぶ盆踊りは、小泉八雲現象ともいうべきもので、観光事業の一部と化してしまいましたが、それでも内外のハーン愛好者を和(なご)ませてくれたようです。

(22) ハーンはロティに触発されて『盆踊り』を書きましたが、そのハーンに触発された西洋人には『徳島の盆踊り』を書いたモラエス、『死者の祭』を書いたフランシス・キングなどがあります。それについては平川は『ハーンは何に救われたか』(勉誠出版、二〇一七)所収の「盆踊りの系譜――ハーンからモラエスへ」で論じました。ハーンが見た山陰の盆踊りが静寂で優美で夢幻的で、モラエスが見た徳島の盆踊りが騒々しく猥雑で、表面的には似ても似つかないと思われるかもしれませんが、生者と死者とがこの世で交わる夜としては両者は同性質の祭りなのです。

(23) 第二次大戦後の北米でラフカディオ・ハーンの評価が低下したことはよそでふれましたが、柳田國男の評価はたいへん高まりました。『遠野物語』を再度英訳したロナルド・モース(Ronald Morse)は柳田研究の有力者ですが、柳田がハーンを高く評価し、柳田を民俗学に導いたのがハーンであることを知るに及んで、その昔私にハーン研究を思いとどまるよう忠告しただけに、奇妙な当惑を示しました。本書校正中にモースに会う機会がありましたので註に書き添えます。北米側もハーン再評価をやがて迫られるでしょう。

(24) 日本にだけある仏事にはほかに彼岸会(ひがんえ)などもあります。彼岸とは春分、秋分の日を中日としてその前後、各三日、合わせて七日間の称です。『源氏物語』の行幸の巻にも出てきますが、諸仏に詣で、亡霊を供養します。これは実は仏典になく、またインド、中国でも行なわれることはありません。仏教伝来以前の日本の祖先崇拝の風俗より転じて行なわれるようになった法事でしょう。お彼岸といえば日本人は仏事だと皆思っている。それだからこれは形式的には神道の仏教化といえますが、そこで日本人が供養しているのは先祖の霊であるとすると、これは信仰の内実的には仏教の神道化といえないこともないのです。

(25) Kevin Danaher, *The Year in Ireland* (Cork: Mercier Press, 1973).

第三話

(26) 英語学習の過程で日本人が覚える違和感の例として前に creature の例をあげました。もう一つ例をあげると、私が英語を習い出した昭和十九年ころは忠義と孝行は日本人にとっては二大徳目でした。その二つのうち忠義は loyalty ときちんと一語で英語に置き換えられました。それなのに孝行の方はそれにぴたりと当てはまる一語が英語にない。このことが実に妙に感じられました。和英辞書には filial piety と出ているが、しかしそんないいまわしは西洋ではあまり聞かない。形容詞 filial と名詞 piety の合成だから、「親孝行な息子」というとき咄嗟(とっさ)に何といっていいかわからない。「忠義な兵士」が a loyal soldier とすぐ出てくるようなわけにいかない。a piteous son では「悲しみをさそう息子」になってしまうし a filial son も「子供らしい息子」であって孝行の気持が出てこない、奇妙です。西洋にだって孝行息子はいるわけですが a dutiful son とでもいわないと通じない。孝行という徳目を重要視する東アジアの儒教文化圏に育った人々にとって「孝」が一語の西洋語に置き換えられないのはなにか不自然でした。

(27) 十和田湖畔の高村光太郎の「乙女の像」もグロテスクですが、バスのガイドさんは「土地の人は太めの像と申しております」と土地の人のすなおな揶揄をおだやかに伝えています。しかし原爆が投下された長崎で「平和祈念像」だといわれてしまうと、もはや揶揄することもできません。

(28) Michel Revon, *le Shinntoïsme* (Paris: Leroux, 1907) pp10-11.

(29) この神道会議について調べた遠田論文については註31を参照。

(30) フランス人で前出の *le Shinntoïsme* を著したルヴォンは同書一一頁の註三でチェンバレンの「神道にはまとまった教義もなければ、聖書経典の類もなく、道徳規範も欠いている」という見方を「奇妙である。比較宗教学を多少とも勉強すれば……そうした事は言えないはずだ」と批評しています。

(31) 遠田勝「小泉八雲——神道発見の旅」(平川編『小泉八雲　回想と研究』〔講談社学術文庫、一九九二〕所収)、遠田勝「西洋人の神道理解」(平川編『世界の中のラフカディオ・ハーン』〔河出書房新社、一九九四〕所収)を参照。Toda, "The Western Approach to Shinto: Hearn, Taut, Malraux", Hirakawa ed., *Rediscovering Lafcadio Hearn* (Folkestone, U.K.: Global Oriental, 1997) は後者の英語版。この「神道には道徳律を欠く」というアーネスト・サトウなどの批判は実は『源氏物語』には道徳律を欠く、という漢学者や内村鑑三などのキリスト者の紫式部批判と同性質のものといえるでしょう。本居宣長はその種のこちたき道学者風の批判をする限りは人情もわからず文学の楽しみもあり得ないとしました。

(32) しかし神道は宗教でない、として小学校の先生が児童を全員つれて神社に参拝する。そのさまを見て今度は西洋側は日本は神道を国教にした、と騒ぎ出しました。その国家神道論の代表的論文が D.C.Holtom, "The Political Philosophy of Modern Shinto, a Study of the State Religion of

Japan", *Transactions of the Asiatic Society of Japan*, Vol.XLIX-Part II, 1922 です。このホルトムの論には日本語訳もあり、『外国人の見た神道』(『明治維新 神道百年史』第二巻、神道文化会、一九六六)などもありますが、ある種のニュアンスや敵対的な気分を感じるためには原文で読まれることをすすめます。

(33) しかしだからといって神道が宗教ではないということではありません。神道が宗教であるかないかは宗教の定義にも左右されますが、柳田國男は『神道私見』で「祈禱を容れ守札を出し供物を享け、神官氏子の祝詞を聞き給ふ神様は何であるか」と神道は当然宗教とみなすべきである、と一九一八年に述べました。

(34) ちなみにアストンは神道を「原始的儀式」primitive cult とは考えませんでした。また宗教を病気と見做すような、不可知論の立場から裁断することはしませんでした。W.G.Aston, *Shinto: The Way of the Gods*, pp.I-II. その点ではチェンバレンと見解を異にしています。

(35) *Japan, an Attempt at Interpretation* の題を私は『日本、一解釈の試み』と訳したいのですが、世間で近年広く行なわれている訳の題は森亮教授がつけた『日本——一つの解明』です。

(36) なおここで付随的な説明を添えますと *la Cité Antique* は「古代都市」が定訳になっていますが、Cité は「神の国」Cité de Dieu と呼ぶように、「古代の国」という意味でフュステルは用いたのだと私は考えます。一九〇七年に出たドイツ語訳は *Der Antike Staat* となっている。東大図書館のカタログに誰かがペンでその *Staat* を *Stadt* に直してありましたが、さかしらの訂正というべきでした。だから *la Cité Extrême-Orientale* は「極東都市」でなく「極東の国」と訳した方がハーンの書物の実体を指すことになるかと思います。ちなみに *Japan, an Attempt at Interpretation* のフランス語訳は *le Japon* となっています。

第四話

(37)　お地蔵様は慈悲に縋る子供や母親の気持を体現している点で聖母に縋るギリシャ正教のマドンナ崇拝と同様、「甘え」の文化のあらわれでしょう。ギリシャ正教の中の母子関係はプロテスタンティズムの中の母子関係と異なりますが、ハーンは母の喪失を埋めるものを日本のお地蔵様に象徴される子供を慈しむ文化の中に感じたのではないでしょうか。

(38)　ハーンとクローデルの関係についてはクローデルの蔵書中にハーンの英文図書二冊 *Gleanings in Buddha-Fields* と *Kwaidan* があったことが報じられています。*Catalogue de la Bibliothèque de Paul Claudel* (Les Belles Lettres, 1979)。そのほかにポール・クローデル外交書簡一九二一－二七（『孤独な帝国　日本の一九二〇年代』草思社、一九九九）には次のような報告があります。

一九二四年十二月二十日

さる十二月七日、二年前に亡くなった大物政治家の子息、大隈侯爵の主導により、早稲田大学に隣接した故人の屋敷で、明治期に招聘(しょうへい)され日本を近代文明の道へと導いた外国人を顕彰する行事が行なわれました。小規模な展示会場もあって、この大いなる時代に関するさまざまな遺物や肖像写真や思い出の品々を見ることができました。明治時代は人々の心のなかでは、宗教的性格を帯びています。神話的性格と言えるほどです。私には、薄幸なラフカディオ・ハーンが所有していた品々に、とりわけ興味がありました。……文集には、一八六八年から一九一三年にかけて日本に協力した全外国人の氏名が記されています。そのなかに四十人のフランス人がいます。

クローデルの外交書簡中、ブラジルや米国からパリ本省に送られた報告は通商・経済問題がもっぱらですが、日本からの報告は文化にまつわる記述が多くそれが特色となっています。なお『朝日の中の黒い鳥』中の関東大震災の際の一日本海軍軍人の振舞は、伝聞をもとに書いたとされていますが、いかにもハーン風記述となっています。家族の死を知った後、外国人のいる席に戻り、"a little excited"と許しを請うて、平静に付き合った、というのです。

(39) 山内義雄『遠くにありて』(毎日新聞社、一九七五)一四〇頁。

(40) 芳賀徹『ひびきあう詩心』(TBSブリタニカ、二〇〇二)八‐一〇頁。

(41) ロティ、ハーン、クローデルのほかにドイツ人のホイヴェルスの見方もここに引いておこうと思います。ホイヴェルス神父(一八九〇‐一九七七)はカトリックの神父ですが、日本の宗教にもシンパシーを抱いていました。日本人の宗教観をおよそこのように見ていたことが神父の詩「東洋は神のもの」から察せられます。その内容を紹介しますと——

日の出の国は朝の夢心地で人々は将来のことはかまわない。日本はお地蔵さまご自身が子供になった土地である。夕べの国では人々の目標は日が沈むかなたへ進むこと、西方の星々がみなすべて没するかなたへ進むことだ。しかし子供の国では魂は知ることより暗い方が好きらしい。苦心して前提を探すことなど滅多にしない。秘密の方が堂々とした結論よりもはるかに多くの魂を楽しませてくれる。人々は矛盾をおそれず罪を悔いるものもあまりいない。人々は夢見心地で世間をわたり、西洋のクリスチャンはどうして悩むのか驚いている。

というほどの趣旨です。私はハーンが日本でお地蔵さまを見て覚えた感動を話題とするとき、やはり良き日本理解者であったヘルマン・ホイヴェルス神父が来日して、初めてお地蔵さまであったか、岡山で石の仏様を見た時の印象を思い出さずにはいられません。なおそれは戸川敬一・

土居健郎編著『ホイヴェルス神父のことば』（弘文堂、一九八六）四九－五〇頁に、次のように出ています。

玉島の教会の裏は山です。その頃は、私もまだ若かったものですから、すぐに登りました。山頂に達した時、いきなり、これまでとは全く違った世界に入ったような気がしました。それは松の木の間に、一つの石の仏像が、私を歓迎するかのように立っているのが眼に映ったからです。……そのかわいらしい仏像、満月のように丸い顔、小さなほほえみ、そして調和と平和、手の中には棒、その上には輪、蓮の花弁のような台座もあったと思うのですが、今ははっきり憶えておりません。背景にはお寺、明るい秋の季節、この像の前に、じっとしばらくたたずむうちに、わたしの心は静まり、やがて深く考え込むようになってしまいました。この像の仏様は、遠いインドからシナ、朝鮮を渡って日本へ、そしてこの片田舎の山頂までも占領してしまった。どんな大きな力があってか、かくも世の人の心を捉え、人の心を安んぜしめているのか、その力に、私の心は今更ながら感嘆するのでした。

(42)　小倉泰「お地蔵さんと子ども――ひとつの文化変容」、『比較文學研究』四十八（一九八五）七四－九四頁。

(43)　同じような問題を考えたいま一人の駐日大使は英国の学者大使チャールズ・エリオット（Charles Eliot）で『日本仏教』という遺著を残しました。クローデルと重なる一九一九年と一九二六年という時期に東京にいたから、クローデルとの交際関係は研究に値します。エリオットは日本史家として名を成す商務参事官サンソムの親しい、理解に富む最良の上司でもありました。

(44)　Maurice Pinguet, “Paul Claudel exégète du Japon”, *Études de Langue et Littérature Françaises*, No.14 (Tokyo: Hakusuisha, 1969) pp.1-19.

（45） Paul Claudel, "Un regard sur l'âme japonaise", *Œuvres en Prose*, pp. 1123-24.

（46） 芳賀徹訳は平川『西欧の衝撃と日本』（講談社、一九七四）に収録。昭和三十六年ごろ芳賀徹と、当時はまだ学生だったジャンジャック・オリガスとフランス人で誰が一番すぐれた日本論を書いたか、議論したことがありました。オリガスがロティでもない、ファレールでもない、クローデルだと主張しました。その後私はファレールについても論を書きましたが、クローデルの方が見方が深いと感じます。その議論がきっかけで Un Regard sur l'Âme Japonaise の芳賀訳は生まれたと記憶しています。このフランス語の題を芳賀氏が「日本魂一瞥」とか「大和魂一瞥」と訳さずに「日本のこころを訪れる眼」と訳したのは、「日本魂」とか「大和魂」という戦争中に多用された言葉を避けたいという気持もどこかで働いたからではないでしょうか。しかしクローデルが大使として日本に在任中、大使と接触する機会の多かった大正末年の日本人が口にした言葉は「日本魂」とか「大和魂」であったはずだと思います。

（47） Paul Claudel, "À travers la littérature japonaise", *Œuvres en Prose* (Paris: Gallimard, coll. «bibliothèque de la Pléiade», 1965) p.1162.

（48） クローデルが感じたと同じような神道把握をした人にユダヤ系ドイツ人のブルーノ・タウト (Bruno Taut　一八八〇－一九三八) がいました。敦賀到着後二日目、初めて目にした日本の神社は京都の松尾神社でしたが、その一九三三年五月五日の印象をこう日記に記しています。「朱の鳥居……開豁（かいかつ）な本殿……銀鼠色の用材……金色の金具は稀にしか用いてない。丹塗（にぬり）の長廊と森を通した眺め、神社は鬱蒼（うっそう）とした森山への入口のようである。自然哲学——神道だ」。クローデルと目のつけどころが同じであることに驚かされます。

（49） Maurice Pinguet, "Paul Claudel, exégète du Japon", *Études de Langue et Littérature Françaises*,

No.14 (Tokyo: Hakusuisha, 1969), 邦訳は平川。
(50) ポール・クローデル『朝日の中の黒い鳥』(内藤高訳、講談社学術文庫) 二九頁。
(51) Paul Claudel, *L'Oiseau Noir dans le Soleil Levant* (Paris: Editions Excelsior, 1927).
(52) コクトーは歌舞伎座で「春興鏡獅子」を見た際にも「六代目菊五郎は一人の司祭だ。かれの舞踊は勤行(ごんぎょう)なのだ。かれの肉体も、一つ一つの振りも、きまりの型も、すべてが不可測の天界から降りて来るかのようだ。動きと動きの間にはさまる静止は、明治神宮の沈黙を思い出させた」と『東京日日新聞』昭和十一年五月二十一日に述べています。コクトーはこの印象を観劇二日後の「日本への挨拶」という放送でも繰返しています(『セルパン・新文化』復刻版、第十五巻、七二-七三頁。訳は堀口大學)。

第五話

(53) 「日本への冬の旅」、『ラフカディオ・ハーン著作集』第一巻(恒文社、一九八〇、仙北谷晃一訳)四五六-四五七頁。原英文はLafcadio Hearn, *American Miscellanies* (London: Heinemann, 1924) vol.II, pp.262-263.
(54) 仙北谷晃一訳「東洋の土を踏んだ日」、小泉八雲『神々の国の首都』(講談社学術文庫、一九九〇)二一-二二頁。
(55) Lafcadio Hearn, "A Conservative", *the Writings of Lafcadio Hearn*, vol. VII., pp.420-422.
(56) 平川祐弘訳「ある保守主義者」、小泉八雲『心——日本の内面生活がこだまする暗示的諸編』(河出文庫、二〇二四)。
(57) ハーンは相模灘の日の出を描きましたが、徳冨蘆花は「相模灘の落日」を書き、さらに明治二十九（一八九六）年十一月四日のこととして「大海の出日」も書きました。「出日」と書いて「ひので」と読ませたのは前に相模灘の「落日」と書いたので漢字の字面の語順を揃えたからでしょう。

……太平洋の夜は今明けむとするなり。

已にして曙光は花の発くが如く圏波の広まる如く空に水に広がり行きて、水いよいよ白く、東の空ますます黄ばみ、弦月も燈台もわれと薄れ行きて、果はありとも見えずなりぬ。……五分過ぎ――十分過ぎぬ。東の空見る見る金光射し来り、忽然として猩紅の一点海端に浮み出でぬ。驚破、日出でぬと思ふ間もなし。息をもつがせず、……水を出づる紅点は金線となり、黄金の櫛となり、金蹄となり、一揺して名残なく水を離れつ。水を離るる其時遅く、万斛の金たらたらと昇る日より滴りて、万里一瞬、此方を指して長蛇の如く太洋を走ると思へば、眼下の磯に忽焉として二丈ばかり黄金の雪を飛ばしぬ。

ここでハーンの相模湾から仰いだ富士山の夜明けと並べると蘆花の日の出は美文です。絵でいえば、絵具の厚塗りで、チューブから出たままの生な原色が目につきます。しかし蘆花に太平洋の夜明けの描写を教えてくれたのはハーンだったと私は推察します。蘆花はハーンの愛読者でその英文著作を十数冊も持っていました。ちなみにハーンの富士山の日の出を描いたA Conservative が収められた *Kokoro* が出版されたのは「大海の出日」の半年前の一八九六年三月でした。

(58) 詳しくは平川祐弘『米国大統領への手紙　市丸利之助伝』『市丸利之助歌集』（いずれも佐賀、出門堂、二〇〇六）をご参照ください。

(59) 「日本人の心を訪れる目」、ポール・クローデル『朝日の中の黒い鳥』（講談社学術文庫、内藤高訳、一九八八）二五頁。

(60) 芳賀徹『詩の国 詩人の国』（筑摩書房、一九九七）二五八頁。

(61) Paul Claudel, "Adieu, Japon!", *Œuvre en Prose*, éd. Pléiade (Paris: Gallimard, 1965) p.1152.

(62) クローデルが駐日フランス大使として勤務したことに対して悪口の詩を書いたのは中野重治で「新任大使着京の図」とか「ポール・クローデル」とか揶揄して書いています。その中野が褒めるのは「壁新聞をつくるソ同盟の兄弟」なのだから、中野の外国認識がどの程度かおわかりでしょう。資本主義国から来日した詩人大使などカテゴリカルに価値を否定されました。中野はもちろんクローデルのフランス語など読んではいません。

中野の無知と対照的なのはクローデルが一九二七年二月に離日した際に二月十六日の日本の英字新聞 *Japan Times* に出た記事の正確な評価で「詩人大使はラフカディオ・ハーン亡きあと、日本と日本人の生活についてもっとも透徹した解釈を下した人の一人であった。……かつていかなる外国人もクローデルほど日本人芸術家、音楽家、作家に多くの友人を持った人はいなかった。この点についてはハーンとても例外ではない」と述べています。クローデルはよほど嬉しかったと見えてその記事を日記に貼って保存しました。なおクローデルと日本の関係について調べた研究に Michel Wasserman, *Claudel et le Japon* (Paris: Gallimard, 2008) があります。ミッシェル・ワッセルマンは、文学者であり詩人であり、その知識が古今東西にわたり、国民の師表としても仰がれた点でフランスにおけるクローデルの位置は日本における森鷗外に近いと見ています。ちなみにクローデルは鷗外より六歳年下で一八六八年に生まれました。

第六話

(63)「詩論とナショナリズム」については平川祐弘・鶴田欣也共編『日本文学の特質』(明治書院、一九九一)六九-一一九頁に詳述しました。

(64) ここで付言すれば、日本人は『詩経』そのものについても「大序」のような伝統的解釈を必ずしも取らず、荻生徂徠は「是はたゞ吾邦の和歌などの様なる物にて、別に心身を治め候道理を説たる物にても、又国天下を治め候道を説たる物にても無御座候。古の人のうきにつけうれしきにつけうめき出したる言の葉にて候」と『徂徠先生答問書』に述べています。

(65) 紀淑望は真名序に「和歌に六義あり。一に曰く風、二に曰く賦、三に曰く比、四に曰く興、五に曰く雅、六に曰く頌」と書きました。これは『詩経』大序にある分類「詩有六義焉、一曰風、二曰賦、三曰比、四曰興、五曰雅、六曰頌」をそのまま引き写しただけの話です。紀貫之は仮名序で、無理をして、日本の和歌ではおよそ考え難い六分類「そへうた」「かぞへうた」「なずらへうた」「たとへうた」「たゞごとうた」「いはひうた」を並べ挙げました。貫之が「そもそも、うたのさま、むつなり。からのうたにも、かくぞあるべき」と述べたのは、日本人として強がりを言ったまででしょう。中国詩に六分類あるからやまとうたについても「うたのさま、むつなり」と言ってしまったのです。本居宣長はそのことに気がついていました。しかるに昨今の日本の国文学者には「そへうた」以下の六分類にあたかも実質があるかのごとく註で解説を加えている学者が多いようです。

(66) Ki no Tsurayuki, *Préface au Kokinshū ("Deffence et Illustration" de la poésie japonaise)*, édition critique par Georges Bonneau (Paris: Paul Geuthner, 1933) p.16.

(67)『詩経』大序や『詩品』序には普通は「動天地、感鬼神」とあります。

(68)しかもデュ・ベレーの『フランス語の擁護と顕彰のために』のこの一節はスペローネ・スペローニ Sperone Speroni のイタリア語擁護論の翻訳なのです。詩論を唱える後進国の人はとかく先進国の詩論や母語優位論を借りるようです。

(69)"L'Hymne de France", *Œuvres de Ronsard*, éd. Laumonier (Paris: Hachette) t.I, p.25.

(70)Gustave Lanson, *Histoire de la Littérature française* (Paris: Hachette, 1960) pp.278-279　内容を要約して訳しました。

第七話

(71)平川祐弘『小泉八雲――西洋脱出の夢』(新潮社、一九八一)第一章と第六章を参照(第一章の初出は『新潮』一九七六年五月号)。

(72)John Ashmead, "Two Years in the French West Indies and Glimpses of Unfamiliar Japan", Kenji Zenimoto ed., *Centennial Essays on Lafcadio Hearn* (Matsue: The Hearn Society, 1996) pp.146-161. 平川祐弘『ラフカディオ・ハーン――植民地化・キリスト教化・文明開化』(ミネルヴァ書房、二〇〇四)五二－五四頁。

(73)その Jean-Baptiste Labat, *Nouveau Voyage aux Isles de l'Amérique* については平川祐弘『ラフカディオ・ハーン――植民地化・キリスト教化・文明開化』第一章で詳しく論じました。

(74)ハーンが渡日に先立ってハーパー社に提出した以下の執筆計画は、より詳しくなったとはいえ、ハーンが先にロティの方法と呼んだものと一脈通じるところがあります。目のつけどころがすこぶる似ているのです。

(75) ghostという英語はドイツ語のGeistに近いがフランス語には訳し難い。聖霊Holy GhostはSaint-Espritと訳しますが同じくghostでもお化けの方はfantômeとかrevenantとかspectreと訳します。

(76) フランス語が出来る方はフランス語動詞も思い浮かべてください。souffler, siffler, gémir, chuchoter, murmurer, mugir (hurler), crier (hurler)、やはり風が生あるもののごとく唸っていることがおわかりになりましょう。「風、嵐について話す場合の動詞の使い方」について詳しくは平川監修『ラフカディオ・ハーンの英語教育』(福岡、弦書房、二〇一三) 五三頁を参照。

(77) キリスト教『聖書』の天地創造神話になぞらえて『古事記』についても天地創成神話などと呼ぶのはミスリーディングだと思います。「創」というcreationを連想させる語よりもgenerationに相当する万物生成神話などの語の方が国生み神話についてもふさわしいのではないでしょうか。丸山眞男は『歴史意識の「古層」』(一九七二) でユダヤ=キリスト教系列の世界創造神話では「つくる」の論理の磁力が、日本神話では「なる」の論理の磁力が強いと指摘しています。「つくる」はcreateで「なる」はgenerateに相当すると考えるのが適当かと思います。

(78) 出雲にも「猪目川(いのめがわ)のかじか」と名所のようにいわれる土地がありますが、河鹿蛙の雄は美声を発するので飼養されます。ハーンはその飼い方も述べていますが、そのような小動物の飼い方への着目は後年の「草ひばり」の飼い方や籠の記述と同種のものです。同じ眼差しがすでに働いているといえましょう。

(79) 随筆「蛙」では日本の鳴く声の静かな蛙の方から話は進められます。

降る雨の音より低し初蛙　祥平

雨音と聞いて居たれば蛙かな　京魚

ハーンはアメリカで南部に住んでいましたから、フロリダやルイジアナ南部の沼地での蛙の喧騒が荒海の怒濤のごとくであるのを記憶していました。

ハーンは次の句は thumb-nail sketch「寸描」だと評しました。右左とか東西とかは、もともと似た趣向の句があって内藤鳴雪はそれを応用したまでかと思います。「星かき乱す」という古井戸との取り合わせにもそんなさかしらはやはり感じられます。

畦道や蛙とびこむ右左　鳴雪

古井戸の星かき乱す蛙かな　鳴雪

(80) 平川祐弘『中世の四季——ダンテとその周辺』(河出書房新社、一九八一)二〇七-二一三頁。

(81) クローデルも都々逸をフランス語に訳していますが、もしかするとハーンの先例に刺戟されてのことかもしれません。

(82)「その一瞬、相手の正体がわかった」というフィナーレは「貉」の幕切れで「——と見れば女の顔には眼もなければ、鼻もない、口もない」。そして男がアッと悲鳴をあげるあたりと怪談の構造としてはすこぶる似ていると思います。

(83) 外来宗教の変容の一例には「仏さん」という呼び方も数えられると思います。このことをいちはやく指摘した人は英国の駐日大使で『日本仏教』の大著をあらわしたサー・チャールズ・エリオット Charles Eliot でした。日本人は亡くなった人を目して「仏さん」と呼びます。こんな呼び方はほかの仏教国にはないらしい。仏教では人の死は入寂とか入滅という。人は死んで涅槃に入る、nirvāna とは「吹き消すこと」「消滅」の意味で、人は死んで無に帰する。ところが日本人は葬儀屋さんをはじめ死人を「仏さん」と呼ぶ。テレビ映画『刑事コロンボ』シリーズでピーター・フォークの英語を小池朝雄が吹き替えて喋りますが、場所がロサンジェルスであろうと、刑事は遺体を「仏さん」と呼んで検死に立会ったりする。仏教渡来以前から日本にあった人間の霊魂は遺体に留まるという考え方がそのまま伝わっているから、死者に対する敬意を表さねばならない。それで「仏さん」などという呼び方をするようになったのでしょうか。それとも人間が死んでお寺さんで葬式をするようになったから仏さんになったのでしょうか。仏教教義の Buddha の仏と関係があるのかないのかよくわかりませんが、後者ではないでしょう。ところで同じ葬儀屋さんがご遺体をお寺や葬儀場へ運ぶだけでなくキリスト教会へ運ぶこともあるかと思いますが、そのときはまさか「仏さん」と呼ぶまいと思うのですが、ふだんの言い癖をそう急に変えるわけにもいかなかろう、さてどうなっているのでしょうか。神仏混淆の日本の宗教事情そのものが日本人にもわかりにくい。たとえば仏教のようだが仏教とは言い切れない御霊信仰などというのもある。これは英語に直訳すると belief in ghosts というべきかとさえ思われますが、仏教が神道化して生じた現象でしょう。日本では御霊信仰があって、祖霊信仰がある。それだからホトケの語で祖霊を尊び、亡くなった人に対して懇ろな儀礼を行なってきた。日本には神道と仏教が一緒になった神仏教というのがある、というか日本人の大部分が信じているのは実は神仏教なのだ、という説もあるのです。仏壇にも本尊と共に先祖の位牌が祀ってある。覚者としてのブッダと死霊としてのホトケの区別をあまりしていないのが日本の実態かと思います。

(84) 平田篤胤(一七七六-一八四三)は、マッテオ・リッチ(Matteo Ricci、漢名利瑪竇 一五五二-一六一〇)の『畸人十篇』中に出てくる「天主」「上帝」なる語——イエズス会士利瑪竇にとってはキリスト教宣教のためのキー・ワードともいうべきもの——を自著では「天つ神」「天祖神」「皇祖神」などに置き換え、かつ原著のキリスト教神学の理窟をほとんどそのまま応用して神道神学の理窟としました。詳しくは平川祐弘『マッテオ・リッチ伝』（平凡社、東洋文庫）全三巻の2、一六七章、『畸人十篇』と『本教外篇』、ならびに一六九章を参照。

（85）ハーンも Nobushige Hozumi, *Ancestor-Worship and Japanese Law* (Tokio, Z.P. Maruya & Co. 1901) を持っており、読んでいました。『日本——一つの解明』を書くときは参照しています。

（86）小泉八雲『明治日本の面影』（講談社学術文庫、一九九〇）三〇－三二頁。この天長節の記述は『英語教師の日記から』の第十節に出ています。

（87）なお私見ではフランスにも樹木に対するアニミスティックな感受性は存在します。御神木を尊ぶ気持はいまでも生きていると思います。たとえばフランス国民にとって父性的な存在であったド・ゴール元大統領が死去したとき「樫の樹は倒れた」という言葉が非常な実感をもってフランス人の口から発せられたのはその徴（しるし）ではないでしょうか。

（88）平川祐弘監修『ラフカディオ・ハーンの英語教育』（弦書房、二〇一三）参照。そこには We cannot say 'a table is made of tree', — that would be wrong; we say 'it is made of WOOD'. Why? — Because WOOD is only the HARD part of a tree. It is the body of a dead tree. Now has the word WOOD any other meaning? Yes, it also means a FOREST. と出ています。

第八話

（89）なお ghost という単語には「お化け」phantom の意味のほかに「霊」soul の意味もあります。「虫の魂」を soul of a worm といえば英語として奇妙にひびくことのわけは第七話で説明しました。それと同じ理由で「樹霊」についても soul は用いず、ghost of a tree とか tree-spirit とか呼ぶ方がすなおにひびくのではないかと思います。なおこの「樹霊」という漢語表現は司馬遼太郎の著書の題ともなっており、柳の精などについて語ることの多い中国でも用いられているものと私は思いますが、使用例は存外少ないらしい。だとすると「樹霊」は和製漢語なのかもしれません。デカルトのような「動物機械論」は西洋思想では主流派だったのでしょうが、それに対して西洋にも「動物霊魂論」があったことは金森修『動物に魂はあるのか』(中公新書、二〇一二)に上手に説明されています。しかし金森氏の著書は扱う範囲を西洋思想史の内部に限定しているのが惜しまれる点で、「仏教世界で動物に魂はあるのか」とか「神道世界で動物に魂はあるのか」という風に拡大して比較論を展開すれば、問題は私たちにとってより身近な切実なものとなったでしょう。

(90) フランスの若者の間でカエサルに手向かったゴールの英雄ヴェルサンジェトリクス Vercingetorix を讃える心理があるのは産土(うぶすな)のゴールの誇りを言いたい気持があるからでしょうが、ゴールの宗教心の復活の主張はないでしょう。

(91) 「虬夫」と訳した中国人もいます(朱維基)。チューフ qiufu は英語ジョーブ Jove の音訳か。ちなみに日本を除く東アジア諸国の『神曲』の翻訳は二十世紀末年にいたるまでもっぱら英訳からの重訳でした。その状況がその後変わったか否かは確かめてありません。

(92) 私は「文学の一源泉としての物の怪の日本」という英語論文を Anthony Liman アントニー・リーマン教授に捧げる記念論集として書きました。"Ghostly Japan as a Source of Literary Inspiration", *Orientalia Pragensia XV*, 2005, pp.183-191.

(93) 宿世とは前世からの因縁です。現世と来世に関係があるとするのはキリスト教も仏教も同じですが、前世と現世に関係があるとするのは輪廻思想の仏教の特色です。

(94) 「源氏物語の宗教的精神」、岡崎義恵『日本古典の美』(宝文館出版、一九七三)九一頁。

(95) 飯島吉晴「もののけ」、『大百科事典』（平凡社、一九八五）第十四巻、九六九頁。

(96) 東京帝国大学の国史研究室には神棚があったそうですが、戦後とりはずされました。

(97) 私の見るところ、宗教にとっては宗教風俗もたいへん大切な一面です。たといマリヤさまの記述が聖書には多くなかろうとも、そんな文献学的な字句や根拠のことよりも、豊饒を願う地中海世界の地母神崇拝と習合したキリスト教がマリヤ崇拝を生み出し、過去において多数の信者がマリヤさまを尊んできた。マリヤさまへの信心が神学的に崇拝であろうが崇敬であろうが庶民にとっては大差はなかったでしょう。大切なのはマリヤさまへの信心が盛んであったという史実です。その伝統の中にこそ尊重すべき先祖代々の宗教的心情がこめられていると思うのですが、いかがでしょう。

(98) 英訳仏訳以外では仏典を漢訳にせよ原語にせよきちんと読めなかったハーンには「庶民信仰と正統的教義の融合」というような後年ベルナール・フランク教授が目指した、実生活と書物の両面からアプローチをするという、バランスのとれた研究はできませんでした。しかし生活に密着した土地の庶民信仰については真に秀逸な記録を残しました。

(99) 拙著『破られた友情』が彼の地の学者の間で反響を呼んでいる、とフランス人のブロック先生と結婚した物理学者の坂井さんから突然お電話がかかったことがありました。今度この「はじめに」を読んで私が紹介したお札にまつわる秋山光夫の記事を読んでフランクさんが感動したのだな、とはじめて了解した次第です。

第九話

(100) 日本人が自己の住む地域を文化の中心からほど遠い「粟散辺土」などと自己卑下することは

バランスを失していますが、道元のような渡海体験のある仏僧もそのような言い方をしました。これは後世のフランス礼讃者にしても同じことですが、一見自己卑下をしているようでいて、自己の外国体験の価値を強調するためのレトリックでもあったのでしょう。

(101) 個人の話をして恐縮ですが、英仏の書店からも著書を出している私は、日本の人文系では珍しく外国語で気安く書ける学者のようにみなされています。しかし二十一歳でフランス語で卒業論文を書くように言われた時も、二十三歳で渡仏して外国語で論文を提出することを求められた時も、抵抗感を覚えました。それは外国語では理知的表現はともかく感情的表現がうまくいかない。母語で記す日記や手紙ほど自由に思いのたけを述べることが出来ない。その不自由さ加減を強く意識したからです。外国語習得の過程で訓練として外国語で書くことにはそれなりの意味はある。しかしそうして書いた作文は自分の「作品」としては納得の行くものではありませんでした。今回もフランス語版の自著を日本語に書き改めるとなんと素直に自在に書けるものかと八十一歳の私はあらためて感じています。

(102) 十世紀の紀貫之の『古今和歌集』の仮名序や十四世紀のダンテの『俗語論』や十六世紀のデュ・ベレーの『フランス語の擁護と顕彰のために』や十七世紀朝鮮の金萬重の詩論などにひとしく見られるように、これは普遍的な現象であるにもかかわらず、そのことが意識されなかったのは、各国文学史家がそれぞれの国文学史の枠内にとどまって、世界文学史を横断的に観察する能力と機会がなかったからでしょう。

(103) それとも優秀な携帯翻訳機が開発されて意思疎通が楽にできる時代が来るのでしょうか。

(104) 平川祐弘『日本語は生きのびるか——米中日の文化史的三角関係』(河出ブックス、二〇一〇)はその問題を扱いました。

(105) この地球上では言語の死滅は相当な規模で見られます。十九世紀を通して旧ロシア帝国内でウクライナを中心に数百万人のユダヤ系の人々が話していたイディシュはいまは話す人は十万人以下といわれます。これはホロコストと外国移住のためです。いま中国大陸には満洲族は千万人近くいますがもはやおおむね満洲語人ではありません。滅満興漢運動の高まりで満洲語を話すと命の危険を覚え、もっぱら中国語を話しました。そんな生活が三代、四代と続くうちに「中国化」(シニザシオン)が成就してしまいました。いまチベット族が抵抗しているのはこの種のシニザシオンという母語であるチベット語の放棄と中国語の採用、漢族との結婚などによるチベット固有文化抹殺の危機感を覚えているからでしょう。

(106) 近年の日本ではシナという言葉を使うと「中国と言え」という方がいますが、それに従うことがすでに相手のペースにはまっていることでもあるので、そのこと自体がシニザシオンの一環です。「中国本位の尺度で天下の物事を測れ」「中華本位の価値観に従え」「華夷という中国中心の秩序の復活を認めよ」ということになりかねないのですから。なおシニザシオン sinisation とは、ラテン語で中国を呼ぶシーナ Sina から由来します。中国学をシノロジー sinologie、中国研究者をシノローグ sinologue と呼ぶのもそのためで、フランス語では Chine と綴りシーヌと、英語では China と綴りチャイナと発音し、ドイツ語では同じ綴りをヒーナと発音します。中国人も米英人に向かっては「Central Nation と言え」とは強要しない。なお同じ語源からイタリア語では Cina と綴りチーナと発音します。それをイエズス会宣教師から聴いた新井白石は『西洋紀聞』に片仮名でチイナと書きました。その発音に逆に漢字をあてたのが支那だろうと私は推測します。支那は中国語のピン音ではチーナ Zhīnà となります。支の漢字が支店の支などを連想させて不快感を与えるというのなら、日本人は明とか清とか中華民国とか中華人民共和国など国名の変化にもかかわらず一貫して存在するアジア大陸の東の部分を片仮名でシナと呼ぶのが適切かと思います。支那と呼ぶのは中国を侮蔑するものだという人がいますが、清朝支配に叛旗をひるがえし滅満興漢に燃えていた明治の来日留学生は清国留学生と自称することを恥じ、支那留学生と自称しました。そのような筆跡はいまも残っています。なお大陸では日本の悪口をいう分には言論の自由はあるので「小日本」「東洋鬼子」などと日本人蔑視の言葉は乱発されています。中国人は中華の民で世界の中央の座を占めているのが当然と思っていますから、かれらは東洋人ではない。かれらから見て東にいる日本人が「東洋鬼子」なのです。日本語で「東洋鬼子」に相当するような中国人蔑視の表現は「シナ人」ではなくて「チャンコロ」だと思います。これは「中国人」チュンクオジェンの訛ったものでしょう。しかし戦後生まれの日本人の多くは「チャンコロ」などという侮蔑表現があったことすら知らない。日本人のマナーがそれだけ良くなった、ということでしょうか。中国人が自尊心から自国を美称で呼ばせたい気持はわからないではありませんが、しかしそれを他国民に強制するのはいかがなものか。日本人は中華の民によって東夷と目されましたが、西戎と目されたウイグル人と違い中国の少数民族の一つではない。それだから中国語の学習を強制されることはない。戦時中の日本で「Japaneseという言い方はJapを連想させ日本人蔑視だからNipponeseといえ」と過度の愛国心にとらわれた人たちから言われ続けたことが思い出されてなりません。

(107) 国民党独裁のころでも、戦前の日本を知る台湾人学者の間では、河合栄治郎や矢内原忠雄の評判は良いものでした。矢内原忠雄『帝国主義下の台湾』は植民地支配弾劾の書物ではありません。事実に密着した明晰な分析で、台湾人教授が大学でこの台湾論を教科書に授業していました。日第二次大戦まで西洋では植民地化はキリスト教化・文明開化とほぼ同義と見られていました。日本も台湾植民地化を文明開化の事業として構想しました。ただし宗教を広めて死後の命を救う代わりに衛生を広めて人の命を救おうとしたのです。後藤新平のその植民地経営は今も台湾人に高く評価されています。

(108) この場合も同一の母語を話す集団の数によって母語の保存の可能性は変わります。また母語が支配言語と同一言語系に属すると支配言語の習得が容易なため、吸収同化されやすい。ヨーロッパでハンガリー語の集団やバスク語の集団が独自の集団を形成して存続するのは文法体系のあまりの相違が同化を妨げたのだという説（徳永康元）もあります。

(109) 李登輝博士であるとか辜振甫氏であるとかは、インドのネルーやタゴールなどと同様、植民地出身者ゆえの偉大さを身につけた人ではないでしょうか。

(110) 教育、生活、経済面で善政を布いたとしても、植民地化は植民者という一級市民と被植民者という二級市民を生み出すがゆえに悪です。しかしそうと認めない国もあります。チベット支配を続ける中国は王道楽土を建設中と言い張っています。一九八八年、当時のサッチャー英国首相は「西洋人が世界の多くの土地を植民地化したのはすばらしい勇気と才覚の物語でした」と肯定しました。コータッツィ元駐日大使も「白人の責務」という発想を支持しました。世間には西洋の植民地支配は肯定するが日本のそれは非難する者がおります。偏した見方ですが、ライシャワーは歴史教科書『東アジア――近代の変革』で日本の台湾統治を否定的に記述しました。そんな歴史教育を受けた世代の米国人は現地で「台湾人は日本が大好きだぜ」と驚きます。しかし問題は日本が台湾統治に成功したことにあるのだと思います。実はそれが朝鮮における失敗となりました。化外の地の台湾と違って、朝鮮は一つの文明の国です。その朝鮮全体を奪うことは朝鮮民族の誇りをも奪うことになりました。歴史の真実はそんな相違を見分ける眼識にあるのだと思います。植民地支配は悪という「始めに結論ありき」のイデオロギー的史観に合うよう材料を恣意的に並べただけのテレビ番組は安直な制作で史実を歪めるものと思いました。

(111) その間の他文化を受け付けざるを得ない、強制された立場に置かれた者の心理を、男を肉体的に受け付けざるを得ない立場に置かれた女にたとえる心理学者（岸田秀）もいます。「日本は一八五三年アメリカのペリー艦隊によって「強姦」された」という歴史把握がそれですが、しかし開国を善とみなす日本人もいた以上、ある一面のみを強調する歴史把握は「あらゆる結婚は男性による女性のレイプである」とする極端なフェミニストの主張を連想させます。

(112) C'est par la différence et dans le divers que s'exalte l'Existence. Le Divers décroît. C'est là le grand danger. これは *Éloge de la Créolité* の巻頭（p.13）に引かれた言葉です。

(113) 私は順列組合せの可能性が大きく、視覚的にも聴覚的にも訴える漢字仮名混じり文の良さを感じ、幼児に早くから漢字を学ばせることの利点を説く石井勲式の漢字教育法の良さを感じる者だけに、隣国から漢字ハングル混じり文が消滅したことが惜しまれてなりません。

(114) かつての日の人文科学は文化的宗主国——英国、フランス、中国など——を中心とした文学史や文化史を学び教えることが主流でした。アメリカ合衆国ですらもかつて文学史といえば英文学史でした。それは文化的宗主国の人にとってはもちろんのこと、文化的周辺国の人にとっても必須の教養だったのです。それだから日本人は漢学を学んだし、漢文化が近代世界の要件を満たさぬことを知ると、それに代わって西洋文化を学びました。私たちが二十世紀の中葉まで学んだ外国文学は英文学やフランス文学、また学問をより広くとらえればドイツの人文社会の学問であり、二十世紀の後半はアメリカの学問でした。私はすぐれた人類の古典ともいうべき作品を尊ぶことを良しとするものですが、しかしそれだけでなく周辺の文化をもあるがままに学ぶことにも意味があることを信じる一人です。

(115) あるいはそれだけ私が外国に受け入れられていないから、それで日本人のアイデンティティーが維持されているのかもしれません。私が英語で we と書くときに we Japanese の意味で書く傾向が続く限り、私の帰属は日本であり続けるわけです。

(116) 私は西洋の植民地主義も日本の植民地主義も軍事支配と結びついて悪をもたらした歴史的過去は認めます。しかしそれにしても今日のイスラム圏の一部に見られる反西洋の言動は過激だと感じます。そしてそれと同様に、今日の東アジアの一部に見られる反日の言動の一部にもやはりバランスを失している面があるのではないでしょうか。反日や憎日を言い立てれば言い立てるほど愛国的韓国(朝鮮、中国)人と見做されると信じる人は、擬似愛国主義的錯覚に囚われた人たちです。それを操作する政治指導者や言論人は危険な人たちです。それはいってみれば韓国で自国の業者によって斡旋された女性をも他国の軍によって強制的に連行されたといいつのり、虚言癖の人の発言のみを引用し、その数を多く増やして述べるほど純粋な愛国者だと信じるような倒錯です。慰安婦像を建てれば建てるほど一国の名誉になるはずはないではありませんか。日本の渋谷には娼婦が米兵に送る手紙を代書した「恋文横丁」の記念碑はありますが、オンリーの像とかパン助の像などは東京の米国大使館の前にはありません。私はそんな日本に生まれてまあよかった、と感じています。

(117) 二十一世紀の今日でも日本の歴史学界には一九三二年のコミンテルンのテーゼに基づくモスクワ産の日本史解釈をかたくなに信奉する「教科書史学」派とでも呼ぶべき勢力が存在しその利権にしがみついています。ちなみに中国大陸で読まれている日本史は井上清などその路線に近い歴史家の著作が大半です。言論の不自由な国に正しい歴史認識を望むべくもありませんが、過去を見る複数の視点を自覚させることは日本人にも中国人にも米国人にも大切なことです。

(118) 詳しくは平川祐弘・牧野陽子編『講座小泉八雲』(新曜社、二〇〇九)所収のルイ＝ソロ・マルティネルの論文「ラフカディオ・ハーン、天にのぼる」を参照。

(119) 日本人で韓国の民芸に美を認めた人は柳宗悦です。柳はハーンを「西洋人」でありながら、日本よりも優位に立つ「西洋文明」の観点からではなく、日本をその「内面から」「純な情愛」をもって理解した人、また、日本の表層文化ではなく、民族の心の「内面」を理解した人として捉えました。柳は『朝鮮人を想ふ』(一九一九)に「ハーンほど日本を内面から味はひ得た人は無いであらう」と書いています。柳は、西洋人であるハーンが日本の心を理解したように、今度は日本人である自分が朝鮮の心を理解したい、そう思った人でした。朴正煕大統領はたいへん栄誉ある勲章を柳宗悦に授けましたが、そうすると韓国ではそれに反対する政治勢力がすぐにけちをつけます。けちはなんにでもつくもので、ハーンは日本の女を妻に娶ったが柳は朝鮮の女を妻にしていないではないか、朝鮮に帰化していないではないか、とそういう風に言い立てられると、もういけません。生産的な話の口は閉ざされてしまいます。

第十話

(120) それは明治以来の日本人留学生が西洋で牧師の感化でというより西洋人の敬虔な信者の家庭で感化されてキリスト教に改宗した人が多くいたことを考えればわかることでしょう。

(121) 初めて中国の内部に入ることを得たこのイエズス会士 Matteo Ricci は利瑪竇の漢名で知られています。平川祐弘『マッテオ・リッチ伝』1(平凡社　東洋文庫、一九六九)九八頁を参照。

(122) 英語芸術作品としての魔法の力については平川祐弘『アーサー・ウェイリー——『源氏物

語』の翻訳者』（白水社、二〇〇八）の第三、四、五章に詳しく論じました。なお私は森鷗外の日本語翻訳にもその種の魔法の力が働くのを感じます。鷗外の訳には詩が詩として生きて伝わっているからです。

(123) New Year's Day was cloudless. There is joy inside the humblest of hedges as the grass begins to come green among patches of snow and there is a mist of green on the trees while the mists in the air tell of the advent of spring. There was great joy in the jeweled precincts of Genji's Rokujō mansion, where every detail of the gardens was a pleasure and the ladies' apartments were perfection. (Murasaki Shikibu, tr. E. Seidensticker, *The Tale of Genji*, New York: Alfred A. Knopf, 1976. Vol. I, p.409).

(124) 私はそのような神道の大祭司ともいうべき天皇家の宗教的性格は国家の基本法に書き込まれてもよいことではないかとさえ考えます。

付録

(125) ここに読者のご参考に掲げる『夢幻能さくら』は、熊本で二〇一一年十月、新宿で二〇一二年八月に上演された平川『夢幻能青柳』のオリジナル・ヴァージョンです。「樹に霊はあるのか」という本書第七話で示唆された問題を中心にすえて演劇化しました。

解説　日本人のアイデンティティーを求めて
——平川先生の神道発見

今泉宜子

二〇二四年元旦。私が奉職する明治神宮では、初詣（はつもうで）の参拝者がコロナ禍前をしのぐほどの賑（にぎ）わいを見せた。とくに印象的だったのは、長蛇の列に連なる外国人の姿が目立ったことだ。この代々木の杜（もり）には、正月三が日で例年約三百万人が集（つど）う。いや、それはただのお祭り騒ぎではないかと、人はいぶかるもしれない。しかし、本書の著者はいう。「正月気分には神道がある」と。神道的気分とはなにか。日本を代表する比較文化学者である著者は、夏目漱石が正月に詠（よ）んだ俳句を引きながら、あるいは「年たちかへる朝の空の気色」ではじまる『源氏物語』「初音」の原文をアーサー・ウェイリーの英訳と丹念に読み比べながら、あるいは明治天皇が元旦に詠んだ和歌によって、神道が尊ぶ清らかさを説き起こす。

新しき年を迎へてふじのねの高きすがたをあふぎみるかな

ここにうたわれているのは今年もまた清らかに生きていきたいという祈りの気持です。そしてそれは元旦に神社に参拝する日本人の多くがわかちもつ気持でもあるのです。（三三五頁）

実に全編にわたり、本書には元旦に富士山を仰ぐような、すがすがしい気配が満ちている。

本書は二〇一三年に河出書房新社から刊行された『西洋人の神道観』を文庫化したものだ。著者の平川祐弘氏が「日本語版のはじめに」で記す通り、同書は前年にパリで出版した *A la recherche de l'identité japonaise: le shintô interprété par les écrivains européens* (Paris: l'Harmattan, 2012) の日本語版にあたる。

この私は、縁がありフランス語版の出版時から日本語版刊行まで、二冊の名著誕生に立ち会う機会を得た。当時から十余年を経て、この度の文庫化を心から喜ぶ一人である。そこで拙稿では、本書の副題である「日本人のアイデンティティーを求めて」を主題にすえたい。なんとなれば『西洋人の神道観』は、研究者か神社人か日本人か外国人かに関わらず、内と外から日本人の心性を問う読者に、広く読まれるべき書だと信じるからだ。

本書に繰り返し登場するラフカディオ・ハーンとポール・クローデルは、西洋人作家で日本について深い洞察をした二人として、著者が高く評価する人物だ。日本に帰化して小泉八雲と名乗ったハーンは、『怪談』の作者として知られる。そのハーンは、日本理解の大切な手がかりとして「霊の世界」を認め、ghostly Japan（霊に満ち満ちた日本）を数多く作品に描写した。ポール・クローデルは一九二一年から足掛け六年、駐日フランス大使として勤務した外交官で、詩人でもあった。『朝日の中の黒い鳥』はじめ優れた日本文化論を残している。

神道の祈りには、祖先崇拝（故人崇拝）、自然崇拝、そして天皇崇拝があると、平川氏は指摘する。本書では、第二話にハーンが見た山陰の盆踊り（祖先崇拝）、第七話には、樹木や虫、蛙（かえる）にも霊を認める日本人の心性（自然崇拝）と、そこにハーンが寄せた共感が描かれている。一方、クローデルは「Meiji（明治天皇）」や「大正天皇御大葬」の作品で、日本人が大いなる存在に抱く畏敬（いけい）の念を見出し、格調高い天皇論を展開した（第四話、第十話）。

第五話、ハーンとクローデルが富士山に日本人の霊性を見出した例外的な外国人であることを論じた章も印象深い。「私はこれを西洋人による神道世界の発見の一つにかぞえたいと思います」（一七四頁）。

外国人として日本人のアイデンティティーの理解に努めたハーンとクローデルは、その探究の旅路でこの国の基底をなす神道を発見したのだった。

本書はまた、内と外から日本人のアイデンティティーを探し求めた、著者自身の旅路の記録でもある。

平川氏は、ハーンとクローデルを導き手として、世界の中の日本を見すえた。比較研究者として精神の往復運動を繰り返すなかで、自らの美意識と感受性が拠って立つところに思い至った。著者はそれを、神道的美意識と呼び、神道的感受性と名付ける。つまり、この書は平川祐弘氏による神道（再）発見の物語でもある。

ところで、ハーンとクローデルが著者の神道論形成に重要な役割を果たしたことは疑いないが、もうひとつ大きな役割を担った存在があることに、この執筆を通じあらためて思い至るところがあった。

それが、明治神宮だ。

著者は、なにより小学校四年から現在の代々木西原に住み、八十年を超えてこの代々木の杜を見続けてきた人である。幼い時分は、親に連れられて歩く参道が子供心にとても長く感じたという。その明治神宮は、一九四五年四月十四日未明の空襲で本殿を含む社殿のほとんどを焼失した。この日、平川少年は敵の大編隊が去った後、防空壕の外へ出てその火炎が天に沖するのを見ていた。

やがて昭和四十年代には、戦後復興を果たした明治神宮へ娘たちと初詣に出かける。除夜の鐘が聞こえる頃から、参道を進む人の気配が家まで伝わってくる。すると気もそぞろになって徒歩ででかけるのだ。そのような元日の夜の印象は、のちにクローデルの明治神宮参拝記を論じる背景となったという。

平川氏は、自身が美しいと感ずる神道的な態度を、「清らかさを尊び、潔さを良しとし、曲がったことを嫌う」ことと表現する。氏を知る人なら肯くはずだが、これは日頃の著者そのものの姿だ。気高くすがすがしい人。それが私の恩師、平川祐弘先生である。

著者の神道論が、木を見て森を見ずの専門学者とも、あるいは「神道は言挙(ことあ)げせず」を口上にした神社人の物言いとも異なるのは、そこに神道を思索し神道を生きてきた人の真実があるからだろう。

そして、神道とはなにか。平川氏はいう。

人の心の中に半ば眠っている宗教的感情は、深く根ざしたなにかです。それが人生の大事な瞬間に目覚める。神道は時の流れと結びついている宗教感情で、季節の命の営みの宗教でもあるのです。(平川祐弘・牧野陽子『神道とは何か』錦正社)

心の奥深くに根差した神道的感情は、人生の大事な瞬間に目覚める。これもまた神道発見の旅路を続ける平川氏の実感ではないか。例えば、自分の中にある神道的美意識を感じたのは中学生の時。代々木の我が家を接収するGHQと出会った衝撃であったこと然り。昭和天皇崩御に接しては、皇室の永生を願う心と御神木とよばれる老木に抱く畏敬の念に共通する神道的感情を見出し、「御神木が倒れた日」の執筆に至ったこと然りだ（『平川祐弘決定版著作集　西洋人の神道観』勉誠出版、所収）。

ここで、本書誕生の経緯を傍らで知る一人として、平川氏の神道論に新たな展開をもたらした契機に東日本大震災があったことを記しておきたい。

二〇一一年三月十一日、『西洋人の神道観』フランス語版の原稿は既に完成していた。つまり震災の経験は、日本語版の本書に初めて加えられた。それは、クローデルが見た富士山に関する省察だった。そう断言できるのは、震災から約一月後、四月二十一日付で平川氏から届いた書簡が手許にあるからだ。

一九二三年の関東大震災当日、クローデルは竹橋のフランス大使館で無事だったが、逗子で避暑をしていた娘が心配で駆け付けた。やっとの思いで再会した娘を抱きしめた喜びはひとしおだった。

「そのとき海はなんと美しかったか。食事はなんとうまかったか。そして空高く見えるのはまぎれもない富士山だ。孤高で静謐な富士山が君臨していた」

平川書簡では、このクローデルの引用に次の文章が続く。少し長いが「大事な瞬間」なので記憶に留めたい。

ああ、これがクローデルが富士を讃える原風景となった感動なのだ、と思いました。日本に原子爆弾が落とされた直後、クローデルが'Adieu, Japon（日本への惜別）'という一文をしたため『フィガロ』紙に寄稿した際に、日本の現在の没落の責任を軍部に求めましたが、そう述べた直後、日本の再生を願いそれを信じ、「しかし、だからといって、冬の夕闇の中からくっきりと浮かび上がる富士山の姿が人間の目に差し示された最も崇高な光景の一つであることに変わりはない」、と書いたのは関東大震災から立ち直った日本が念頭にあったからだろう、などと思っています。……これがこの二三日来の私の考えの新発展で以前に書いた『西洋人の神道観』にはない見方です。

そして、本書第五話は次のように締めくくられる。「日本は滅びないで続く。そのクローデルの感じ方と私ども日本人の感じ方が重なるところがまことに有難いことに感じられる次第です」（一八七頁）

富士山に託された永生への祈りは、クローデルの祈りであり、平川氏の祈りでもある。

本書は、読者自身を、自らのアイデンティティーを見つめ直す旅路へいざなう一書ともなることを、最後につけ加えておきたい。私が文庫化を喜ぶ所以（ゆえん）だ。まず、未来を模索する若い友人に贈りたい。次に、国の内外を問わず日本の行方を思案する知人に薦めたい。そして、私自身のために。『西洋人の神道観』は、人生の大事な瞬間に何度でも読みかえす座右の書となるだろう。そのとき私たちは、平川祐弘という人物にあらためて神道を発見するのだ。

（いまいずみ・よしこ／明治神宮国際神道文化研究所主任研究員）

本書は二〇一三年、河出書房新社より刊行されました。

西洋人の神道観
日本人のアイデンティティーを求めて

二〇二四年 四 月一〇日 初版印刷
二〇二四年 四 月二〇日 初版発行

著　者　平川祐弘
発行者　小野寺優
発行所　株式会社河出書房新社
〒一五一－〇〇五一
東京都渋谷区千駄ヶ谷二－三二－二
電話〇三－三四〇四－八六一一（編集）
〇三－三四〇四－一二〇一（営業）
https://www.kawade.co.jp/

ロゴ・表紙デザイン　粟津潔
本文フォーマット　佐々木暁
本文組版　KAWADE DTP WORKS
印刷・製本　中央精版印刷株式会社

Printed in Japan　ISBN978-4-309-42100-1